Zech · Handbuch Qualität in der Weiterbildung

Konzept und Beratung »Beltz Weiterbildung«:

Prof. Dr. *Karlheinz A. Geißler*, Schlechinger Weg 13, D-81669 München.
Prof. Dr. *Bernd Weidenmann*, Weidmoosweg 5, D-83626 Valley.

Rainer Zech

Handbuch
Qualität
in der Weiterbildung

Beltz Verlag · Weinheim und Basel

Über den Autor:

Rainer Zech, geb. 1951, Prof. Dr. phil. habil., Diplom-Pädagoge mit dem Schwerpunkt Erwachsenenbildung, Geschäftsführer der ArtSet® Forschung, Bildung, Beratung GmbH, Berater für Wirtschaftsunternehmen und Nonprofitorganisationen, von Oktober 2000 bis Dezember 2005 Leiter der BLK-Projekte zur Lernerorientierten Qualitätstestierung in der Weiterbildung, verantwortlicher Entwickler von LQW, Forschungs-schwerpunkte und Veröffentlichungen zu den Themen Organisation, Innovation, Bildung, Persönlichkeit, Qualität und Beratung.

Kontakt: ArtSet® GmbH, Ferdinand-Wallbrecht-Str. 17, 30161 Hannover, Tel.: 0511 90969830, Fax: 0511 90969855, E-Mail: zech@artset.de, Internet: www.artset.de

Lektorat: Ingeborg Sachsenmeier

© 2008 Beltz Verlag · Weinheim und Basel
www.beltz.de
Herstellung: Klaus Kaltenberg
Satz: Druckhaus »Thomas Müntzer«, Bad Langensalza
Druck: Druck Partner Rübelmann, Hemsbach
Umschlaggestaltung: glas ag, Seeheim-Jugenheim
Umschlagabbildung, Logos und Kapitelaufmacherseiten: Florian Mitgutsch, München
Printed in Germany

ISBN 978-3-407-36442-5

Inhaltsverzeichnis

Der Prozess der Qualitätsentwicklung

Anhang: Externe Bestätigung der Qualität

Erklärung der Symbole

Zur besseren Orientierung haben wir den Inhalt mit Symbolen beziehungsweise mit einem Rasterbalken versehen. Die Bedeutung ist folgende:

 Definitionen, wichtige Informationen

 Methoden, Verfahren, Leitfäden, Fragebogen

 Beispiele

 Qualitätsmerkmale

Die praktischen Anwendungsbeispiele sind gekennzeichnet durch einen Rasterbalken vor dem Text

Vorwort

Liebe Leserin, lieber Leser,

Sie haben ein Arbeits- und Methodenbuch zur Qualitätsentwicklung von Weiterbildungsorganisationen in der Hand. Es soll in erster Linie praktische Ansprüche erfüllen und möchte Ihnen helfen, die Qualitätsarbeit in Ihrer Organisation zu systematisieren. Das Buch richtet sich vor allem an die Qualitätsbeauftragten, aber auch an alle diejenigen, die sich an der Qualitätsentwicklung beteiligen – also im Grunde an alle Beschäftigten der Weiterbildungsorganisationen. Zugleich ist das Buch aber auch für die Studierenden der Erwachsenen- und Weiterbildung von Interesse, weil die Frage der Qualität hier auf eine sehr praktische Art und Weise vorgestellt wird.

Zunächst beschäftigen wir uns mit Fragen, die die besondere Qualität von Weiterbildung im Blickfeld haben (S. 12ff.) und aufzeigen, wo die Besonderheiten liegen. Außerdem gehen wir der Frage nach, welchen Nutzen Qualitätsentwicklung für die Organisationen und deren Beschäftigte hat.

Der Hauptteil des Buches sind »Die Bereiche der Qualitätsentwicklung«. Er gliedert sich in 13 Qualitätsbereiche. Die Themen gehen von dem anfangs aufzustellenden pädagogischen Leitziel der Qualitätsentwicklung (s. S. 18ff.) bis zur abschließenden Planung der Zukunft der eigenen Organisation (s. S. 209ff.). Die Reihenfolge der Qualitätsbereiche ergibt sich aus der Logik des Bildungsprozesses. Am Anfang klären Sie als Bildungsanbieter sich und Ihre Kunden über Ihr pädagogisches Leitziel und Ihr Selbstverständnis/Leitbild auf. Danach fragen Sie in der Bedarfserschließung nach den Wünschen Ihrer Kunden. Auf dieser Basis regeln Sie Ihre internen Arbeitsprozesse zur Entwicklung und zum Vertrieb Ihrer Bildungsangebote. Danach wird die Durchführungsqualität der Lehr-Lern-Prozesse gesichert und anschließend evaluiert. Im Bereich Infrastruktur gestalten Sie die Lern- und Arbeitsräume. Die Führung steuert die Zielorientierung Ihrer Organisation, und im Bereich Personal werden die Kompetenzen der Mitarbeitenden entwickelt. Das Marketing sorgt dafür, dass Ihre Angebote auch die Adressaten erreichen. Die Kundenkommunikation und Kundenorientierung Ihrer Organisation gestalten Sie im entsprechenden Qualitätsbereich. Im Controlling prüfen Sie, ob Sie Ihre selbst aufgestellten inhaltlichen und finanziellen Ziele erreichen. Und im letzten Qualitätsbereich – dem strategischen Management – planen Sie die Zukunft Ihrer Organisation.

Die Entwicklung Ihres pädagogischen Leitziels (s. S. 18ff.) und Ihres Leitbildes (s. S. 31ff.) sollten der erste und zweite Schritt Ihres Projektes sein, denn diese bilden den roten Faden Ihres Qualitätsmanagements und Ihre Ziele sollten in Bezug auf Ihre konkreten Qualitätsmaßnahmen begründet sein. Die Qualitätsbereiche – Bedarfserschließung, Arbeitsprozesse, Lehr-Lern-Prozess, Evaluation, Infrastruktur, Führung, Personal, Marketing, Kundenkommunikation und Controlling – können Sie in beliebiger Reihenfolge bearbeiten. Am Ende Ihres Qualitätsprojektes bestimmen Sie Ihre zukunftsweisenden strategischen Entwicklungsziele (s. S. 209ff.).

In jedem Kapitel zu den einzelnen Qualitätsbereichen finden Sie die gleiche Struktur: Als erstes wird die Bedeutung dieses Qualitätsbereiches erläutert. Als zweites werden Sie auf wichtige, zu beachtende Punkte bei der Qualitätsentwicklung in diesem Bereich aufmerksam gemacht, die auch als Merkmale beziehungsweise Indikatoren dienen, an denen Sie die Qualität Ihrer Organisation erkennen können. Diese Qualitätsmerkmale sind jeweils eingangs mit dem Zeichen 🖇 markiert. Als drittes finden Sie eine oder mehrere konkrete Methoden für die praktische Qualitätsarbeit. Sie können dieses Handbuch zur Verbesserung ausgewählter Bereiche Ihrer Organisation benutzen oder für eine komplette »Runderneuerung« Ihrer gesamten Organisation in einem systematischen Prozess.

Am Ende erhalten Sie in »Der Prozess der Qualitätsentwicklung« (S. 222ff.) Tipps und Hinweise, wie ein Qualitätsentwicklungsprojekt organisiert werden kann und welche Aufgaben dabei der oder die Qualitätsbeauftragte hat.

Falls Sie die Absicht haben, sich Ihre Qualitätsentwicklung extern bestätigen zu lassen, finden Sie im Anhang (s. S. 232ff.) den Verweis auf ein Qualitätstestierungsverfahren, das mit dem Vorgehen der Qualitätsentwicklung, wie es in diesem Buch empfohlen wird, kompatibel ist.

Dieses Buch ist so geschrieben, dass Sie nichts weiter brauchen als dieses Buch, um den praktischen Prozess der Qualitätsentwicklung zu organisieren. Etwas allerdings kann Ihnen kein Buch vermitteln: die richtige Einstellung zur Qualität Ihrer Arbeit und den Wunsch, diese Qualität ständig weiterzuentwickeln. Denn die Qualität von Bildung hat als wichtigste Voraussetzung ein Streben nach dem Guten, ein Bedürfnis der Beschäftigten, gute Arbeit machen zu wollen. Diese Voraussetzungen werden bei den Leserinnen und Lesern unterstellt. Es sind allerdings die wichtigsten Voraussetzungen, ohne die Qualitätsarbeit nicht gelingen kann.

Ich danke Ingeborg Sachsenmeier vom Beltz Verlag für die ausgezeichnete Betreuung sowie meinen Kolleginnen und Kollegen von ArtSet® Jörg Angermüller, Claudia Dehn, Friederike Erhart, Elke Krämer und Katia Tödt, die das ganze Buch als Manuskript mit mir diskutiert und wertvolle Anregungen gegeben haben.

Ihnen, liebe Leserinnen und Leser, wünsche ich ein gutes Gelingen und viel Spaß bei Ihrer Qualitätsentwicklung.

Rainer Zech

Die Gründe
für Qualitätsentwicklung

Qualität in der Weiterbildung: Bedeutung und Nutzen

Was bedeutet Qualität in der Weiterbildung?

Qualität wird allgemein als Beschaffenheit, Güte oder Wert eines Dinges oder Prozesses definiert. Qualität ist eine Art und Weise des Seins, eigentlich eine neutrale Bezeichnung, obwohl Qualität üblicherweise mit guter Qualität gleichgesetzt wird. Daher denkt man bei dem Begriff an etwas Kostbares, Nützliches, Verwendbares. Mit der Qualität in der Weiterbildung hat es noch einmal eine besondere Bewandtnis. Hier hängt die Qualität von Bildung immer an dem Nutzen, den ein lernendes Individuum erhält, und zwar im Sinne der Erweiterung seiner Handlungsfähigkeit, um seine Aufgaben besser bewältigen zu können, Bedürfnisse und Wünsche zu realisieren und die eigene Lebensqualität zu steigern. Qualität von Bildung bemisst sich somit auch an gelingendem Leben. Die Qualität von Bildung setzt sich aus objektiv messbaren Faktoren, wechselseitigen Vereinbarungen und subjektiven Vorlieben zusammen. Beispielsweise werden folgende Fragen gestellt:

- Wie viel Wissen konnte man sich aneignen?
- Wie ist man dabei miteinander umgegangen?
- Über welchen »Kanal« nimmt man individuell am besten auf (visuell, auditiv, praktisch-erprobend)?

Aus den Antworten darauf lässt sich auf die Qualität des Lernergebnisses – im Sinne von Wert, Nützlichkeit, Bedeutung und Können – schließen. Diese Ergebnisse kann nur der Lernende selbst »ermessen«; nur er erkennt den Sinn des Gelernten in seiner Lebenspraxis.

Jemand, der sich bildet, steigert nicht nur seine Kenntnisse, Fähigkeiten und Fertigkeiten, sondern entwickelt sich auch als Persönlichkeit weiter. Schließlich verbessert eine gelungene Bildung die soziale Integration des Individuums. Diese sehr umfassende Definition von Bildung muss selbstverständlich in der Praxis nicht immer in vollem Umfang realisiert werden, sondern es kann vielerlei Abstufungen geben. Eines ist jedoch gewiss: Bildung ist ein durch und durch reflexives »Gut«, das nicht hergestellt wird wie ein Werkstück, sondern dadurch entsteht, dass ein Lernender in der praktischen und theoretischen Auseinandersetzung mit seinen Lerngegenständen sein Weltverhältnis verändert und seine Handlungsfähigkeit erweitert.

In der Weiterbildung sollte man daher unterscheiden zwischen der »Qualität der Bildung« und der »Qualität der Organisation der Bedingungen von Bildung«. Denn die Weiterbildungsorganisationen schaffen nur die Bedingungen dafür, dass die Lernenden sich bilden können. Lernen ist und bleibt ein selbst gesteuerter Prozess der Lernenden.

Bildung ist gelungen, wenn ein Individuum sein Wissen und Können erweitert, seine Persönlichkeit entfaltet und seine soziale Integration erhöht hat. Das heißt, Bildung erweitert die Handlungsfähigkeit des Subjektes und damit seine Möglichkeit ein selbstbestimmtes Leben in der Gesellschaft zu führen.

Die Organisation der Bedingungen von Bildung ist gelungen, wenn die Bildungseinrichtung alle ihre Abläufe und Strukturen auf die Unterstützung der Bildungsbedürfnisse der Lernenden ausgerichtet hat und dabei selbst zu einer lernenden Organisation geworden ist.

> **Fazit:** Die Lernenden stehen im Mittelpunkt der Qualitätsentwicklung. Die Qualitätsentwicklung von Weiterbildungseinrichtungen sollte daher stets aus dem Blickwinkel einer Definition gelungenen Lernens gestaltet und reflexiv begründet werden. Nur ein Qualitätsmanagement, das dies sicherstellt, kann als geeignet für die Bildung angesehen werden.

In diesem Sinne ist Qualitätsentwicklung gleichzeitig Organisationsentwicklung: Über das Lernen der Organisation werden die Bedingungen für das Lernen der Subjekte optimiert.

Darüber hinaus hat Qualität in der Bildung eine ethische Dimension. Wenn die Lernenden in den Mittelpunkt der Qualitätsentwicklung gestellt werden, dann muss man berücksichtigen, dass es sich um Individuen handelt, die durchweg auch Brüche und Widersprüche in ihren Lernbiografien zu verarbeiten hatten. Vor allem, wenn es um berufliche und betriebliche Verwertungszusammenhänge geht, ist Bildungsqualität ethisch nicht neutral. Hier können sich die Ansprüche der auftraggebenden Institutionen und die individuellen Ansprüche der Lernenden durchaus widersprechen. Qualitätsentwicklung in der Bildung sollte diese Dimensionen bewusst reflektieren. Formalisierungen können in diesem Feld kontraproduktiv wirken, weil sie verhindern, sich auf die Einzigartigkeit und Besonderheit von Menschen und Situationen einzustellen.

Wenn sich nun eine Weiterbildungsorganisation im Rahmen ihrer Qualitätsentwicklung anschickt, die Ermöglichungsbedingungen von Bildung zu verbessern – denn nichts anderes ist das Ziel des Qualitätsmanagements –, dann kann dies nur über die Steigerung von Reflexivität geschehen. Denn Folgendes sollte bedacht werden: Abläufe und Prozesse zu formalisieren steigert nicht unbedingt die Qualität; es kann sie durchaus auch behindern. Formalisierungen, wie sie oft im Zentrum bestimmter – aus der produzierenden Wirtschaft und der gewerblichen Unternehmenswelt kommender – Qualitätsmanagementsysteme stehen, ergeben sogar nur dann Sinn, wenn die Einrichtung begründen kann, warum dieses oder jenes in dieser oder jener Art formalisiert wurde. Das technokratische Abarbeiten von Schemata oder Checklisten ist in der Qualitätsentwicklung von Bildungsanbietern kontraproduktiv.

Der hier vorgestellte Ansatz der Qualitätsentwicklung in der Weiterbildung setzt deshalb auf Reflexivität vor Formalität. Wichtig ist, dass die Organisation herausarbeitet, warum ein bestimmter Prozess in welcher Weise die Bedingungen für gelungenes Lernen der Teilnehmenden verbessert. Hierfür ist es zum Beispiel notwendig, sich über die pädagogischen Leitziele zu verständigen. Nur wenn diese geklärt sind, kann man auch entscheiden, ob es wirklich förderlich ist, bestimmte Teilprozesse zu formalisieren. Qualitätsentwicklung von Bildungsorganisationen generell mit der Formalisierung von Prozessen zu verwechseln, ist ein Missverständnis.

Die Qualität von Bildungsorganisationen

Die Qualität einer Bildungsorganisation zeigt sich zum Beispiel darin, dass sie

- geeignete Verfahren und Methoden zur Steuerung ihrer Arbeit einsetzt,
- damit gelungenes Lernen fördert und nützliche Ergebnisse erzielt,
- diese auf Schlussfolgerungen und Konsequenzen hin bewertet,
- das Ganze, was sie tut, aus dem Lernerinteresse heraus begründen kann und
- sich insgesamt in Richtung einer lernenden Organisation entwickelt.

Welchen Nutzen bringt Qualitätsentwicklung?

Qualitätsentwicklung in der Weiterbildung hat es seit jeher gegeben. Jeder motivierte Mitarbeiter trachtet danach, seine Arbeit zu verbessern, wenn er auf Unzulänglichkeiten gestoßen ist. Er tut dies auch im wohlverstandenen eigenen Interesse, um sich selbst die Arbeit zu erleichtern und sie auf Dauer motivierend zu erhalten. Gleichermaßen überlegt jede Lehrende, wenn eine Seminareinheit weniger gut gelungen ist, wie sie die nächste besser gestalten kann. Qualitätsentwicklung ist somit ein integraler Teil der Alltagsarbeit von Erwachsenenbildnern und hat es in diesem grundlegenden Sinne schon immer gegeben.

Der Einsatz von systematischen Qualitätsmanagementsystemen gehört heutzutage ebenfalls zum Standard der Weiterbildungsorganisationen. Gründe für diese systematische Qualitätsentwicklung gibt es genug:

- Die gesellschaftlichen Bedingungen ändern sich rasant. Organisationen, die diesem Wandel durch eigene Veränderung begegnen, können ihre Umwelt und ihre Märkte mitgestalten.
- Lernmilieus und Lernmotivationen differenzieren sich aus und spezifizieren sich. Organisationen, die ihre Angebote im Interesse ihrer Teilnehmenden optimieren, erhalten das Vertrauen ihrer Kunden und gewinnen neue dazu.
- Die finanziellen Ressourcen werden knapper. Organisationen, die einen wirtschaftlichen Umgang mit investierten Mitteln nachweisen, sichern sich die Legitimation gegenüber ihren Auftraggebern und Förderern.
- Die Arbeitsanforderungen steigen. Organisationen, die ihre Prozesse und Arbeitsabläufe kräftesparender gestalten, pflegen die Motivation ihrer Beschäftigten.

Heute erscheint es allerdings bedeutsam, wieder daran zu erinnern, dass Qualitätsentwicklung schon immer ein wichtiger Bestandteil der Weiterbildungstätigkeit war. Der moderne Trend, alles und jeden zu zertifizieren, um die Verteilung öffentlicher Mittel zu regulieren, hat damit nichts zu tun und ist in vieler Hinsicht kontraproduktiv. Qualitätsentwicklung ist eine intern motivierte Professionalisierungsstrategie der Weiterbildung und kein Instrument staatlicher Regulierungspolitik.

Qualität in der Bildung entsteht weder durch administrative Kontrollen noch durch bürokratische Formalisierungen.

Der Nutzen der Qualitätsentwicklung für die Weiterbildungsorganisationen

- Die Leitbildentwicklung stärkt die Identität der Organisation und die Identifikation der Beschäftigten mit dem Unternehmen wächst. Das Gefühl der Zusammengehörigkeit wird gefördert.
- Die Auseinandersetzung mit der Frage gelungenen Lernens bewirkt eine Zunahme der pädagogischen Professionalität. Das pädagogische Selbstverständnis der Organisation wird vertieft und verdeutlicht.
- Die genaue Definition von Prozessen und Arbeitsabläufen strafft und systematisiert die Ablauforganisation. Die Arbeit geht reibungsloser; Doppelarbeit wird auf diese Weise vermieden.
- Das Klären und Definieren von Schnittstellen und Verantwortlichkeiten in der Organisation schafft Transparenz und erleichtert die Arbeit. Alle wissen, wofür sie und wofür die anderen zuständig sind.
- Der Überblick über die unterschiedlichen Arbeitsbereiche systematisiert und verbessert die Zusammenarbeit. Das wechselseitige Verständnis für die Arbeit der anderen wächst.
- Die Bildungsarbeit orientiert sich stärker an den Bedürfnissen der Lernenden. Die Lernerfolge der Teilnehmenden werden dadurch verbessert.
- Die Evaluation führt zum Erkennen von Entwicklungspotenzialen und neuen Chancen. Innovationen und Veränderungen werden erleichtert.
- Durch eindeutige Ziele kann die Organisation sicher gesteuert werden. Teilschritte der Zielerreichung können kontrolliert und Erfolge bewertet werden. Die eigene Zukunft kann bewusst gestaltet werden.
- Durch ein bewusstes Marketing der Qualität wird die Außendarstellung der Organisation verbessert. Dadurch steigt die Anerkennung in der allgemeinen Öffentlichkeit und der Absatz der Bildungsangebote wird gefördert.
- Die Führung der Organisation orientiert sich an gemeinsamen Grundsätzen. Entscheidungen werden für alle transparenter.
- Da die Beschäftigten an der Qualitätsentwicklung beteiligt sind, fördert dies die Selbstreflexion und lässt die Wertigkeit der eigenen Arbeit erkennen. Die Arbeitsmotivation wird gestärkt.
- Die gesamte Organisation richtet ihre Arbeit strukturell an den Interessen ihrer Kunden aus. Die Kundenzufriedenheit steigt.

So hat es sich in den vergangenen Jahren in Teilbereichen der Weiterbildungs-branche durchgesetzt, zu den vorhandenen Qualitätsmanagementsystemen zu-sätzliche Zulassungsprüfungen durch sogenannte »Fachkundige Stellen« einzu-führen, die diejenigen Organisationen absolvieren müssen, die Fördermittel im Rahmen beruflicher Bildung in Anspruch nehmen wollen. In anderen Bereichen ist man dabei, Zertifizierungen für Personen zu entwickeln und einzuführen oder zum Beispiel im Sprachenbereich gesonderte Zertifikate zu verlangen. Das kann dazu führen, dass Weiterbildungsorganisationen, die in vielen Geschäftsfeldern tätig sind, unterschiedliche Kontrollprüfungen über sich ergehen lassen müssen, die im Regelfall keinen weiteren Nutzen haben, als dass unterschiedliche Zertifi-kate gesammelt werden.

Qualität in der Bildung bedeutet, dass Bildungsanbieter und Lernende begründet und reflektiert tun, was sie tun. Qualitätsentwicklung in der Weiterbildung muss sich aus dem Bildungsprozess heraus begründen und ihren Fokus auf die Lernenden rich-ten, denn um diese geht es in letzter Instanz. Alle anderen Motivationen sind wichtig, aber verglichen mit dem Ziel, das gelungene Lernen der Menschen bestmöglich zu unterstützen, zweitrangig.

Systematisches Qualitätsmanagement zielt darauf, einen kontinuierlichen Quali-tätskreislauf einzuführen und die Entwicklung zu einer lernenden Organisation vor-anzutreiben. Für Organisationen, die den Qualitätsentwicklungsprozess erfolgreich durchlaufen haben, konnten bedeutsame Lernerfolge festgestellt werden.

Die Bereiche
der Qualitätsentwicklung

Pädagogische Leitziele: Wohin soll die Reise gehen?

Definition gelungenes Lernen

Lernen ist gelungen, wenn ein Individuum sein Wissen und Können erweitert, seine Persönlichkeit entfaltet und seine soziale Integration erhöht hat. Das heißt, Lernen erweitert die Handlungsfähigkeit des Subjektes und damit seine Möglichkeit ein selbstbestimmtes Leben in der Gesellschaft zu führen. Gelungenes Lernen ist ein Lernen, das der Lernende selbst wertschätzt, weil er dadurch seine eigenen, selbstbestimmten Ziele erreicht und seine Handlungsfähigkeit erhöht hat. Durch gelungenes Lernen erhöht sich die Lebensqualität des Subjektes.

Die Bedeutsamkeit pädagogischer Leitziele für Weiterbildungsorganisationen

Organisationen brauchen Leitziele zur Orientierung

»Wer nicht weiß, wo er hin will, darf sich nicht wundern, wenn er irgendwo ankommt, wo es ihm nicht gefällt.« So oder so ähnlich lautet ein bekannter Sinnspruch. Und es ist richtig: Menschen und Organisationen brauchen Visionen. Sie müssen eine Vorstellung von dem Ziel haben, das sie erreichen wollen, sonst können sie ihr Handeln nicht planen. Visionen sind inhaltlich gefüllte Bilder, Leitvorstellungen mit Motivationskraft für die Beschäftigten. Sie konkretisieren sich in Leitzielen, in denen sich Auftrag und Aufgabe der Organisation ausdrücken. Für Bildungsorganisationen sind dies naturgemäß pädagogische Leitziele.

Das wichtigste Leitziel pädagogischer Organisationen: gelungenes Lernen

Bildungsorganisationen haben die gesellschaftliche Aufgabe, Menschen mit Kompetenzen und Potenzialen auszustatten, die sie benötigen, damit das Berufs- und Privatleben sowie die Beteiligung an der sozialen und politischen Gemeinschaft besser gelingt. Bildung ist ein umfassender Prozess, der nicht nur fachliche Qualifikationen umfasst, sondern der die Handlungsfähigkeit der Subjekte insgesamt erhöht. Lebenslanges Lernen ist die Grundqualifikation in der modernen Gesellschaft. Die Ausbildung der Lernfähigkeit ist daher eine der Hauptaufgaben der Pädagogik. Jenseits aller Fachziele ist das pädagogische Leitziel von Bildungsorganisationen deshalb die Förderung gelungenen Lernens ihrer Teilnehmenden.

Erfolg und Gelingen – ein Unterschied

Erfolg und Gelingen sind nicht dasselbe. Das Herkunftswörterbuch des Duden erklärt *Erfolg* als das Hinterher, den Ausgang, die Wirkung, die Folge von etwas. Als Verb »erfolgen« bedeutet es erreichen, erlangen. Man hat es geschafft! Erfolgen kommt von folgen, was in althochdeutscher Zeit »sich nach jemandem richten, beistimmen, gehorchen« bedeutete. Erfolg ist ein Ergebnis, eine Konsequenz – in der Pädagogik oft das Ergebnis von Folgsamkeit. Im Wort Erfolg schwingt darüber hinaus viel Äußerliches mit, Status, Material, Reputation.

Das *Gelingen* hingegen bedeutet glücken, gedeihen, ursprünglich auch leicht und schnell vonstattengehen, in leicht vollzogener Bewegung, im »Flow«. Gelingendes fließt; Gelungenes hat sich erfüllt, hat sein Ziel erreicht, ist voll geworden. Man ist erfüllt! Hier klingt eher Innerliches mit, Zufriedenheit, Gelassenheit, Erfüllung.

Gelungenes Lernen ist qualitativ hochwertiges Lernen

Jemand hat die Prüfung erfolgreich bestanden; das ist gut. Aber war sein Lernen auch gelungen? Die Kategorie »erfolgreich« fokussiert auf das Ergebnis und misst hinterher, meist äußerlich beziehungsweise von außen. Die Kategorie »gelungen« kann sowohl ein Werkstück (das Produkt) als auch die Arbeit daran (den Prozess) bezeichnen; und sie misst von innen entweder aus der Stimmigkeit der Sache selbst oder aus dem Fluss des Tuns, in jedem Fall aus der Perspektive des betroffenen Subjektes.

Wer Erfolg will, ist zum Verzicht bereit, leistet Aufschub, stellt anderes zurück – das muss nicht schlecht sein, kann sich lohnen, und wird oft belohnt. Wer das Gelingen anstrebt, bleibt mit seinem Selbst dabei, verleugnet sich nicht, sondern sucht sich. Ob er belohnt wird, ist nicht die Frage. Der Lohn steckt in der Sache selbst, im Tun, im Finden, im Ankommen. Ein erfolgreiches Lernen hat die in der Regel fremdgesetzten Ziele der pädagogischen Karrieren erreicht.

> **Fazit:** Ein gelungenes Lernen ist ein Lernen, dass der Lernende selbst wert-schätzt, für gut befindet, das ihm kostbar ist!

Die Definition gelungenen Lernens als roter Faden der Qualitätsentwicklung

Qualitätsentwicklung ist die Suche nach gemeinsamen Antworten auf die Frage, wie sich gelungenes Lernen der Teilnehmenden am besten organisieren und unterstützen lässt. Bildung ist ein Erfahrungsgut, das auf Reflexion im Lernprozess beruht. Daher sind Bildungsorganisationen gut, wenn sie selbst reflexiv sind, das heißt, wenn sie begründet tun, was sie tun. Und deshalb ist auch Qualitätsentwicklung in erster Linie kein technischer, sondern ein reflexiver Prozess. Sich gemeinsam die Frage nach der bestmöglichen Organisation gelungenen Lernens zu stellen, wird das Reflexions-

niveau der Bildungsorganisation erheblich steigern, ihr pädagogisches Selbstverständnis klären. Qualitätsmanagement ist dann kein aufgesetztes Verfahren, sondern
gelebte pädagogische Praxis. Diese Praxis braucht eine regulierende Idee, einen roten
Faden, einen Kompass. Dieser rote Faden ist die pädagogische Zielvorstellung des gelungenen Lernens. Der Qualitätsentwicklungsprozess startet mit einer Selbstevaluation zum Beispiel in Form einer Stärken-Schwächen-Analyse. Anschließend werden
das Leitbild und die pädagogische Zielvorstellung des gelungenen Lernens formuliert.
Danach werden geeignete Verbesserungsmaßnahmen durchgeführt, die in Bezug auf
die pädagogischen Leitziele rückbegründet werden. Das Ganze fließt schlussendlich
in die Dokumentation eines Qualitätshandbuches.

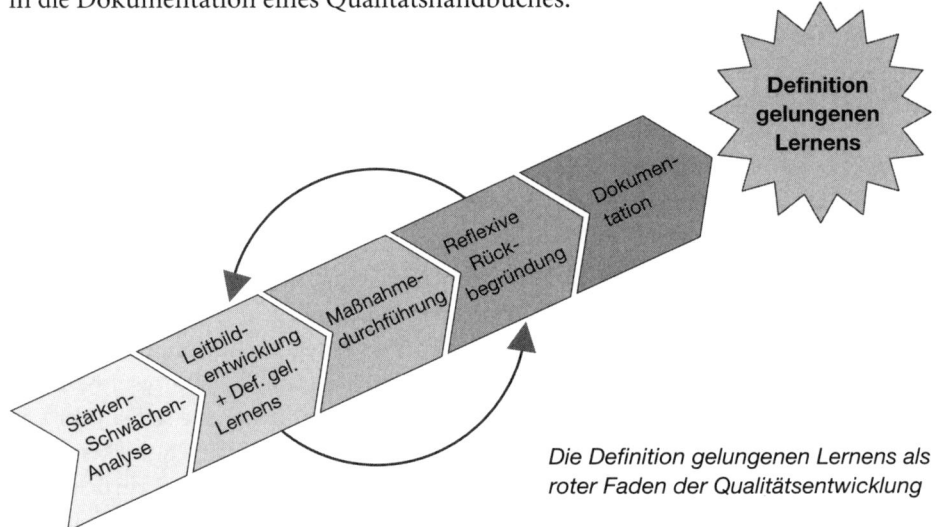

Die Definition gelungenen Lernens als
roter Faden der Qualitätsentwicklung

Das Gelungene als Maßstab der Qualität der ganzen Organisation

Über das Lernen hinaus ist die Kategorie des Gelungenen in jedes menschliche Tun
eingebaut. Wir kommen irgendwohin, zu einer Veranstaltung, Verabredung, Vorla-
dung, in ein Unternehmen, Geschäft, eine Arztpraxis etc. und nach kurzer Zeit spüren wir, ob die Situation mit uns im Einklang ist. (Qualität bedeutet übrigens auch:
Klangfarbe eines Tons, eines Vokals usw.)
  Der Mensch hat einen zuverlässigen »Evaluationsseismografen« in sich, der ihm
signalisiert, ob das, was passiert, gut für ihn ist. Die neuere Intuitionsforschung be-
stätigt, dass diesem Gefühl zu trauen ist, oft mehr als dem Verstand, der sich auch
viel einreden kann. Das Gefühl des Gelungenen (oder Misslungenen) lässt sich nur
schwer betrügen. Trotzdem ist das Gelungene nicht bloß eine Empfindungskategorie,
sondern lässt sich über beobachtbare Merkmale intersubjektiv kommunizieren und
in diesem Sinne objektivieren. Weil dies so ist, kann das Prinzip des Gelungenen über
das Lernen der Teilnehmenden hinaus für die Qualitätsentwicklung insgesamt nutzbar gemacht werden, indem es zum Maßstab wird, um Qualität in der ganzen Organisation zu bewerten.

Das Gelungene als Qualitätsmaßstab

Die folgenden Fragen könnten zur Bewertung im Rahmen der Qualitätsbereiche (QB) der Organisationsentwicklung nützlich sein.

QB Leitbild: Wie kann die Leitbildentwicklung gelingen, bei der alle Mitarbeitenden beteiligt werden und sich hinterher mit dem Leitbild identifizieren?

....

....

....

....

QB Bedarfserschließung: Wie kann es uns glücken, die Bedürfnisse unserer Zielgruppen und die gesellschaftlichen Entwicklungstrends zutreffend zu erfassen?

....

....

....

....

QB Schlüsselprozesse: Wie können wir sicherstellen, dass unsere Kooperationen und Abstimmungen im Rahmen unserer zentralen Arbeitsprozesse gelingen?

....

....

....

....

QB Lehr-Lern-Prozess: Wie können wir gelingendes Lernen der Teilnehmenden ermöglichen und fördern?

....

....

....

....

QB Evaluation: Wie können wir feststellen, dass das Lernen der Teilnehmenden gelungen ist?

QB Infrastruktur: Wie können wir unsere Lern- und Arbeitsräume für gelingendes Lernen und Arbeiten gestalten?

QB Führung: Wie kann es unserer Leitung gelingen, die Organisation auf Kurs zu halten und die Mitarbeitenden zielorientiert zu führen?

QB Personal: Wie kann unsere Personalentwicklung so gelingen, dass wir gemeinsam unsere Organisationsziele erreichen?

QB Marketing: Wie können wir unsere Auftraggeber, Förderer und Kunden von unserer Qualität überzeugen?

QB Kundenkommunikation: Wie kann es uns gelingen, unsere Kunden so zu informieren, zu beraten, zu begleiten und zu unterstützen, dass sie sich bei uns wohlfühlen?

QB Controlling: Wie können wir mit unseren Kennzahlen das erfassen und bewerten, was wir als unseren spezifischen Erfolg betrachten?

QB Strategisches Management: Wie kann uns die Gestaltung der Zukunft unserer Organisation gelingen, um weiterhin den Anforderungen unserer Umwelt entsprechen zu können?

Was ist wichtig bei einer Definition gelungenen Lernens?

 Die Definition gelungenen Lernens sollte als Vision, als Ideal formuliert sein. Bei der Definition gelungenen Lernens geht es um eine Vision, um ein Ideal, das heißt, um die Beschreibung dessen, was im denkbar besten Fall von den Lernenden unter den denkbar besten Voraussetzungen und Bedingungen erreicht werden kann. Dieses Ideal hat die Aufgabe, die Praxis der Bildungsorganisation zu leiten. Ein Ideal soll nicht real erreicht werden, sondern hat die Aufgabe, dem Handeln eine Richtung zu geben. Visionen und Ideale sollen sich vielmehr mit der Organisation weiterentwickeln. Sie haben die Funktion des Polarsterns, der die Navigation der Organisation in die Zukunft ermöglicht. Deshalb darf die Definition gelungenen Lernens nicht mit den Lehrzielen der Bildungsorganisation und den Lernzielen der Teilnehmenden verwechselt werden. Pädagogische Leitziele sind übergeordnete Ziele, sie stehen oberhalb der konkreten Lehr- und Lernziele der einzelnen Bildungsveranstaltungen.

 Alle Beschäftigten müssen die Vision gelungenen Lernens teilen. Pädagogische Organisationen haben die Aufgabe, gelingendes Lernen ihrer Teilnehmenden zu ermöglichen und zu fördern, damit die Lernenden die Kompetenzen erwerben können, die sie für die Bewältigung der gesellschaftlichen Anforderungen und die selbstbestimmte Gestaltung ihres eigenen Lebens benötigen. Zu dieser Aufgabe tragen alle Beschäftigten der Bildungsorganisation auf ihrer spezifischen Stelle, mit ihrer je besonderen Leistung bei. Ob planender Pädagoge, unterrichtende Lehrkraft, administrierende und organisierende Verwaltungsangestellte, technischer Hausdienst usw. – alle gemeinsam erbringen die Gesamtleistung der Weiterbildungsorganisation. Niemand hat das Pädagogische für sich gepachtet. Das Pädagogische ist die kooperative Gesamtleistung der Bildungsorganisation. Damit diese Kooperation gelingt, ist es notwendig, dass alle Beteiligten ihren spezifischen Beitrag zum Ganzen erkennen und ihre jeweilige Arbeit am gemeinsamen Leitziel gelungenen Lernens ausrichten.

 Die Definition gelungenen Lernens dient der Reflexion im Lernprozess. Die Definition gelungenen Lernens wird von allen Beschäftigten der Bildungsorganisation gemeinsam entwickelt. Sie bildet den roten Faden *ihrer* Arbeit. Darüber hinaus sollte diese pädagogische Leitvorstellung auch den Adressaten und Teilnehmenden gegenüber kommuniziert werden, damit diese einschätzen können, unter welcher allgemeinen Zielorientierung die Organisation, der sie sich anvertrauen wollen, arbeitet. Dies kann zum Beispiel dadurch geschehen, dass eine verständliche, gegebenenfalls auch gekürzte Formulierung der Definition gelungenen Lernens in das Leitbild der Organisation aufgenommen wird.

Auch zu Beginn und im Verlauf des Lernprozesses in den einzelnen Veranstaltungen kann eine gemeinsame Reflexion zwischen Lehrenden und Lernenden darüber, in welcher Weise gelungenes Lernen gefördert und erreicht wird, den Lernprozess befruchten.

Es kann in einer Organisation verschiedene, gestufte Definitionen gelungenen Lernens geben. Wenn die Bildungsorganisation sehr groß ist und, weil sie die unterschiedlichsten Zielgruppen bedient, intern nach Fachbereichen oder Geschäftsfeldern gegliedert ist, dann kann mit verschiedenen Definitionen gelungenen Lernens gearbeitet werden. Auf jeden Fall sollte es eine Definition geben, die für die gesamte Bildungsarbeit der Organisation gilt.

Bei intern differenzierten Einrichtungen wird diese gemeinsame Definition dann möglicherweise recht allgemein sein, damit sie alle Bildungsfelder umfasst. In einem solchen Fall können für die unterschiedlichen Adressaten der Bildungsarbeit zielgruppenspezifische Definitionen gelungenen Lernens entwickelt werden, die die allgemeine Definition bereichsspezifisch herunterbrechen.

 Die unterschiedlichen Lehrziele der Bildungsorganisationen müssen der Definition gelungenen Lernens entsprechen. Die pädagogischen Einzelziele, die eine Organisation für ihre unterschiedlichen Bildungsveranstaltungen aufstellt, dürfen der allgemeinen Definition gelungenen Lernens nicht widersprechen. Vielmehr ist es wichtig, dass die Lehrziele der Einzelveranstaltungen jeweils besondere, Einzelfall bezogene Konkretisierungen der Definition gelungenen Lernens umfassen.

Neben die Vermittlung von fachlichen Inhalten tritt in jedem Bildungsprozess stets die mehr oder weniger große Weiterentwicklung der sich bildenden Person mit ihren Einstellungen, Werten und ihrer besonderen Lernfähigkeit. Bildung ist ein den ganzen Menschen umfassender Prozess. Die Werte und Ziele der Bildungsorganisation, die sie in ihrem Leitbild und ihrer Definition gelungenen Lernens festlegt, müssen sich auch auf der Ebene der Einzelveranstaltungen realisieren.

Verfahren zur Entwicklung einer Definition gelungenen Lernens

Wertschätzendes Interview

Gelungenes Lernen ist ein ausdrückliches Ziel jeder Bildungsorganisation. Diese Zielerreichung soll kein Zufall bleiben. Gelungenes Lernen kann man fördern, wenn man sich mit guten Erfahrungen und gelungenen Situationen auseinandersetzt und bereit ist, daraus Konsequenzen zu ziehen. Denn das, worauf wir unsere Beobachtungen richten, wird unsere Realität. Oder mit anderen Worten: Worauf wir unsere Aufmerksamkeit richten, das nimmt zu. Es kommt im folgenden Interview darauf an, einen Blick dafür zu entwickeln, was die Erfolgsfaktoren von gelungenem Lernen sind. Die Methode des wertschätzenden Interviews – auch bekannt unter der englischen Bezeichnung »Appreciative Inquiry« – kann in Gruppen beliebiger Größe durchgeführt werden.

Jede Person erhält zu Beginn eine Kopie der Verfahrenserklärung sowie den Leitfaden zum wertschätzenden Interview.

Das wertschätzende Interview: Verfahrenserklärung

Bilden Sie mit einer Person der Gruppe, mit der Sie im Alltag am wenigsten zusammenarbeiten, ein Zweier-Team.

Erinnern Sie sich jeweils an eine Lernsituation, in der Sie selbst in der Rolle des/der Lernenden waren und in der Sie Ihr Lernen im Rückblick als besonders gelungen bezeichnen würden. Es kann sich um jede beliebige Lernsituation handeln, das heißt, es können auch Situationen des selbst organisierten Lernens oder des Lernens im Freizeitbereich sein.

Zunächst interviewt die eine Person die andere etwa 20 Minuten. Die interviewende Person hat die Aufgabe, durch ihre Fragen (s. Leitfaden) eine möglichst präzise Beschreibung der gelungenen Lernsituation herauszuarbeiten und diese Beschreibung in Stichworten zu notieren. In dieser Phase soll beschrieben, nicht interpretiert und bewertet werden.

Nachdem die Situation zur Zufriedenheit beider Beteiligten dargestellt wurde, wenden Sie sich etwa zehn Minuten der Analyse der gelungenen Lernsituation zu und arbeiten gemeinsam heraus, welche Bedingungen, Ursachen und Faktoren zum Gelingen des Lernens beigetragen haben. Der Interviewer trägt diese Erfolgsfaktoren in die Liste des Interviewleitfadens ein. Wenn es möglich ist, kann ein erster Vorschlag für eine Definition gelungenen Lernens, die sich aus der beschriebenen und analysierten Situation ergibt, formuliert werden.

Jetzt tauschen Sie die Rollen, so dass die andere Person interviewt wird. Verfahren Sie dabei auf gleiche Weise.

Wenn die Interviews abgeschlossen sind, versammeln Sie sich im Plenum (gegebenenfalls bei großen Organisationen in Untergruppen von maximal 12–16 Personen). Die Interviewerinnen und die Interviewer stellen knapp (3–5 Minuten) die gelungene Lernsituation der Interviewten vor. Alle herausgearbeiteten Erfolgsfaktoren aus allen Interviews werden auf einer Pinnwand aufgelistet. Doppelungen werden durch Strichlisten markiert. So erfährt man, was häufig oder generell als wichtige Bedingung gelungenen Lernens angesehen wird.

Diese Liste dient als Anregung, um darauf aufbauend eine Definition gelungenen Lernens für die Zielgruppe(n) der eigenen Organisation zu erarbeiten. Diese Arbeitsphase kann auch an eine Teilgruppe delegiert werden. Die Definition gelungenen Lernens muss aber auf jeden Fall noch einmal zu einem späteren Zeitpunkt mit allen Beteiligten rückgekoppelt werden. Wenn die verschiedenen Zielgruppen der Organisation sehr heterogen sind, können auf der Basis einer allgemeinen Definition auch mehrere spezifische Definitionen gelungenen Lernens erarbeitet werden.

Leitfaden für ein wertschätzendes Interview

Wir sind auf der Suche nach den Erfolgsfaktoren von gelungenen Lernprozessen.

Befragte/r:

....

Interviewer/in:

....

Beschreiben Sie eine Begebenheit oder Situation, in der Sie eine Lernsituation für sich als besonders gelungen empfunden haben. Beschreiben Sie die Situation möglichst genau. Die interviewende Person kann durch diese und weitere Fragen die möglichst präzise Beschreibung der Situation unterstützen:

Um welchen Lernanlass ging es?

....

....

....

....

....

....

Was waren Ihre Motive und Ziele des Lernens?

....

....

....

....

....

....

....

Wer war beteiligt?

Wie waren die Umstände?

Wie verlief der Prozess (im Kopf, im Körper)?

Was war Ihre Rolle?

Was haben Sie getan?

Was haben andere getan?

Wie fühlten Sie sich?

Woran haben Sie gemerkt, dass Sie wirklich etwas lernten/gelernt haben?

Nennen Sie die Bedingungen, die Ursachen und/oder die Faktoren, die zum Lernerfolg führten. Anders gefragt: Was hat den Erfolg begünstigt, was hat zum Gelingen des Lernens beigetragen?

1. ....

2. ....

3. ....

4. ....

5. ....

6. ....

7. ....

8. ....

9. ....

10. ....

Erster Vorschlag für eine Definition gelungenen Lernens

....

....

....

....

....

Profil der Organisation: Wie wird ein Leitbild entwickelt?

Definition Leitbild

Ein Leitbild ist eine gemeinsame Selbstbeschreibung der Organisation durch deren Beschäftigte. Es soll die Handlungen der Organisation beziehungsweise der Organisationsmitglieder anleiten und an den gemeinsamen Zielen ausrichten. Das Leitbild muss von außen als Profil der Organisation erkennbar und von innen erlebbar sein. Das Leitbild ist ein Ausweis des Selbstverständnisses der Weiterbildungsorganisation und damit ein Leistungsversprechen gegenüber den Kunden.

Die Bedeutung des Leitbildes für eine Organisation

Ein Leitbild gibt dem Organisationshandeln Orientierung

Die moderne Welt wird immer differenzierter und vielfältiger. Die Möglichkeiten, aber auch die Risiken wachsen. Diese Komplexität spiegelt sich in den Umwelten von Organisationen und auf ihren Märkten. Um dieser Komplexität gewachsen zu sein, müssen die Organisationen intern differenzierter und komplexer werden. Dies drückt sich zum Beispiel in einer zunehmenden Spezialisierung der Aufgabenprofile für die einzelnen Stellen und Funktionsbereiche aus sowie in der wachsenden Arbeitsteilung.

In dem Maße, wie die (Selbst-)Verantwortung der Beschäftigten für ihre Arbeitsplätze und Arbeitsergebnisse zunimmt und auch gewünscht ist, braucht das weitgehend voneinander isolierte Einzelhandeln der Beschäftigten eine orientierende Richtschnur. In der Unübersichtlichkeit der unternehmensinternen und unternehmensexternen Komplexität gibt ein Leitbild den verantwortlich handelnden Beschäftigten einen Rahmen und die gewünschte Orientierung.

Ein Leitbild ist ein Leistungsversprechen gegenüber den Kunden

Auch für die Kunden bieten Unternehmensleitbilder eine Orientierung darüber, ob die Leistungen des jeweiligen Unternehmens den eigenen Wünschen entsprechen und ob die Werte des Unternehmens mit den eigenen Werten verträglich sind. Damit trägt ein Leitbild wesentlich zur Imagebildung der Organisation in der Öffentlichkeit bei. Ein Leitbild ist gegenüber den Kunden ein Versprechen zum Beispiel darüber, was sie geboten bekommen und wie sie behandelt werden. Deshalb werden Kunden die

Organisation und das Verhalten der einzelnen Beschäftigten auch anhand der Aussagen des Leitbildes beurteilen. Mit einem Leitbild setzt sich die Organisation bewusst einer Bewertung durch ihre Kunden aus. Somit ist ein Leitbild gleichermaßen Ausdruck einer Kundenorientierung des Unternehmens.

Ein Leitbild ist ein schriftlich fixiertes Bild der Gegenwart und der nahen Zukunft der Organisation

Ein Leitbild drückt präzise und verständlich aus, welche Werte das Handeln der Organisation fundieren, welchen allgemeinen Unternehmenszweck die Organisation verfolgt und welche grundsätzlichen Leistungen die Kunden von dem Unternehmen erwarten dürfen.

Das Leitbild beschreibt daher die Gegenwart des Unternehmens; möglicherweise mit einem leichten Entwicklungstrend in die nahe Zukunft. Deshalb ist ein Leitbild nicht mit einer Unternehmensvision zu verwechseln, die einen Ausblick in eine angestrebte mittel- bis langfristige Zukunft bietet. Das Leitbild leitet die aktuelle Praxis der Organisation oder es ist kein *Leit*bild.

Ein Leitbild ist ein Führungsinstrument

Es dient der Unternehmensführung dazu, die Organisation zielgerichtet zu steuern. Die Arbeitshandlungen der einzelnen Beschäftigten können an der Realisierung des Leitbildes gemessen und beurteilt werden. Ein Leitbild stiftet Einigkeit in der Organisation, das heißt, es führt zu einem »Wir-Gefühl«. Dadurch unterstützt es die Arbeitsmotivation der Beschäftigten.

Deshalb ist es von besonderer Bedeutung, dass die Führungskräfte der Organisation das Leitbild vorbildlich realisieren und leben. Als Steuerungsinstrument steht das Leitbild zwischen der langfristigen Zukunftsvision auf der einen Seite sowie den mittelfristigen strategischen Entwicklungszielen und den Jahreszielen des Unternehmens auf der anderen Seite.

Das Leitbild wird oft als Führungsinstrument unterschätzt und nur als Darstellung des Unternehmens angesehen. Es heißt aber *Leit*bild, weil es die Praxis der Organisation anleiten soll. Um diesen Sachverhalt noch einmal zu verdeutlichen, wird in der Tabelle auf der nächsten Seite das Leitbild in den Zusammenhang mit anderen Führungsinstrumenten eingeordnet.

Visionen sind weitreichende Zukunftsvorstellungen. Sie formulieren den Unternehmenszweck, die Mission der Organisation, und drücken aus, welche wünschenswerte Stellung man in der Gesellschaft einnehmen möchte. Damit Visionen Motivationskraft für die Beschäftigten haben, sollten sie inhaltlich und nicht formal bestimmt werden, also nicht »Wir werden Marktführer!«, sondern zum Beispiel »Wir bilden Zukunft für die Menschen!«.

Führungsinstrumente				
	Vision	Leitbild	Entwicklungs-programm	Jahresplanung
Definition	allgemeine Mission des Unternehmens	Werte- und Verhaltenskodex	Handlungs-konzept	Aktivitätenliste
»Haltbarkeit«	10 Jahre und mehr	etwa 10 Jahre	3 – 5 Jahre	1 Jahr
Management-ebene	normativ rich-tungsweisend	normativ prak-tisch orientierend	strategisch	operativ
Leitfrage	Was ist unser Sinn?	Welche Werte leiten unser Tun?	Tun wir das Richtige?	Tun wir es richtig?
Erarbeitung	Gesamt-organisation (plus Umfeld)	Gesamt-organisation (plus Umfeld)	Gesamt-organisation	Führung (plus Planungs-gruppe)
Anwendung	organisations-intern und -extern	organisations-intern und -extern	organisations-intern	organisations-intern
Letztverant-wortung	Leitungs-verantwortung	Leitungs-verantwortung	Leitungs-verantwortung	Leitungs-verantwortung
Leitmetapher	Polarstern	Kompass	Landkarte	Wegweiser

Leitbilder sind orientierende Wert-, Verhaltens- und Leistungsbeschreibungen der Organisation. Sie legen fest, was die Kunden von dem Unternehmen erwarten können. Damit bilden Leitbilder die Richtschnur des praktischen Organisationshandelns für die Beschäftigten.

Entwicklungsprogramme orientieren das Unternehmen strategisch. Sie legen durch überprüfbare Ziele fest, wo die Organisation mittelfristig in Bezug auf ihre Umwelt stehen will. Die strategischen Ziele müssen in entsprechende Entwicklungsmaß-nahmen umgesetzt werden.

Jahresprogramme arbeiten die strategisch geplanten Maßnahmen zu Einzelakti-vitäten um, welche in eindeutig operationalisierten Schritten umgesetzt werden. Im Controlling wird jeweils geprüft, ob die konkreten Umsetzungsmaßnahmen zu den gewünschten Wirkungen geführt haben; gegebenenfalls wird kurzfristig entsprechend nachgesteuert.

Es wird also deutlich, dass Vision, Leitbild, Entwicklungs- und Jahresprogramm Füh-rungsinstrumente sind, die in einem Zusammenhang zueinander stehen und der Steuerung der Organisationspraxis dienen. Insofern haben auch die Führungskräfte und in letzter Instanz die Geschäftsführung beziehungsweise die Unternehmenslei-tung die Verantwortung für den richtigen Einsatz dieser Instrumente.

Ein Leitbild hat zum Beispiel folgenden Nutzen

- Alle Handlungen der Organisation und ihrer Beschäftigten richten sich an gemeinsamen Vorstellungen aus.
- Es gibt einen Maßstab zur Bewertung des Verhaltens der Führungskräfte und der Mitarbeitenden.
- Die Kunden wissen, mit welcher Organisation sie es zu tun haben und können sich entsprechend orientieren.
- Die Organisation kann zielorientiert geführt werden.
- Ein Leitbild weist den Weg für weitere Entwicklungen der Organisation.

Was ist wichtig beim Leitbild?

Ein Leitbild sollte Aussagen zu relevanten Aspekten der Organisation enthalten. Leitbilder dienen der Selbstverständigung der Organisation und der Orientierung ihrer Kunden, deshalb sollten sie Informationen enthalten über Auftrag, Ziele und Wertegrundlagen der Organisation sowie über ihre Zielgruppen, Kompetenzen und Angebote. Dies könnte sich zum Beispiel in folgenden sieben Aspekten konkretisieren.

- *Identität und Auftrag:* Wer sind wir? Was ist unser selbst gewählter und/oder organisationsspezifischer Auftrag?
- *Werte:* Wofür stehen wir? Welche Werte leiten unser Handeln?
- *Kunden, also Auftraggeber und Teilnehmende, Adressaten oder Zielgruppen:* Wer sind unsere Auftraggeber, Adressaten und Zielgruppen? Wer nimmt real an unseren Veranstaltungen teil?
- *Allgemeine Unternehmensziele:* Was wollen wir im Allgemeinen erreichen? Was ist unser Organisationszweck? Welche Ziele verfolgen wir?
- *Fähigkeiten:* Was können wir? Über welches Know-how verfügen wir? Wo liegen unsere Stärken?
- *Leistungen:* Was, welche Produkte und Dienstleistungen bieten wir?
- *Ressourcen:* Woraus schöpfen wir unsere Kraft? Welche besonderen Hilfsquellen haben wir für unsere Arbeit zur Verfügung? Worauf können wir zurückgreifen?

Ein Leitbild sollte partizipativ erstellt sein. Ein Leitbild ist nur ein *Leit*bild, wenn es die Handlungen der Organisationsmitglieder leitet. Das heißt, es ist zwingend, dass sich alle Beschäftigten – vom Geschäftsführer bis zum Hausmeister – mit dem Leitbild identifizieren. Identifizieren kann sich ein Individuum aber nur mit allgemeinen Aussagen, wenn es sich selbst in diesen wiedererkennt. Aus dieser Tatsache ergibt sich logisch, dass alle Beschäftigten an der Erarbeitung des Leitbildes in irgendeiner Weise beteiligt werden müssen. Diese Partizipation kann unterschiedlich geregelt werden:

- Denkbar ist durchaus, dass ein von der obersten Führung erarbeitetes Leitbild »top down« in das Unternehmen gegeben, von den Beschäftigten diskutiert und kommentiert und schließlich anhand dieser Anmerkungen überarbeitet wird.

- Man kann natürlich auch den umgekehrten Weg wählen und ein Leitbild »bottom up« von den Mitarbeitenden und deren Aussagen zu den sieben Aspekten her entwickeln.
- Schließlich ist ebenso eine Mischform denkbar, bei der die Unternehmensleitung unabdingbare Prämissen (zum Beispiel des Trägers) bereits markiert hat und auf dieser Basis die Mitarbeitenden die Aspekte aus ihrer jeweiligen Perspektive auffüllen.

Alle jeweiligen Ergebnisse müssen dann zu einer gemeinsamen Leitbildversion zusammengefasst werden. In jedem Fall ist diese Leitbildfassung noch einmal mit den Beschäftigten zu diskutieren. Der Grad der individuellen Identifikation mit dem Leitbild wird allerdings proportional zum Grad der Beteiligung steigen. Von daher empfiehlt sich aus der Logik der Sache bei der Leitbildentwicklung eine möglichst weitgehende Partizipation aller Beschäftigten.

 Ein Leitbild sollte schriftlich fixiert sein. Es ist selbstverständlich, dass nur ein schriftliches Leitbild genügend Sicherheit bei der Orientierung des Handelns und der Kommunikation mit den Kunden bietet. Bei einer schriftlichen Dokumentation des Leitbildes werden auch Interpretationsspielräume für die einzelnen Beschäftigten enger; und auch einige Zeit nach der Leitbilddiskussion kann man sich in Zweifelsfällen immer auf das Dokument berufen.

Vor allem die Einstimmung neuer Mitarbeiterinnen und Mitarbeiter ist ohne ein schriftliches Leitbild kaum möglich. Es bietet sich an, bereits bei der Auswahl und Einstellung neuer Mitarbeiterinnen und Mitarbeiter mit dem Leitbild zu arbeiten, um diese von Anfang an auf das Leitbild zu verpflichten.

 Ein Leitbild sollte intern kommuniziert und extern veröffentlicht sein. Ebenso selbstverständlich ist, dass jede und jeder Beschäftigte das Leitbild in seiner jeweils aktuellen Fassung kennen muss. Am besten wird dies gewährleistet, wenn jede Person ihr persönliches Exemplar bekommt. Eine für alle zugängliche Version im Intranet erfüllt diese Bedingung ebenfalls. Intern kommuniziert meint darüber hinaus, dass nicht nur die hauptamtlichen Mitarbeiterinnen und Mitarbeiter, sondern gegebenenfalls auch freiberufliche Beschäftigte das Leitbild erhalten sollten. Besonders gelungen ist die Leitbildentwicklung sogar, wenn die freiberuflichen Beschäftigten, gegebenenfalls über deren Vertreterinnen und Vertreter, bereits an der Erstellung des Leitbildes beteiligt waren. Zur internen Kommunikation gehört auch die Information von Beiräten, Vorständen, vorgesetzten Dienststellen etc.

Eine externe Veröffentlichung des Leitbildes ist gewährleistet, wenn das Leitbild für die Kunden der Organisation, das heißt, für Auftraggeber und Teilnehmende, Adressaten und Zielgruppen, zugänglich ist. Dafür bietet sich eine Veröffentlichung des Leitbildes zum Beispiel auf der Website, im Bildungsprogramm, im Foyer oder der Anmeldung der Organisation oder an allen genannten Orten zugleich an.

Es ist nicht ausgeschlossen, dass Organisationen mit zwei unterschiedlichen Leitbildversionen arbeiten, die sich natürlich nicht widersprechen dürfen. Manchmal erscheint es sinnvoll, nach innen zur Orientierung der Beschäftigten mit einer ausführlicheren Version zu arbeiten und nach außen mit einer »abgespeckten«, dafür aber prägnanteren Variante.

 Die Revisionsverantwortung für ein Leitbild sollte festgelegt sein. Ein Leitbild behält seine Orientierungsfunktion nach innen und außen nur, wenn es aktuell bleibt. Daher ist von den Organisationen festzulegen, wie dies sichergestellt wird und wem die Revisionsverantwortung obliegt. Dies kann beispielsweise die Geschäftsführung oder der/die Qualitätsbeauftragte sein.

Ein Verfahren zur partizipativen Erstellung eines Leitbildes

Die »Aufsteigende Methode«

Die Methode der aufsteigenden Erarbeitung von Themen empfiehlt sich immer dann, wenn die angestrebten inhaltlichen Ergebnisse einen Konsens der Beteiligten ausdrücken sollen. Sie stellt sicher, dass alle die gleichen Chancen haben, ihre spezifischen Sichtweisen einzubringen. Dadurch, dass immer nur zwei Sichtweisen in Übereinstimmung gebracht werden müssen, ist die aufsteigende Methode zeitsparend gegenüber offenen Diskussionen im Plenum, die sich schnell in Einzelaspekten festfahren und nicht zu einem von allen getragenen Gesamtergebnis führen. Die aufsteigende Methode wurde im Rahmen der Lernerorientierten Qualitätstestierung in der Weiterbildung (LQW®) von ArtSet® speziell für das Erarbeiten von Leitbildern adaptiert.

Verfahrenserklärung: Bei der sogenannten »Aufsteigenden Methode« können beliebig viele Personen beteiligt werden. Der Clou liegt darin, dass während des gesamten Prozesses stets nur zwei Meinungen zur selben Zeit miteinander in Einklang gebracht werden müssen. Zu Beginn steht eine individuelle Arbeit, am Ende das Produkt der gesamten Gruppe, in dem die Ansichten, Meinungen, Wünsche und Ideen jeder Person enthalten sind. Dieses Produkt wird in mehreren Schritten entwickelt:

- Zu Beginn beantwortet jede Mitarbeiterin und jeder Mitarbeiter allein für sich in Einzelarbeit die sieben Fragen des Fragebogens zur Leitbildentwicklung (S. 39).
- Im nächsten Schritt arbeiten zwei Mitarbeiter zusammen und bringen ihre beiden individuellen Antworten zu einer gemeinsamen zusammen.
- Aus diesen Paaren bilden sich im folgenden Schritt Vierergruppen, wobei die Paare aus der Vorrunde zusammenbleiben. In diesen Vierergruppen liegen

wiederum nur zwei Leitbildentwürfe vor, die zu einem gemeinsamen zusammengeführt werden müssen.

- Jeweils zwei Vierergruppen bilden eine Achtergruppe, die ihre beiden mitgebrachten Leitbildentwürfe zu einem vereinigen.
- Dies geht so weit, bis sich nur noch zwei Gruppen mit zwei Leitbildentwürfen gegenübersitzen und eine Schlussversion erarbeiten.

Diese Abfolge, dass jeweils zwei Gruppen eine neue Gruppe bilden und in dieser neuen Gruppe zwei Leitbildentwürfe zu einem zusammengeführt werden, wird also so lange fortgesetzt, bis sich am Ende nur noch eine einzige Gruppe bildet. Auch diese hat wiederum nur zwei Vorlagen, aus denen schlussendlich ein gemeinsames Leitbild entwickelt wird.

Am Ende der aufsteigenden Methode kann eine Arbeitsgruppe eingesetzt werden, die den Leitbildtext noch einmal redaktionell überarbeitet und gegebenenfalls – will man den partizipativen Gedanken konsequent zu Ende bringen – diesen noch einmal zur gemeinsamen Abstimmung vorlegt.

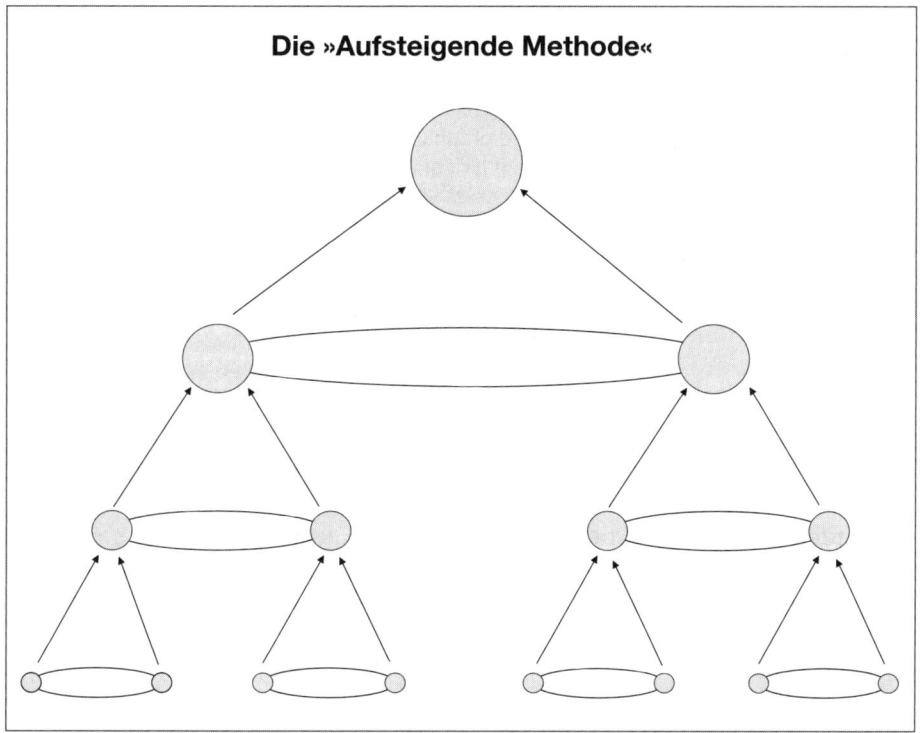

Die »Aufsteigende Methode«

Das Erstellen des gemeinsam entwickelten Leitbildes kann – je nach Organisationsgröße – an ein bis zwei Tagen geschehen. Allerdings benötigen die unterschiedlichen Arbeitsschritte unterschiedlich viel Zeit. Für das individuelle Erarbeiten der Antworten reichen in der Regel 20 Minuten. Dieser Schritt kann bereits vor dem ersten gemeinsamen Treffen der Mitarbeitenden individuell vorbereitet sein, so dass alle bereits mit »ihrem« Leitbildentwurf erscheinen.

Für die Phase der Zweier- und die der Vierergruppen sollten etwa 30 Minuten veranschlagt werden, die Achtergruppen benötigen ungefähr 45 Minuten, ab 16 Personen aufwärts sollten eine bis anderthalb Stunden eingeplant werden. Grundsätzlich gilt: Je mehr Zeit in den ersten Schritten gewährt wird, umso klarer sind die Arbeitsergebnisse und umso mehr fühlen sich die Einzelnen mit dem Ergebnis verankert. Ab einer Gruppengröße von 16 Personen sollten die Gruppen durch eine neutrale Person moderiert werden.

Die Umsetzung der aufsteigenden Methode lässt sich auch mit einer Teilnehmerzahl realisieren, die nicht in der Zahlenfolge 2^n (2, 4, 8, 16, 32 …) enthalten ist. Man muss dann nur möglichst früh zum Beispiel eine oder mehrere Dreiergruppen bilden, um so schnell wie möglich auf eine Anzahl von Gruppen zu kommen, die in der Zahlenfolge 2^n enthalten ist.

Benutzen Sie für die aufsteigende Methode nachfolgenden Fragebogen und übergeben Sie zudem den Teilnehmenden die Hinweise zum Ausfüllen des Fragebogens oder notieren Sie die Regeln auf einem Flipchart.

Einige Hinweise zum Ausfüllen des Fragebogens zur Leitbildentwicklung

- Halten Sie unbedingt die vorgegebenen Zeiten ein.
- Leitbildentwürfe sollten kurz und prägnant sein. Schreiben Sie keine Begründungen, sondern nur indikative Aussagen (Wir sind ..., Wir bieten ..., Wir machen ...).
- Formulieren Sie möglichst in ganzen Sätzen. Es kommt dabei nicht auf die ästhetische Geschliffenheit der Formulierungen an, sondern auf den Inhalt.
- Verlieren Sie sich nicht in unnötigen Kontroversen; übernehmen Sie im Zweifel beide Positionen.
- Es ist wichtiger, alle Felder auszufüllen, als perfekte Ergebnisse im Detail zu produzieren.

Wenn Sie Ihr Leitbild mit dieser Methode entwickeln, dann stellen Sie sicher, dass alle Beschäftigten gleiche Chancen haben, ihre Sichtweisen und Interessen in den Entwicklungsprozess einzubringen. Und nur, wenn alle am Prozess beteiligt wurden und sich im Ergebnis wiedererkennen, kann das Leitbild seinen Zweck erfüllen: Es leitet die Handlungen der Einzelnen und damit der Gesamtorganisation.

Fragebogen zur Leitbildentwicklung

Identität und Auftrag: Wer sind wir? Was ist unser selbst gewählter und/oder organisationsspezifischer Auftrag?

....

....

....

....

....

Werte: Wofür stehen wir? Welche Werte leiten unser Handeln?

....

....

....

....

....

Kunden: Wer sind unsere Auftraggeber, Adressaten und Zielgruppen? Wer nimmt real an unseren Veranstaltungen teil?

....

....

....

....

....

Allgemeine Unternehmensziele: Was wollen wir im Allgemeinen erreichen? Was ist unser Organisationszweck? Welche Ziele verfolgen wir?

....

....

....

....

....

....

Fähigkeiten: Was können wir? Über welches Know-how verfügen wir? Wo liegen unsere Stärken?

Leistungen: Was, welche Produkte und Dienstleistungen, bieten wir?

Ressourcen: Woraus schöpfen wir unsere Kraft? Welche besonderen Hilfsquellen haben wir für unsere Arbeit zur Verfügung? Worauf können wir zurückgreifen?

Ausgangspunkt Kundenbedürfnisse: Wie erschließt man Weiterbildungsbedarfe?

Definition Bedarfserschließung

Mit Bedarfserschließung ist eine Marktforschung für die Weiterbildung gemeint: Mithilfe geeigneter Instrumente werden systematische Marktbeobachtungen durchgeführt, um zu erkennen, wo die individuellen Bildungsbedürfnisse der Adressaten, der Bedarf von potenziellen Auftraggeberorganisationen sowie gesellschaftliche Entwicklungstrends liegen. Diese Bedürfnisse, Bedarfe und Trends sowie der eigene institutionelle Auftrag dienen als Grundlage für die Programmentwicklung und das Angebotsspektrum.

Warum ist die Bedarfserschließung so bedeutsam?

Organisationen produzieren Leistungen für die Gesellschaft

Organisationen sind kein Selbstzweck. Sie haben die Funktion, Leistungen für die Gesellschaft als Ganze oder für Teilbereiche herzustellen. Dabei kann es sich um Produkte, Waren oder um materielle und immaterielle Dienstleistungen handeln. Im Regelfall gehören Organisationen einem spezifischen gesellschaftlichen Teilbereich an, für den sie spezifische Leistungen erbringen, zum Beispiel:

- Unternehmen produzieren und vertreiben Waren im Wirtschaftssystem;
- Gerichte sorgen für Recht im Rechtssystem;
- Kirchen pflegen den Glauben im Religionssystem;
- Schulen und Weiterbildungseinrichtungen schaffen Qualifikationen im Bildungssystem.

Alle Organisationen zusammen sichern das Überleben der Gesellschaft. Wenn Organisationen ihre Funktion nicht mehr oder nicht mehr gut genug erfüllen, haben sie ihren Daseinszweck verloren. Sie werden – sofern sie nicht künstlich unterstützt und am Leben gehalten werden – absterben und – sofern der generelle Bedarf noch besteht – durch bessere Leistungserbringer ersetzt.

Organisationen müssen ihr Nutzenpotenzial kennen

Unter dem Nutzenpotenzial versteht man die Möglichkeit, für eine oder mehrere Zielgruppen konkreten Nutzen stiften zu können. Diese Möglichkeit besteht darin, dass die Fähigkeiten der Anbieterorganisation den Wünschen ihrer Abnehmergruppe(n) entsprechen. Kunden erwerben nur Produkte und Dienstleistungen, von denen sie sich einen wie auch immer gearteten Nutzen versprechen. Diesen von den Kunden erwarteten Nutzen müssen die Organisationen so genau wie möglich kennen, um geeignete Angebote mit entsprechenden Nutzenversprechen auf dem Markt platzieren zu können.

Organisationen müssen ihren Markt analysieren

Die Abnehmerumwelt von Organisationen ist in der modernen Gesellschaft in ständigem Wandel begriffen. Die Anbieter sind deshalb gut beraten, diese Entwicklungen im Auge zu behalten und regelmäßig systematisch zu analysieren. Diese Marktanalysen beziehen sich auf

- Informationen über die Bedürfnisse der Adressaten und Zielgruppen,
- Informationen über die Bedarfe von potenziellen Auftraggeberorganisationen,
- Informationen über gesellschaftliche Entwicklungstrends.

Marktanalysen werden mit den unterschiedlichsten Verfahren durchgeführt (s. S. 46ff.). Generell geht es zum Beispiel um die Beantwortung folgender Fragen:

- Wer sind unsere (realen und potenziellen) Kunden, Adressaten, Zielgruppen, Auftraggeber?
- Welche Bedarfslage besteht bei ihnen? Welche Probleme haben sie? Welche Erwartungen entstehen daraus? Welchen Nutzen erwarten sie?
- Was können wir dem Kunden in Bezug auf die Lösung ihrer Probleme anbieten? Wie können wir die Erwartungen am besten befriedigen?
- Wer sind unsere Mitbewerber? Was bieten sie an? Wie verhalten sie sich?
- Was sind unsere Alleinstellungsmerkmale? Was hebt uns aus der Masse der Anbieter heraus? Was sind unsere Besonderheiten? Was ist für uns typisch? Was gibt es nur bei uns?
- Wie erreichen wir unseren Kunden? Auf welchen Wegen nehmen Kunden zu uns Kontakt auf?

Auch die Wettbewerber gehören zum Markt

Die Wahrnehmung und die richtige Interpretation von Marktsignalen sichert das Überleben der Organisationen. Zu den Marktsignalen gehört auch das Verhalten der Wettbewerber. Die hier einsetzbare Konkurrenzanalyse verfolgt den Zweck, die relevanten Wettbewerber im Hinblick auf deren tatsächliche oder erwartbare Wettbewerbsstrategien zu untersuchen.

Eine Konkurrenzanalyse untersucht den Wettbewerber hinsichtlich

- seiner Unternehmensziele,
- seiner Angebote,
- seiner Fähigkeiten,
- seines Marketings.

Die Ergebnisse der Konkurrenzanalyse werden bei der Entwicklung der eigenen Wettbewerbsstrategie entsprechend berücksichtigt. Gerade auf der Basis der Kenntnis der Wettbewerber kann man die Besonderheit der eigenen Angebote verdeutlichen und somit gezielter herausstellen.

Märkte gestalten, Organisationsidentität wahren

Besonders erfolgreich sind Organisationen, die die Bedarfe ihres Marktes nicht nur befriedigen, sondern die ihren Markt aktiv mitgestalten. Dazu gehören vor allem Strategien der Bedarfs- und Bedürfnisweckung sowie innovative Produkt- und Dienstleistungsentwicklungen. Gestalten in diesem Sinne können aber nur Organisationen, die selbst genau wissen, wer oder was sie sind, das heißt, die eine klare eigene Identität haben.

Damit bei der Marktanalyse, der Befriedigung des Marktes sowie bei der Marktgestaltung kein Identitätsproblem auftritt und wahllos jeder Bedarf als eigener Zuständigkeitsbereich angesehen wird, muss sich eine Organisation in ihren Aktivitäten selbst wiedererkennen können. Dies gelingt anhand der Orientierung am Leitbild (s. S. 31ff.). Hier sind Identität und Auftrag, die allgemeinen Unternehmensziele, die Fähigkeiten etc. der Organisation beschrieben und dienen als Unterscheidungskriterien, um auf dem Markt mögliche Handlungsfelder zu erkennen.

Der Nutzen von Bedarfserschließungen

Bedarfserschließungen haben zum Beispiel folgenden Nutzen:

- Die Organisationen kennen die Bedürfnisse und Wünsche ihrer verschiedenen Kundengruppen.
- Für diese Bedürfnisse können maßgeschneiderte Produkte und Dienstleistungen entwickelt werden.
- Die Organisationen kennen ihre Wettbewerber und können sich selbst entsprechend platzieren beziehungsweise positiv abgrenzen.
- Die Kundenzufriedenheit steigt und die Kundentreue wird gefestigt.
- Die Organisationen steigern ihren Absatz und sichern ihren Fortbestand.

Worauf kommt es bei der Bedarfserschließung an?

 Die Gegenstände, der Rhythmus und der Umfang der Bedarfserschließung sollten eindeutig bestimmt werden. Im Qualitätsbereich Bedarfserschließung geht es um die Anwendung geeigneter Verfahren, Methoden, Instrumente, um individuelle Bildungsbedürfnisse der Zielgruppen, spezifische Bedarfslagen von Auftraggebern und gesellschaftliche (gegebenenfalls regionale) Entwicklungsbedarfe zu erheben. Nur auf der Basis gezielter Bedarfserschließungen bei den individuellen und institutionellen Kunden können Organisationen ihre Bildungsangebote zeitnah auf ein sich wandelndes Klientel und eine sich verändernde gesellschaftliche Umwelt abstimmen. Dafür ist zunächst erforderlich, dass

- die Fragestellung, das Thema, der Gegenstand der Bedarfserschließung bestimmt wird (Was wollen wir herausfinden?);
- das Einsatzfeld und der Umfang der Erhebung festgelegt wird (In welchem Bereich brauchen wir Informationen?);
- der Zeitpunkt und der Rhythmus der Erhebungen präzisiert werden (Wann soll die Befragung stattfinden, wann soll sie gegebenenfalls wiederholt werden?).

Es ist nicht erforderlich, dass die Bedarfserschließung in allen Geschäftsfeldern durchgeführt wird. Die Organisationen können eine *begründete* Auswahl treffen und ihren Markt dort analysieren, wo es Probleme zu lösen gilt oder sie sich den größten Nutzen versprechen.

 Es sollten geeignete Verfahren eingesetzt und in Bezug auf das Leitbild und die Definition gelungenen Lernens begründet werden. Nicht jede Methode eignet sich für jeden Zweck. Daher ist es von besonderer Bedeutung, dass Verfahren eingesetzt werden, die ihren Zweck auch wirklich erfüllen (s. Übersicht auf S. 45) Die Verfahren der Bedarfserschließung sollten – wo immer möglich – mit Kunden beziehungsweise Nutzern *und* Nicht-Kunden beziehungsweise Nicht-Nutzern durchgeführt werden. Vor allem Informationen über potenzielle Kundengruppen helfen, neue Geschäftsfelder zu erschließen und damit den langfristigen Unternehmenserfolg zu sichern. Um geeignete Verfahren der Bedarfserschließung zu finden und zu begründen, könnten die infrage kommenden Verfahren unter folgenden Gesichtspunkten geprüft werden:

- Inwiefern sind die verwendeten Verfahren und Rhythmen der Bedarfserschließung geeignet, das Nutzenpotenzial für die konkreten Dienstleistungen des Unternehmens im Interesse ihrer Kunden zu erheben?
- Inwiefern erheben die verwendeten Verfahren der Bedarfserschließung Daten und Informationen zur Entwicklung neuer Produkte und Dienstleistungen?
- Inwiefern sind die verwendeten Verfahren der Bedarfserschließung geeignet, vor allem Bedürfnisse von Zielgruppen zu erschließen, die bisher noch nicht Kunden des Unternehmens sind?
- Inwiefern schaffen die verwendeten Verfahren der Bedarfserschließung geeignete Voraussetzungen für die Lerner- und Kundenorientierung des Unternehmens?

Geeignete Verfahren der Bedarfserschließung können zum Beispiel sein:

Verfahren	Zweck
Benchmarking: Vergleich mit Wettbewerbern oder Marktführern	Lernen von den Besten der Branche in ausgewählten Aspekten
Sekundäranalyse: Aufarbeitung von Dokumenten, Vorgaben, Literatur, Statistiken etc.	Recherche und Inhaltsanalyse von bereits andernorts erhobenen, relevanten Informationen
Persönliches Interview: Intensives Einzelgespräch mit relevanten Personen	Einzelfallinformationen oder Tiefenbefragung, Einbindung von Auftraggebern und/oder Entscheidern
Expertenbefragung: Offenes Interview mit Fachleuten und/oder Wissenschaftlern	Wissenschaftlicher Know-how-Transfer, aktuelles Fachwissen zusammentragen
Telefoninterview: Leitfadengestützte Gespräche mit überschaubarer Personengruppe	Intensive, qualitative Informationserhebung zum Beispiel bei repräsentativ ausgewählten Nutzern oder Multiplikatoren
Fokusgruppe: Gruppendiskussionen mit typischen Kunden beziehungsweise Nicht-Kunden	Erhebung von tiefer liegenden, nicht immer bewussten Bedürfnissen und Meinungen
Fragebogen: Repräsentative, quantitative Erhebung	Erhebung von vorab definierten Informationen bei großen Zielgruppen
Trendanalyse: Systematisierung und Bewertung der relevanten Umweltentwicklungen	Bestimmung von für die Organisation bedeutsamen, zukünftigen Herausforderungen

Die Analysen sollten bewertet und Konsequenzen aus der Bedarfserschließung sollten gezogen werden. Bedarfserschließungen sind – wie erläutert – die Voraussetzung der zielgruppengerechten Planung des Bildungsangebotes. Insofern ist es selbstverständlich, dass es nicht ausreicht, die Marktbedarfe nur zu erschließen. Die erhobenen Informationen müssen vor dem Hintergrund der eigenen Unternehmenswerte und -ziele bewertet werden. Wichtig ist darüber hinaus, dass aus diesen Erkenntnissen Konsequenzen für die Praxis der Organisation gezogen werden. Informationen, die aus diesen Marktanalysen gewonnen werden, sollten mit den Potenzialen der eigenen Bildungsorganisation und deren Auftrag abgeglichen werden:

- Worauf kann und worauf möchte man reagieren?
- Welche Schlussfolgerungen sollen aus den Erhebungen zum Beispiel für die Produktentwicklung und/oder die Wettbewerbsstrategie des Unternehmens abgeleitet werden?
- Müssen neue zielgruppenspezifische Angebote entwickelt werden?
- Werden möglicherweise andere Bereiche in Zukunft nicht mehr nachgefragt und können eingestellt werden?

Verschiedene Verfahren der Bedarfserschließung

Die Bearbeitung dieses Qualitätsbereiches befähigt die Weiterbildungsorganisationen dazu, die Bedürfnisse ihrer Kundengruppen, die Bedarfe ihrer Auftraggeberorganisationen und gesellschaftliche Trends – zum Beispiel neuartige Herausforderungen im Arbeitsleben, anwachsendes ökologisches Bewusstsein, Veränderungen der gesellschaftlichen Altersstruktur, neue Ansprüche an die Freizeitgestaltung und vieles mehr – systematischer zu erkennen und daraus Konsequenzen für die eigene Praxis abzuleiten.

Der Qualitätsbereich Bedarfserschließung zählt demnach zu den Qualitätsbereichen, in denen die Aufmerksamkeit verstärkt auf die Umwelt der Bildungsorganisation gerichtet wird. Hier wird dem Umstand Rechnung getragen, dass sich eine Organisation immer in einem gesellschaftlichen Umfeld bewegt. Diese Umweltbeobachtungen haben aber nur dann Sinn, wenn sie zu Entscheidungen führen, die die Strukturen und die Praxis der Organisation an die Umweltentwicklungen anpassen. Umweltbeobachtung muss also letztlich in Selbstbeobachtungen und Selbstveränderungen münden.

Für die Angebotsentwicklung einer Bildungsorganisation bedeutet dies, dass die Entwicklung neuer Seminare, Kurse, Maßnahmen und sonstiger Dienstleistungen sich an den Bedarfen der Umwelt ausrichtet und nicht ausschließlich binnengeleitet erfolgen soll. Angebote sind Reaktionen auf Marktentwicklungen, selbst dann, wenn diese Angebote den Markt mitgestalten.

Da Märkte vielfältig und facettenreich sind, werden im Folgenden unterschiedliche Verfahren der Bedarfserschließung vorgestellt.

Teilnehmerbefragung

Informationen über personale Bedürfnisse, das heißt, Informationen über die Lernbedürfnisse von vorhandenen individuellen Kunden, kann man durch eine Abfrage am Anfang oder am Ende einer Veranstaltung gewinnen. Es empfiehlt sich, diese Befragung schriftlich vorzunehmen, um sie einfacher dokumentieren und auswerten zu können.

Generell ist zu beachten, dass auf dem Fragebogen zu Beginn erläutert wird, welchen Nutzen die Bedarfserschließung für die Antwortenden hat, zum Beispiel um auch weiterhin bedürfnisgerechte Bildungsangebote zu erhalten. Hierdurch wird Motivation geschaffen, die Bögen auch wirklich auszufüllen.

In einer Teilnehmerbefragung können zum Beispiel die folgenden Fragen gestellt werden:

- Ist dies Ihre erste Veranstaltung in unserer Bildungseinrichtung?
- Wie haben Sie von der Veranstaltung erfahren?
- Aus welchem Grund nehmen Sie an dieser Veranstaltung teil?

- Welche anderen Veranstaltungen, gegebenenfalls auch bei anderen Anbietern, haben Sie im vergangenen halben Jahr besucht?
- Zu welchen anderen Themen, die Sie gegebenenfalls noch nicht gefunden haben, würden Sie Bildungsveranstaltungen besuchen?
- Wie beurteilen Sie die Ankündigung zu dem von Ihnen besuchten Seminar?
- Wie beurteilen Sie generell die Möglichkeit, an Informationen über Bildungsangebote unseres Hauses zu gelangen?
- Welche Anmeldeverfahren bevorzugen Sie?
- Welche Art der Bezahlung ist Ihnen am angenehmsten?
- Welchen zusätzlichen Service wünschen Sie sich von Ihrem Weiterbildungsanbieter?

Dozentenbefragung

Bisher nicht befriedigte Bildungsbedürfnisse von Teilnehmenden können Sie gegebenenfalls auch über die Befragung von Lehrenden erfahren. Diese haben einen direkteren Kontakt zu den Teilnehmenden und gehören oft zum gleichen oder zu einem verwandten sozialen Milieu. Lehrende sind in der Regel durch ihre Erfahrung aus dem konkreten Seminargeschehen gut über die Bedürfnisse der Teilnehmenden informiert. Diese Befragung sollte ebenfalls schriftlich erfolgen. Dabei können zum Beispiel folgende Fragen gestellt werden:

- Wurden weitergehende Lernbedürfnisse durch die Teilnehmenden Ihrer Veranstaltung geäußert? Welche waren das?
- Vermissten die Teilnehmenden Serviceangebote rund um das Lernangebot? Welche?
- Wissen Sie von Wettbewerbern, die andere Bildungsangebote machen? Welche?
- Was schätzen die Teilnehmenden an unserer Organisation am meisten?
- Was finden die Teilnehmenden nicht so gut beziehungsweise was können wir in Zukunft verbessern?

Allgemeine Bedarfsrecherchen

Informationen über die Auftraggeberorganisationen sind oftmals auch über eine sensibilisierte Alltagsbeobachtung zu erhalten. So ist beispielsweise aus der Presse zu erfahren, dass ein Unternehmen ein neues EDV-System einführt; daraus kann man auf Schulungsbedarf auf diesem Gebiet schließen. Oder die Medien berichten über neue Gesetze und Verordnungen, die bestimmte Folgen für das Angebot von Weiterbildungsmaßnahmen haben und somit eine Reaktion seitens der Bildungsorganisation erfordern.

Zählt man öffentliche Auftraggeber zu seinen Kunden (beispielsweise die Bundesagentur für Arbeit), können deren Informationsveranstaltungen besucht werden, auf denen über zukünftige Schwerpunkte und Fördermaßnahmen unterrichtet wird. Von den lokalen Arbeitsagenturen werden auch Bildungsmaßnahmen ausgeschrieben.

Förderungsfähige Bildungsmaßnahmen, zum Beispiel im Rahmen des Europäischen Sozialfonds, können auf den entsprechenden Websites eingesehen werden, auf denen die Förderprogramme dargestellt werden. Förderinformationen gibt es generell über die Website der Europäischen Union und jeweils für die Programme der einzelnen Bundesländer. Die Webadressen sind leicht über Google zu finden.

Auch die Auswertung relevanter Fachzeitschriften, Websites und Veröffentlichungen von (potenziellen) Kundenorganisationen oder der Besuch von Fachtagungen und Messen zählen zur Bedarfserschließung. Jeder Weiterbildungsbereich – ob nun sprachliche, berufliche, kulturelle oder politische Bildung – verfügt selbstverständlich über seine eigenen Medien. Generelle Trends in der Weiterbildung werden aber sehr gut durch einen Besuch der Bildungsmesse didacta erkennbar.

Zu einem systematischen Verfahren werden diese allgemeinen Recherchen, wenn sie regelmäßig erfolgen und wenn die gewonnenen Erkenntnisse schriftlich festgehalten, dokumentiert und ausgewertet werden.

Telefoninterview

Ausgewählte Kundenorganisationen können auch über Telefoninterviews kontaktiert werden. Wendet man sich zum Beispiel an Personalabteilungen beziehungsweise an die Zuständigen für Personalentwicklung und Weiterbildung, erhält man generell genaue Auskünfte darüber, welche Bildungsangebote benötigt werden. Auf diesem Weg kann direkt beim (potenziellen) Abnehmer von Bildungsangeboten in Erfahrung gebracht werden, was dieser braucht. Außerdem etabliert sich eine persönliche Ebene des Kontaktes und die/der Befragte weiß sich als Kundin und Kunde ernst genommen und in ihren/seinen Besonderheiten berücksichtigt.

In der Praxis hat es sich als nützlich herausgestellt, den Befragten im Erstkontakt nicht durch zu viele Fragen zu belästigen. Deshalb werden im Folgenden nur wenige zentrale Fragen genannt. Wenn sich ein erstes Interview aber positiv entwickelt, ist es meistens einfach und nutzbringender, zu einem späteren Zeitpunkt erneut Kontakt aufzunehmen und dann konkretere Fragen gegebenenfalls sogar zu bestimmten Bildungsfeldern mit spezifischen Bedarfen zu stellen. Vor allem sollte – bevor ein eigenes Angebot versandt wird – noch einmal Rücksprache genommen werden. Das Telefoninterview kann sich zum Beispiel an dem nachfolgenden Leitfaden orientieren. Wichtig ist, dass die Antworten der Befragten notiert, ausgewertet und dokumentiert werden.

Leitfaden für die telefonische Befragung mit Personalverantwortlichen

Frage: In welchen Bereichen führt Ihr Unternehmen gegenwärtig Weiterbildungsmaßnahmen durch?

Antwort der/des Befragten:

....
....
....
....
....
....

Frage: Spielt unsere Bildungsorganisation in Ihrem Weiterbildungsprogramm eine Rolle? Wenn ja, welche?

Antwort der/des Befragten:

....
....
....
....
....
....

Frage: Sind Sie über das Bildungsangebot unserer Organisation informiert? Worüber hätten Sie gern mehr Informationen?

Antwort der/des Befragten:

....
....
....
....
....
....

Frage: Wie beurteilen Sie im Rahmen einer Bewerbung ein Zertifikat über eine Weiterbildungsmaßnahme unseres Hauses?

Antwort der/des Befragten:

....

....

....

....

....

....

....

Frage: Wie wird sich der Weiterbildungsbedarf in Ihrem Unternehmen in absehbarer Zeit entwickeln?

Antwort der/des Befragten:

....

....

....

....

....

....

....

Frage: Welche allgemeinen Qualitäten muss ein Weiterbildungsanbieter für Sie haben?

Antworten der/des Befragten:

....

....

....

....

....

....

....

....

Fokusgruppe

Äußerst aufschlussreiche Informationen können auch über eine Befragung von Nicht-Kunden gewonnen werden. Methodisch bietet sich hier die Arbeit mit einer Fokusgruppe an.

Die Fokusgruppe ist ein verbreitetes Instrument aus dem Bereich der Marktforschung, bei dem vier bis zwölf Personen in Form einer moderierten Diskussion ihre Meinung zu vorgegebenen Themen äußern und diese dann nochmals gemeinsam überdenken. Die Aufgabe des Moderators ist es, die Diskussion entlang der gegebenen Fragestellung zu leiten und einen ungezwungenen Austausch zu fördern. Es ist außerdem sinnvoll, die Diskussion durch einen Protokollführer mitschreiben zu lassen oder gegebenenfalls mithilfe eines Tonbandes aufzuzeichnen. Die Ergebnisse der Diskussion werden im Anschluss einer interpretierenden und bewertenden Auswertung unterzogen.

Bei der Auswahl der teilnehmenden Nicht-Kunden an der Fokusgruppe sollte darauf geachtet werden, dass es sich um Menschen mit generellem Interesse an Weiterbildung handelt, um das Ergebnis aussagekräftig zu gestalten.

Der Ablauf des Verfahrens »Fokusgruppe«

1. Der Ablauf der Sitzung beginnt nach einer Vorstellungsrunde zunächst mit dem *Einstimmen der Teilnehmenden in ein Szenario*. Für den Bereich (Weiter-)Bildung wäre beispielsweise Folgendes denkbar: Die Teilnehmenden der Fokusgruppe werden gebeten sich vorzustellen, sie hätten sich entschlossen, eine Weiterbildung in einem bestimmten Bereich zu machen (hier ist der Bereich einzusetzen, in dem die befragende Weiterbildungsorganisation Informationen gewinnen möchte). Die ersten Fragen des Moderators lauten: Wie und wo würden Sie sich über eine solche Veranstaltung informieren? Nach welchen Kriterien würden Sie ein Angebot auswählen? Die Teilnehmenden der Gruppe werden nun ihr *Informationsverhalten* und ihre *Auswahlpräferenzen* offenlegen.
2. Um das *Image der Bildungsorganisation* zu ermitteln, bittet der Moderator die Probanden anschließend sich vorzustellen, dass sie sich für die eingangs gewählte Veranstaltung anmelden. Die Teilnehmenden sollen nun so konkret wie möglich beschreiben, wie sie sich die Beratung und Anmeldung für diese Veranstaltung vorstellen. Die Probanden beschreiben hier auch die Person, die sie am Schreibtisch bei der Anmeldung zum Kurs erwarten. In dieser Phase der Fokusgruppe können zum Beispiel folgende Fragen gestellt werden: Wie sehen die Räume aus, die Sie betreten? Wie ist die Atmosphäre? Wie stellen Sie sich die Mitarbeitenden der Organisation vor (Alter, Geschlecht, Aussehen usw.)? Wie verhalten sich die Angestellten? Diese Phase kann durch Porträtfotos unterstützt werden, aus denen die Teilnehmenden aus ihren Augen typische Menschen der Organisation auswählen und sie beschreiben.

3. Um das *Image der Bildungsorganisation* zu verdichten, können auch Metaphern gewählt werden. Es ist möglich, die Organisation als Person zu beschreiben, zum Beispiel als jugendlich, dynamisch, aufgeschlossen oder als alt, unbeweglich, bürokratisch. Eine andere Variante ist die Beschreibung der Organisation als Auto, zum Beispiel roter, PS-starker Sportwagen oder rostiger, klappriger Lastwagen.

4. In einer weiteren Phase versucht man, die Art und die Stärke der *Motivation der Teilnehmenden* für diesen Veranstaltungsbesuch herauszufinden. Die Probanden sollen sich vorstellen, dass die Teilnehmerzahl für die gewählte Veranstaltung begrenzt ist. Sie werden aufgefordert, Argumente anzuführen, warum gerade sie diesen Kurs in dieser Organisation besuchen möchten.

5. Im nächsten Schritt werden die Teilnehmenden gebeten, ihre *Vision der idealen Bildungsveranstaltung* zu entwickeln. Auch hier sind wieder ganz konkrete Beschreibungen gefragt. Beispielsweise: Wo sollte das Seminar stattfinden? Zu welcher Uhrzeit? Mit welcher Gruppengröße? In welchem Umfeld? In welcher Atmosphäre? Mit welchen Lehrenden?

6. Im letzten Schritt werden die Probanden gefragt, von welcher Art der *Werbung* sie sich angesprochen fühlen: Wodurch würde Ihr Interesse geweckt? Wodurch würden Sie angeregt, sich über ein Bildungsangebot genauer zu informieren? Welche Form hat die Werbung (Plakat, Flyer, Film oder andere Möglichkeiten)? Wo finden Sie diese Werbung?

Nach der Beendigung der Fokusgruppe werden die Äußerungen der Nicht-Kunden intern analysiert. Diese Analyse sollte herausarbeiten, wie das Image der Bildungsorganisation bei dieser Zielgruppe ist, welche positiven und negativen Aspekte der Organisation genannt werden. Diese Hinweise können zum Teil in Randbemerkungen versteckt sein. Es ist daher eine aufmerksame und sensible Auswertung zu empfehlen, die idealerweise mit mehreren Mitarbeitenden der betreffenden Organisation und gegebenenfalls sogar mit unbeteiligten Fachleuten durchgeführt wird.

In aller Regel wird man durch die Auswertung einer solchen Diskussion einer Fokusgruppe von Nicht-Kunden sehr genau erkennen können, warum es sich bei diesen Personen um Nicht-Kunden handelt. Bei der Frage nach der Vision eines idealen Bildungsangebotes können beispielsweise indirekt allgemein geltende Richtlinien dieser Personengruppe für jegliche Art von Weiterbildungsveranstaltungen gewonnen werden.

Anschließend kann darüber entschieden werden, welche Konsequenzen die Bildungsorganisation ziehen will. Möchte man der interviewten Zielgruppe entgegenkommen? Sollen die räumlichen Bedingungen verändert werden? Geht es um Veränderungen des Corporate Behaviors? Müssen neue Bildungsangebote entwickelt werden? Wie ist der Marktauftritt zu verbessern? Und viele weitere mögliche Konsequenzen, die sich aus der Befragung ergeben können.

Trendanalyse in Zukunftsszenarien

Informationen über gesamtgesellschaftliche Zukunftstrends erhält man in aller Regel nicht aus eigenen Untersuchungen, sondern aus der darauf spezialisierten Fachpresse oder aus wissenschaftlichen Publikationen. Es gibt ein reiches Angebot an Fachzeitschriften und Internetseiten, die über Zukunftstrends informieren. Beispiele hierfür sind das Zukunftsinstitut von Matthias Horx, das Netzwerk Zukunft oder die Website des Zukunftsforschers Prof. Dr. Horst W. Opaschowski. Informationen über Zukunftstrends sind ebenfalls in Form spezieller Marktanalysen und Marktprognosen zu finden.

Es lohnt sich in jedem Falle, die zugänglichen Informationen über Zukunftstrends und Entwicklungen im Bildungsbereich systematisch auszuwerten und die Relevanz verschiedener Szenarien für die eigene Organisation zu prüfen. Eine Gruppe aus Mitarbeitenden, die sich dieser Auswertung widmet, sollte sich möglichst aus Fachleuten verschiedener Wissensgebiete und Abteilungen zusammensetzen, um unterschiedliche Perspektiven zu kombinieren. Für die Analyse selbst empfiehlt sich ein Vorgehen in mehreren Phasen:

Erste Phase – die wahrscheinliche Zukunft der Gesellschaft: In dieser Phase werden Vermutungen über die Zukunft formuliert, wie sie *wahrscheinlich* eintreten wird. Hier sollten alle recherchierten Zukunftstendenzen einfließen und zu einem wahrscheinlichen Zukunftsbild zusammengesetzt werden: Wie wird sich die Umwelt bezüglich des Bildungsmarktes, der Lernenden, aber auch in Hinsicht auf Wirtschaft, Technologie und Freizeit etc. entwickeln?

Zweite Phase – die wahrscheinliche Zukunft der eigenen Organisation: An dieser Stelle richtet sich der Blick auf die *mögliche* eigene Zukunft. Dabei wird das entwickelte allgemeine Zukunftsbild auf die eigene Organisation bezogen. Was bedeuten die entdeckten wahrscheinlichen Entwicklungen für die eigene Arbeit? Welche Chancen und Bedrohungen ergeben sich aus der sich wandelnden Umwelt? Wie kann oder muss darauf reagiert werden?

Dritte Phase – die wünschenswerte Vision der eigenen Zukunft: In dieser Phase wird das Bild einer *wünschenswerten* eigenen Zukunft aufgebaut. Es soll eine Vision entstehen, die beschreibt, wie die eigene Organisation mittel- und langfristig aufgestellt sein soll. Dieser Zukunftsentwurf sollte positiv, aber realistisch ein Bild der Organisation zeichnen, wie sie in der wahrscheinlichen Zukunft mit den möglichen Chancen und Risiken erfolgreich umgeht und sich weiterentwickelt.

Vierte Phase – die denkbaren Überraschungen: Jede Zukunftsprognose ist unsicher. Auch wenn in den ersten beiden Phasen möglichst realitätsnah gearbeitet wurde, ist dennoch nicht auszuschließen, dass Unvorhergesehenes eintritt. Daher sollte in dieser Phase die Zukunftsanalyse um den Blick auf denkbare Überraschungen angereichert werden. Hier wird die *unvorhergesehene* Zukunft beschrieben: Welche Überraschungen könnten eintreten?

Fünfte Phase – die strategischen Konsequenzen: In dieser letzten Phase geht es darum, Antworten auf die vorher identifizierten Entwicklungen zu finden. Wenn sich die Zukunft so entwickelt, wie es erwartbar ist, und sich ganz bestimmte Herausforderungen für die eigene Arbeit ergeben, die so bewältigt werden, wie es wünschenswert ist, und wenn selbst unerwartete Entwicklungen keine Katastrophen darstellen – wie muss dann strategisch vorgegangen werden? Welche Entscheidungen müssen heute wie gefällt werden?

Die fünf Phasen bauen aufeinander auf. Deshalb sollten sie in der beschriebenen Reihenfolge bearbeitet werden. Die auf diesen verschiedenen Wegen recherchierten Informationen über zukünftige Bedarfe an Weiterbildungsleistungen müssen ausgewertet und zentral dokumentiert werden, um sie für die folgende Zukunftsplanung nutzen zu können.

Marktanalyse/Geschäftsfeldanalyse

Bei der Orientierung am Bedarf der Umwelt darf nicht vergessen werden, dass es sich auch lohnen muss, Zeit und Arbeit zu investieren. Es muss wirtschaftlich tragbar sein, wenn beispielsweise ein Bildungsangebot neu entwickelt wird.

Dafür empfiehlt sich ein systematisches Vorgehen in Form einer sogenannten Geschäftsfeldanalyse. Um die Marktattraktivität und Wettbewerbsposition zu ermitteln, könnten folgende Kriterien bearbeitet werden:

- *Marktgröße:* Wie hoch ist das Volumen bei 100-prozentigem Marktanteil (zum Beispiel in Teilnehmertagen)? Im Regelfall wird es hier keine objektiven Daten geben. Daher ist man auf Schätzungen angewiesen. Um zu einer solchen Schätzung zu gelangen, kann auf jede Art von Quellen und auf eigene Erfahrungen zurückgegriffen werden. Erfahrene Praktiker werden mit solchen Schätzungen vermutlich gar nicht schlecht liegen. Schätzungen, die gemeinsam in der Organisation vorgenommen werden, sind allemal besser als gar keine Anhaltspunkte.
- *Marktentwicklung:* Hierbei werden die Veränderungen des Volumens der Marktgröße in der Vergangenheit beschrieben und für die Zukunft prognostiziert. Wie hat sich dieser Teilmarkt in der Vergangenheit entwickelt, und welche Trends für die Zukunft lassen sich bereits erkennen? An dieser Stelle fließen auch die in der Umweltanalyse entdeckten gesellschaftlichen Trends ein.
- *Kostendeckung:* Kann man in diesem Bereich kostendeckend arbeiten und profitabel sein? Aus ähnlichen Erfahrungen in der Vergangenheit können hier ebenfalls Prognosen aufgestellt werden.

- *Wettbewerber:* Wie hart ist der Markt umkämpft? Wie viele und welche Wettbewerber treten auf? Was bieten sie? Hat das eigene Angebot eine Chance?
- *Kooperationsmöglichkeiten:* Gibt es mögliche Kooperationspartner, mit denen man gemeinsam Angebote entwickeln kann? Gibt es eventuell Förderer oder Sponsoren?
- *Eintrittsbarrieren:* Gibt es Hindernisse für einen Markteintritt? Was muss geleistet werden, damit man sich auf diesem Gebiet etablieren kann? Wie hoch ist der Aufwand hierfür?
- *Differenzierungsmöglichkeiten:* Wie kann man sich am Markt unterscheiden? Kann man mit dem eigenen Produkt Nischen besetzen? Worin unterscheidet es sich von anderen Angeboten oder ist es nur ein »Me-too-Produkt«?
- *Rahmenbedingungen:* Welche Regulationsmechanismen wirken sich wie auf den Markt aus (gesetzliche Regelungen, gesamtgesellschaftliche wirtschaftliche Lage und Ähnliches)?

Die angeführten Kriterien dienen in dieser Darstellung nur als Beispiel. Sie können je nach Bedarf an die eigenen Bedingungen angepasst werden, das heißt, ergänzt und/oder verändert werden. Hat man die wichtigsten Kriterien erfasst, ist es sinnvoll, diese in ihrer Bedeutung und in ihrer Attraktivität zu gewichten, um so zu einer spezifischen Einschätzung des Marktes zu gelangen. Dies kann anhand des folgenden Schemas (s. S. 57) geschehen.

Hierbei wird jedes Kriterium zunächst hinsichtlich seiner *faktischen Bedeutung in Bezug auf das angestrebte Geschäftsfeld* (B) auf einer Skala von 1 (niedrig) bis 4 (hoch) bewertet. Anschließend wird die *Attraktivität des Kriteriums für die Organisation* (A) auf einer Skala von 1 (niedrig) bis 8 (hoch) eingeschätzt. Zu einer Einzelbewertung des Kriteriums gelangt man durch die Multiplikation beider Werte. – Beachten Sie, dass in der Tabelle der Geschäftsfeldanalyse auf Seite 57 die Kriterien Wettbewerber und Eintrittsbarrieren umgedreht gepolt sind, weil es sich um negative Aspekte des Marktes handelt.

Die *Einschätzung der Marktattraktivität* kann anhand der Addition aller Einzelbewertungen (Summe Ergebnis E) vorgenommen werden.

Einen Mittelwert über die *durchschnittliche Attraktivität der einzelnen Kriterien* erhält man, wenn man die Summe Ergebnis E durch die Summe Bedeutung B dividiert.

Beispiel: Eine Bildungsorganisation möchte einen neuen Markt erschließen. Der Markt wird als relativ groß, also in seiner Bedeutung recht hoch eingeschätzt (beispielsweise mit dem Wert 3). Die Marktgröße wird als relevant für die Nachfrage und damit den Erfolg der neu zu platzierenden Bildungsangebote angesehen. Die Marktgröße wird daher als attraktiv für die Organisation bewertet, weil mit genügend Teilnehmenden gerechnet werden kann (beispielsweise mit dem Wert 6). Durch Multiplikation der Werte 3 und 6 erhält das Kriterium Marktgröße den Ergebniswert 18.

Der Markt wird als dynamisch, das heißt, mit sich entwickelndem Potenzial für die Zukunft, eingeschätzt und erhält deshalb bei dem Kriterium Marktentwicklung sogar eine 4. Das erhöht die Attraktivität des Marktes für die Organisation. Hier wird zum Beispiel eine 8 gegeben. Die Multiplikation der Werte 4 und 8 ergibt für die zukünftige Marktentwicklung den maximalen Wert 32.

Die Kosten für die geplante Maßnahme sind zwar nicht unbeträchtlich, da aber mit öffentlichen Förderungen zu rechnen ist, können sogar bei moderaten Preisen für die Teilnehmenden noch Deckungsbeiträge erwirtschaftet werden. Das Geschäftsfeld wird in seiner Bedeutung deshalb mit 3 und seiner Attraktivität für die Organisation mit 8 bewertet. Als Ergebnis kommt durch Multiplikation der Wert 24 heraus.

Die Konkurrenzsituation auf diesem Markt wird aufgrund seiner Attraktivität jedoch als sehr bedeutsam eingeschätzt (hier aufgrund der umgedrehten Polung der Skalierung wegen der Negativität des Items zum Beispiel mit dem Wert 1). Die Attraktivität wird trotzdem recht hoch bewertet (6), weil man aus Erfahrung weiß, dass man gegen die Konkurrenz gut bestehen kann. Das Kriterium »Wettbewerber« erhält demnach den Wert 6. Der Gesamtwert beträgt 6.

Kooperationsmöglichkeiten gibt es in der Region nur wenige; deshalb wird für die Bedeutung nur der Wert 2 eingesetzt. Da die Organisation sich aber auch allein in der Lage sieht, das Geschäftsfeld zu bewirtschaften wird für die Attraktivität eine 8 gegeben. Die Gesamtwertung beträgt somit 16.

Der Markt ist aufgrund der Kompetenzen der Organisation relativ leicht zugänglich; es kann zum Beispiel problemlos auf bereits vorhandene Lehrende zurückgegriffen werden. Deshalb hat das Geschäftsfeld in dieser Kategorie die Bedeutung 4. Das macht das Geschäftsfeld auch besonders attraktiv mit der Bewertung 8. Insgesamt kommt in dieser Kategorie also mit der Zahl 32 eine maximale Wertung zustande.

Aufgrund der vielen vermuteten Wettbewerber ist die eigene Differenzierungsmöglichkeit nicht einfach und wird in ihrer Bedeutung mit 2 bewertet. Weil man sich aber als kommunaler Anbieter mit einem hohen Bekanntheitsgrad in einer guten Ausgangslage sieht, gibt man der Attraktivität dennoch eine hohe Wertung mit 6. So kommt als Gesamtwertung immerhin noch eine 12 heraus.

Die allgemeinen Rahmenbedingungen des zukünftigen Geschäftsfeldes werden, weil die denkbaren Bildungsangebote unter das Erwachsenenbildungsgesetzt fallen, als gut eingeschätzt und mit einer 4 bewertet. Auch das macht das Geschäftsfeld für die Organisation besonders attraktiv (8). Das Gesamtergebnis hat also auch hier eine Höchstwertung mit der Zahl 32.

Schritt für Schritt wird so ein Geschäftsfeld auf die relevanten Kriterien hin analysiert, und die Summe der Einzelergebnisse ergibt eine Gesamteinschätzung der Attraktivität des neuen Geschäftsfeldes.

Durch die jeweils ermittelten Werte können verschiedene Märkte in ihrer Attraktivität verglichen werden. Je höher der Wert, desto attraktiver ist der Markt für die Weiterbildungsorganisation.

Die maximale Bewertung in der Bedeutung des Geschäftsfeldes (B) liegt bei 8x4 Punkten = 32 Punkte. Die maximale Attraktivität des Geschäftsfeldes (E) für die Organisation besteht mit 8x8x4 Punkten = 256 Punkte. Das ergibt den denkbar höchsten Mittelwert von 8 Punkten über alle Kategorien (Summe E geteilt durch Summe B). Unser Beispiel hat die Gesamtwertung Bedeutung (B) von 23 Punkten und eine Gesamtwertung Attraktivität von 172 Punkten ergeben. Als Mittelwert kommt also die Zahl 7,47 heraus. Das bedeutet, dass das Geschäftsfeld von der Organisation als besonders wichtig und erfolgversprechend eingeschätzt wird und unbedingt in Angriff genommen werden sollte.

Geschäftsfeldanalyse

Einschätzung der Marktattraktivität

Kriterien	Bewertung der Bedeutung (B)				Bewertung der Attraktivität (A)								Ergebnis (E)
	niedrig			hoch	niedrig						hoch		(B x A)
Marktgröße	1	2	3	4	1	2	3	4	5	6	7	8	
Marktentwicklung	1	2	3	4	1	2	3	4	5	6	7	8	
Kostendeckung	1	2	3	4	1	2	3	4	5	6	7	8	
Wettbewerber	4	3	2	1	1	2	3	4	5	6	7	8	
Kooperations-möglichkeiten	1	2	3	4	1	2	3	4	5	6	7	8	
Eintrittsbarrieren	4	3	2	1	1	2	3	4	5	6	7	8	
Differenzierungs-möglichkeiten	1	2	3	4	1	2	3	4	5	6	7	8	
Rahmenbedingungen	1	2	3	4	1	2	3	4	5	6	7	8	
Summe Bedeutung (B):					Summe Ergebnis (E):								
Summe E ------------------- = Mittelwert Summe B													

Ablauforganisation:
Wie lassen sich Arbeitsprozesse gestalten?

Definition Schlüsselprozesse

Schlüsselprozesse sind diejenigen zentralen Prozesse, die zur Erstellung und Abnahme der für die Organisation spezifischen Bildungsangebote und Dienstleistungen führen. Schlüsselprozesse liegen quer zu den jeweiligen Funktionsstellen und Aufgaben und beziehen sich auf Arbeitsabläufe der Gesamtorganisation. Das Klären der Schlüsselprozesse dient der Transparenz, der Verfahrens- und Rechtssicherheit, der Verlässlichkeit, Verbindlichkeit und Eindeutigkeit. So wird untereinander abgestimmtes kooperatives Handeln innerhalb der Organisation gesichert.

Die Wichtigkeit der Schlüsselprozesse für eine Organisation

Von der funktionalen Abteilungsorganisation zum Prozessmanagement

In der Vergangenheit glaubte man, den Erfolg des Unternehmens über eine richtige Aufbauorganisation sicherstellen zu können. Entsprechend wurde das Unternehmen arbeitsteilig organisiert und funktional gegliedert. Die Basis der Organisation war die Fachabteilung, zum Beispiel Forschung/Entwicklung, Produktion und Vertrieb. Insgesamt herrschte ein hierarchischer Aufbau vor. Dies führte zu einer Bürokratisierung der Organisation und vielen internen, autonomen »Fürstentümern«. Positionen standen im Vordergrund, nicht die zu erledigenden Aufgaben. Streit um Zuständigkeiten oder das Vermeiden von Verantwortungsübernahme waren oft die Folge. Zu viele interne Koordinationsprozesse ohne wertschöpfende Effekte und ohne Nutzen für die Kunden waren erforderlich, um die Organisation zu steuern.

Diese Erkenntnis führte zum Umdenken hinsichtlich eines effektiven Unternehmensaufbaus, der sich zentral an den Leistung produzierenden Prozessen, der Wertschöpfung und dem Kundennutzen orientiert. Ein konsequentes Prozessmanagement richtet sich an der inneren Logik der Aufgabenerledigung aus. Ihr strategischer Bezugspunkt ist die bereichsübergreifende Ablaufoptimierung.

Die Arbeit bestimmt den Prozess

Arbeit besteht immer aus einer Anzahl von unterschiedlichen Tätigkeiten, die in einer bestimmten Reihenfolge zu erledigen sind, das heißt, Arbeit wird im Rahmen von

Prozessen geleistet. Prozesse bestehen aus unterschiedlichen Handlungen, die miteinander in einem Zusammenhang stehen und durch ihr Zusammenspiel ein bestimmtes Ergebnis erzielen. In Organisationen werden unterschiedliche Aufgaben und Tätigkeiten zu Prozessen gebündelt und so aufeinander abgestimmt, dass zuverlässig und wiederkehrend die gewünschten Ergebnisse arbeitsteilig erstellt werden, auch wenn sie sich aufgrund ihrer Komplexität oftmals durch das gesamte Unternehmen, über Hierarchieebenen und durch Verantwortungsbereiche ziehen.

Die gesamte betriebliche Leistungskette besteht wiederum aus vielen einzelnen Prozessen, die auch wieder in einem bestimmten Verhältnis zueinander stehen. Der Output eines Prozesses ist im Regelfall der Input für einen darauf folgenden Prozess der Gesamtleistungserbringung. Das heißt, auch organisationsintern hat man es mit »Zulieferern« und »Abnehmern« oder in anderen Worten mit internen Lieferanten und internen Kunden zu tun. Je besser, zeitsparender und intelligenter die Prozessketten eines Unternehmens organisiert sind, desto effizienter und wirtschaftlicher läuft der Gesamtprozess der Leistungserbringung zum Nutzen der Kunden ab.

Jeder Einzelne ist Teil des Ganzen

Schlüsselprozesse bezeichnen besonders wichtige und zentrale Handlungsabläufe, von deren reibungslosem Ablauf letztlich die Existenz der gesamten Organisation abhängig ist. Aus diesen Gründen ist es für die Arbeit und die Steuerung in einer Organisation wichtig, diese Schlüsselprozesse zu kennen und eindeutig zu definieren. Dabei ist eine umfassende Sicht auf die Prozesse der Leistungserbringung notwendig.

Es erfordert abteilungsübergreifendes Denken und Verständnis dafür, dass ein einzelner Arbeitsschritt kein abgeschlossener Arbeitsprozess in sich, sondern Teil eines komplexeren Ablaufes ist. Tätigkeiten und Aufgaben, die eine Mitarbeiterin ausführt, werden als ein Element einer Handlungskette wahrgenommen, die erst an ihrem Ende zum angestrebten Ergebnis führt. Jede Tätigkeit ist mit anderen verwoben. Mitarbeitende sind auf Vorarbeiten von Kollegen angewiesen, und ihre Leistung ist wiederum Voraussetzung dafür, dass andere Kollegen anschließend weiterarbeiten können.

Jede Person ist somit für das Gesamtergebnis (mit-)verantwortlich, obwohl jede Einzelarbeit nur einen Teil zur Gesamtleistung beiträgt. Tätigkeiten, die für sich allein betrachtet wenig bedeutend erscheinen, können durch prozessorientiertes Denken und die Verdeutlichung der Bedeutung der einzelnen Tätigkeit für die gesamte Organisation aufgewertet werden. Dies hat positive Auswirkungen auf die Motivation und das Verantwortungsbewusstsein der Beschäftigten.

Der Organisationsaufbau folgt dem Prozess

Die Prozessketten eines Unternehmens bilden die Grundlage der Definition der sogenannten Kern- oder Schlüsselprozesse. Dies sind diejenigen zentralen Prozesse einer Organisation, durch die die Produkte und Dienstleistungen für die Kunden hergestellt und vertrieben werden. In den Schlüsselprozessen bildet sich die Identität eines Unternehmens ab. Die Aufbauorganisation sollte daher den Schlüsselprozessen folgen und nicht anders herum. Keinesfalls darf die Definition der Schlüsselprozesse sich also an einem überkommenen Organisationsaufbau orientieren. Die Organisation hat die Funktion, die Herstellung der Kernleistungen für die Kunden optimal zu gewährleisten; sie ist kein Selbstzweck, sondern Mittel.

Die Tatsache, dass zum Beispiel Volkshochschulen traditionell in Abteilungen organisiert sind, die für unterschiedliche Bildungsbereiche (unter anderem Gesellschaft, Kultur, Gesundheit, Sprachen, Frauen, Beruf) zuständig sind, führt häufig dazu, dass unter einem Dach verschiedene autonome »Fürstentümer« entstehen, die ihre Prozesse jeweils für sich – gelegentlich dazu noch unterschiedlich – gestalten. Doppelarbeit oder Schnittstellen- und Zuordnungsprobleme in der bereichsübergreifenden Kooperation sind die Folge. Alternativ wäre es denkbar, eine pädagogische Organisation in strategische Geschäftsfelder aufzubauen, die sich auf gemeinsam definierte Prozesse zum Beispiel für Bedarfserschließung, Angebotsentwicklung, Vertrieb und Evaluation einigen. Der Vorteil von Geschäftsfeldern gegenüber Abteilungen liegt darin, dass sie kleiner zugeschnitten und ausgerichtet an sich wandelnden Kundenbedürfnissen schneller aufgebaut, aber auch schneller wieder aufgegeben werden können, wenn zum Beispiel die auf Seite 57 erläuterte Geschäftsfeldanalyse ergibt, dass Bildungssegmente Erfolg versprechen oder bestehende Geschäftsfelder nicht mehr kostendeckend sind. Die Schlüsselprozesse können beibehalten werden auch wenn die Geschäftsfelder wechseln.

Schlüsselprozesse, Führungsprozesse und Unterstützungsprozesse

Als Schlüsselprozesse werden diejenigen Prozesse definiert und geklärt, die zur Erbringung der für die jeweilige Organisation wichtigen Kernleistungen führen. Hier soll das kooperative Handeln innerhalb der Organisation, das heißt, die Arbeits- beziehungsweise Herstellungsprozesse, an denen viele Beschäftigte in unterschiedlichen Funktionen mitarbeiten, untersucht und gegebenenfalls verbessert werden.

Von den Schlüsselprozessen der unmittelbaren Leistungserbringung können die Führungsprozesse unterschieden werden, die der Steuerung des Unternehmens dienen. Unterstützende Prozesse sind diejenigen Prozesse, die die unmittelbare Leistungserbringung unterstützen, die aber selbst nicht wertschöpfend sind. Klassisch ist dies zum Beispiel die Buchhaltung, die notwendig ist, die aber selbst nicht die Kernleistungen der Organisation hervorbringt.

Vom Nutzen der Prozessorientierung

Durch das ständige Verbessern der Prozessabläufe und die Verständigung darüber, welche Standards im jeweiligen Tätigkeitsfeld eingehalten werden müssen, bilden sich

Qualitätskriterien, die intern ein reibungsloses Zusammenarbeiten ermöglichen und so letztlich die Qualität der Organisationsleistung für den Kunden sichern.

Die Definition von Schlüsselprozessen dient dazu, alle Handlungen in der alltäglichen Praxis zu erleichtern. Um dies leisten zu können, müssen die Schlüsselprozesse in einzelne Arbeitsschritte aufgeschlüsselt werden und in ihrer Darstellung transparent und vollständig sein. Die für das Umsetzen der einzelnen Arbeitsschritte erforderlichen Arbeitsmaterialien und Vereinbarungen müssen ebenso wie die Verantwortlichkeiten eindeutig und verbindlich sein. Im Idealfall sollte jemand ohne detaillierte Sachkenntnis einen definierten Prozess als Handlungsanleitung, das heißt, als Gebrauchsanweisung, nutzen können und auf dem vorgezeichneten Weg anhand der beschriebenen Tätigkeiten, mithilfe der Arbeitsmaterialien und in der angegebenen Zeit das angestrebte Ergebnis erreichen können. Hierfür ist es wichtig, alle relevanten Teilschritte zu berücksichtigen und sie exakt darzustellen sowie darüber hinaus alle erforderlichen Vorlagen, Checklisten und Informationen als zusätzliches Material benutzerfreundlich aufzubereiten und griffbereit zur Verfügung zu haben.

Im Folgenden soll die Komplexität eines Prozesses an einem banalen aber sehr anschaulichen Beispiel erläutert werden: Es werden die Schritte aufgelistet, die erforderlich sind, um ein Puzzle zusammenzulegen, nachdem man es im Geschäft gekauft hat. Menschen, die oft ein Puzzle machen, würden nach ihrem Vorgehen befragt vermutlich antworten, dass sie das Puzzle nach dem Kauf auspacken, sortieren und dann die Teile zusammensetzen. Dies ist sicherlich korrekt, aber tatsächlich sind darüber hinaus eine Vielzahl weiterer Schritte durchzuführen:

 1. Nach Hause zurückgehen.
 2. Verpackung entfernen.
 3. Verpackungsmaterial wegschaffen.
 4. Das Puzzlebild anschauen.
 5. Die Anweisung lesen, dabei besonders auf Anzahl der Teile und Gesamtdimension des Puzzles achten.
 6. Notwendigen Zeitaufwand schätzen.
 7. Unterbrechungen und Essenspausen einplanen.
 8. Für die Dimension des Puzzles geeignete Unterlage beschaffen.
 9. Die Schachtel öffnen.
10. Inhalt der Schachtel auf Unterlage ausleeren.
11. Gegebenenfalls Zahl der Teile überprüfen.
12. Alle Teile mit der Farbseite nach oben legen.
13. Seiten- und Eckteile heraussuchen.
14. Nach Farbbereichen sortieren.
15. »Augenfällige« Stücke und Teile zusammensetzen.
16. Weitere Teile einfügen.
17. »Schwierige« Teile beiseite legen und zwischendrin einzufügen versuchen.
18. Prozess bis zur Vollendung fortsetzen.
19. Feiern!

Vorteile der Prozessorganisation

- Die Arbeit wird dort erledigt, wo es am sinnvollsten ist.
- Die Zuständigkeiten sind klarer; die Transparenz im gesamten Unternehmen wird erhöht.
- Die Verantwortung ist eindeutig bei einer Person angesiedelt, gegebenenfalls wird sie durch ein Prozessteam unterstützt.
- Aufwendige Kontrollmechanismen entfallen.
- Bürokratie wird reduziert; nicht wertschöpfende Tätigkeiten werden abgebaut.
- Entscheidungen im Rahmen der definierten Prozesse werden vor Ort von den zuständigen Mitarbeiterinnen und Mitarbeitern getroffen.
- Die Arbeitsqualität, die Eigenverantwortlichkeit, die Selbstorganisation und damit die Zufriedenheit der Beschäftigten steigen.
- Die Kunden profitieren durch die schnellere und gegebenenfalls kostengünstigeren Leistungen.

Was ist bei der Prozessgestaltung von Belang?

Die organisationsspezifischen Schlüsselprozesse sollten eindeutig definiert und dokumentiert werden. Was eine Organisation letztlich als ihre Schlüsselprozesse definiert, kann nicht von außen bestimmt werden. Im Gegenteil, eine der wichtigsten Aufgaben im Qualitätsmanagement ist eine *organisationsspezifische* Prozessgestaltung. Um zu den Schlüsselprozessen zu kommen, wird nicht nach den Funktionen von Abteilungen gefragt, sondern nach dem bestmöglichen Funktionieren der Leistungserbringung im Interesse der Kunden.

Bei der Suche nach den Schlüsselprozessen können zum Beispiel folgende Fragen hilfreich sein:

- Welche Arbeitsabläufe führen unmittelbar zur Herstellung und zum Vertrieb unserer Produkte und Dienstleistungen?
- Durch welche Arbeitsabläufe wird die Existenz unserer Organisation wirtschaftlich gesichert?
- Welche Arbeitsabläufe haben direkten Einfluss auf die Qualität unserer Produkte und Dienstleistungen?
- Welche Arbeitsabläufe haben die stärksten Auswirkungen auf unsere Kunden?

Als Antwort auf diese Leitfragen finden sich neben organisationsspezifischen Prozessen in nahezu allen Organisationen allgemeine Schlüsselprozesse, die sich auf die Aufgaben »Erhebung von Kundenbedürfnissen«, »Produktentwicklung«, »Marketing/Vertrieb«, »Auftragsabwicklung« sowie »Qualitätskontrolle/Evaluation« beziehen. In jeder Organisation werden Handlungsabläufe durchgeführt, die sich im Kern auf die Bewältigung dieser Aufgaben beziehen, unter welchen Bedingungen und speziellen Eigenarten der Organisation sie auch immer vollzogen werden. Diese Prozesse sind universell, weil sie die wesentlichen Schritte zur Erstellung der Produkte und Dienstleistungen umfassen. Jeder dieser Schlüsselprozesse ist eine in sich abgeschlossene Sequenz, an deren Abschluss eine existenzielle Funktion für die Organisation wahrgenommen wurde. Aber jeder dieser Schlüsselprozesse ist seinerseits in das Zusammenspiel weiterer Schlüsselprozesse der Gesamtorganisation eingebunden und hat daher Schnittstellen zu anderen Prozessen.

Das bedeutet, alle Schlüsselprozesse können wiederum zu einer durchgängigen Prozesskette des Gesamtunternehmens zusammengeführt werden. So macht beispielsweise ein Schlüsselprozess der Bedarfserschließung erst Sinn, wenn er als Voraussetzung für eine daran anschließende Produktentwicklung dient. Erst in der Kombination der Schlüsselprozesse ergibt sich die Gesamtleistung der Organisation für die Kunden. Jeder Schlüsselprozess orientiert sich dabei in seiner spezifischen Weise am Leitbild der Organisation.

Die folgende Grafik (s. S. 64) soll das Zusammenspiel der Schlüsselprozesse einer Weiterbildungsorganisation sowie ihre Beziehung zum Leitbild und zu anderen Qualitätsbereichen verdeutlichen.

Es ist nicht zwingend, dass gleich am Anfang des Qualitätsmanagements die Gesamtheit aller möglichen Schlüsselprozesse definiert wird. Bei der Auswahl der Schlüsselprozesse, die definiert und dokumentiert werden sollen, kann man sich zum Beispiel an folgenden Fragen orientieren:

- Welche Prozesse laufen gut und können der Orientierung dienen?
- Welche Prozesse machen uns intern am meisten Schwierigkeiten?
- Wo gibt es Überschneidungen?
- Wo treten die größten Reibungsverluste auf?
- Wo gibt es Probleme beim Umsetzen?
- Bei der Definition welcher Schlüsselprozesse erwarten wir die größten Effizienzgewinne im Interesse unserer Kunden?

Nach und nach sollten allerdings alle Schlüsselprozesse definiert und dokumentiert werden.

Die Erfahrung zeigt, dass sehr sorgfältig definierte und dokumentierte Prozesse, die das Handeln der Beschäftigten tatsächlich strukturieren, im Arbeitsalltag viele Reibungsverluste, Fehler und Doppelarbeiten vermeiden. Deshalb wird in allen Qualitätsmanagementsystemen auf Prozessdefinitionen und -dokumentationen besonderer Wert gelegt.

 Die Verantwortung für die Prozesse sollte klar festgelegt werden. Die Umstellung von einer hierarchischen Abteilungsorganisation auf eine Prozessorganisation geht mit einer Verantwortungsübernahme durch diejenigen Beschäftigten einher, die die jeweilige Arbeit ausführen. Um Eindeutigkeit und Klarheit zu schaffen hat es sich bewährt, für jeden definierten Schlüsselprozess eine Gesamtverantwortung an eine Person zu übergeben, selbst dann, wenn innerhalb eines Prozesses mehrere Personen tätig sind, beziehungsweise wenn der Prozess von einem Team durchgeführt wird. Durch das Festlegen der Prozessverantwortung wird darüber hinaus sichergestellt, dass die Funktionalität der Prozesse kontinuierlich überprüft und die Prozesse gegebenenfalls angepasst oder weiter optimiert werden.

Zentrale Schlüsselprozesse in Weiterbildungsorganisationen

Qualitätsbereich:
Bedarfserschließung

Wie ermitteln wir
die Bedürfnisse unserer
Kunden?

Qualitätsbereiche:
Evaluation
und Controlling

Wie überprüfen wir die
Qualität unserer Arbeit?

Qualitätsbereich:
Schlüsselprozesse

Wie entsteht unser
Angebot?

Bedarfserschließung

Produktentwicklung

Qualitätskontrolle

Leitbild

**Definition
gelungenen
Lernens**

Durchführung

Marketing/Vertrieb

Qualitätsbereich:
Lehr-Lern-Prozess

Wie organisieren wir die
Durchführung?

Qualitätsbereiche:
Marketing und
Kundenkommunikation

Wie erreicht unser
Angebot unsere Kunden?

Die Schnittstellen innerhalb der Prozesse und gegebenenfalls zwischen den Schlüsselprozessen sollten geklärt sein. Schnittstellen gibt es sowohl innerhalb der Prozesse als auch zwischen den Schlüsselprozessen (vgl. die Grafik oben). Prozesse sind in der Regel Funktionsstellen übergreifend, das heißt, es sind fast immer verschiedene Personen mit unterschiedlichen Aufgaben im Rahmen der Prozesse beschäftigt. Die Stellen, an denen Arbeit von der einen Hand in die nächste wandert, sind besonders sensibel und fehleranfällig. Daher ist diesen Schnittstellen im Rahmen eines Qualitätsmanagements besondere Aufmerksamkeit zu widmen. Vor allem Schnittstellen zu externen Dienstleistern sind fehleranfällig, weil man mit dem eigenen Qualitätsmanagement nur Zugriff auf die Bedingungen der eigenen Organisation hat und nur sehr vermittelt auf die Arbeit der Externen.

Im Rahmen der definierten Schlüsselprozesse, das heißt, in der organisationsinternen Kooperation, stellt die Arbeit der einen Funktionsstelle in der Regel die Vorarbeit für den folgenden Prozessschritt dar. Die Kolleginnen und Kollegen sind innerhalb der Gesamtleistungserbringung der Organisation füreinander Zulieferer und Abnehmer. Es ist daher besonders nützlich, für die Übergabestellen von Arbeit Qualitätskriterien festzulegen. Damit wird sichergestellt, dass die nachfolgend beschäftigte Person nicht die Mängel und Fehler ausgleichen muss, die im Rahmen vorgelagerter Prozessschritte aufgetreten sind. Bei Abweichungen von diesen Qualitätskriterien geht die Arbeit an den Leistungserbringer zur Nachbesserung zurück. Qualitätskriterien können auch an externe Dienstleister weitergegeben werden.

An den Schnittstellen innerhalb und zwischen den Prozessen muss Folgendes geklärt sein:

- *Was* (Informationen, Teilergebnisse) wird *wann* (Datum, Prozesszeitpunkt), in *welcher Form* (persönlich, schriftlich, mündlich, elektronisch, mit welchem Formblatt etc.), *in welcher Qualität* (Qualitätsstandards, Messkriterien) an *wen* (interne Kunden, externe Dienstleister) übergeben?
- Wie ist das Ergebnis des vorherigen Prozessschrittes weiter zu verarbeiten?
- Wie wird das weiterverarbeitete Produkt an den nächsten Kooperationspartner oder an den Endabnehmer weitergegeben (s. erster Aufzählungspunkt)?

 Die organisationsspezifischen Schlüsselprozesse sollten begründet ausgewählt werden. Wichtig ist nicht allein das Standardisieren von zentralen Prozessen, sondern vor allem die Begründung, welches überhaupt die Schlüsselprozesse der jeweiligen Organisation sind. In jeder Organisation gibt es eine unüberschaubare Menge von unterschiedlichen Prozessen, aber nicht alle haben die gleiche Bedeutung. Schlüsselprozesse sind diejenigen zentralen Prozesse, über die Dienstleistungen und Produkte einer Organisation hergestellt und an die Kunden vertrieben werden. Von diesen Prozessen kann es nur wenige geben, die in der Regel große Teile der Gesamtorganisation durchziehen. Zur begründeten Herausarbeitung der organisationsspezifischen Schlüsselprozesse könnten folgende Fragen helfen:

- Wodurch verbessern die Schlüsselprozesse die Effektivität unserer Leistungserbringung im Interesse unserer Kunden?
- Inwiefern tragen die Schlüsselprozesse dazu bei, dass die Interessen und Bedürfnisse der Lernenden im Prozess der Leistungserstellung berücksichtigt werden?
- Auf welche Weise tragen die Schlüsselprozesse dazu bei, die nach außen kommunizierten Aussagen des Leitbildes umzusetzen?
- Inwiefern schafft die Definition der Schlüsselprozesse geeignete Voraussetzungen für die Lerner- und Kundenorientierung des Unternehmens?

Ein Verfahren zur Gestaltung von Arbeitsabläufen

Die Methode der Prozessoptimierung

Hinter der Prozessoptimierung liegt die gleiche Grundidee wie bei der Definition der Schlüsselprozesse: Die zu leistende komplexe Arbeit wird in Teilschritte zerlegt und in eine sachlogische Reihenfolge gebracht, um auf diese Weise einen optimalen Ablaufprozess zu gewährleisten.

Als Leitlinie für das Erkennen der einrichtungsspezifischen Schlüsselprozesse dient die Frage: Welche Prozesse müssen sorgfältig beschrieben und definiert sein, damit allen Beteiligten deutlich ist, wofür sie zuständig und verantwortlich sind, und damit die zusammenhängenden Abläufe in der Organisation reibungslos funktionieren?

Hilfreich für das Erstellen der Schlüsselprozesse ist es, zunächst alle Abläufe und notwendigen Schritte aufzuschreiben und in eine (sach-)logische Reihenfolge zu bringen. Hierbei ist es auch notwendig, Zeitspannen zu definieren (und ebenso Pufferzeiten zu berücksichtigen). So werden neben dem konkreten Ablauf gleichzeitig die Schnittstellen innerhalb des Prozesses deutlich. Die Definition und klare Benennung der Schnittstellen ist besonders wichtig, weil hier unterschiedliche, aber ineinandergreifende Aufgabenerledigungen und Funktionslogiken aufeinandertreffen. Durch diese Aufschlüsselung eines Prozesses werden die erforderlichen Arbeitsschritte transparent. Danach können Einzeltätigkeiten, Verfahrensfragen und Vorgehensweisen geklärt werden.

Was eine Einrichtung als ihre einrichtungsspezifischen Schlüsselprozesse definiert, ist unterschiedlich und von dem jeweiligen spezifischen Geschäft abhängig. Deshalb ist es von großer Bedeutung, die einzelnen Prozesse, die für die eigene Organisation zentral sind, umfassend und überschaubar herauszuarbeiten. Dafür kann für jeden einzelnen Prozess zum Beispiel das Zielkreuz (s. S. 68) verwendet werden, das für die Arbeit an einem konkreten Prozess auf eine Pinnwand übertragen wird. Der Sinn des Zielkreuzes ist es, in einer Gruppe zu den genannten Fragen zunächst frei zu assoziieren, um anschließend die gesammelten Ideen zu gemeinsamen Antworten auf die Fragen zusammenzufassen.

Systematik des Gesamtvorgehens

Wenn man einen Prozess für seine Organisation definieren möchte, sollte man zunächst folgende Fragen klären:

- Welches Ergebnis soll mit dem Prozess erzielt werden?
- Welche Potenziale (zum Beispiel technische Ausstattung, externe Dienstleister) werden zur Prozessabwicklung benötigt?
- Wie viel Zeit steht für den Gesamtprozess und seine einzelnen Teilschritte jeweils zur Verfügung?

- Welche Aufgaben müssen erledigt werden?
- Welches Personal ist wofür zuständig beziehungsweise verantwortlich?
- Welche Finanzmittel sind erforderlich?

Das hier beschriebene Verfahren zur Definition von Prozessen ist universell anwendbar – auch auf den Prozess der Definition von Prozessen. Im Einzelnen geht es um Zielklärung, Potenzialanalyse, Zeitplanung, Aufgabenplanung, Personalplanung sowie um die Planung der Finanzen.

Bei der *Zielklärung* geht es um folgende Teilaspekte und Fragen:

- *Ergebnis beziehungsweise Endprodukt:* Welches konkrete Ergebnis soll am Ende herauskommen? Was genau wollen wir erreichen?
- *Sinn beziehungsweise Zweck:* Wozu tun wir das? Welcher Bedarf soll damit befriedigt werden? Welche Absicht wird damit verfolgt?
- *Kunden beziehungsweise Zielgruppe:* Für wen (intern oder extern) machen wir das? Wer profitiert davon? Wer ist Auftraggeber?
- *Erfolgs- beziehungsweise Qualitätskriterien:* Woran erkennen wir, dass wir erfolgreich waren? Welchen Qualitätskriterien soll das Ergebnis genügen?

Viel zu viele Arbeiten werden in Organisationen erledigt, die nicht wirklich erforderlich sind. Sie haben sich mit der Zeit herausgebildet oder werden aus Augenblicksentscheidungen für wichtig gehalten, ohne dass der Nutzen der Aufgabe wirklich überprüft wurde. Im Rahmen des Qualitätsmanagements wäre es zum Beispiel denkbar, alle möglichen Prozesse zu standardisieren – von der Erstellung neuer Bildungsangebote bis zum Einkauf der Briefmarken. In Organisationen wird nahezu jegliche Arbeit in mehr oder weniger komplexen Prozessketten erledigt. Welche dieser unendlich vielen Prozesse aber durch eine Standardisierung für wen zu welchem verbesserten Nutzen führt, ist damit noch nicht geklärt.

Das Zielkreuz ist eine Methode, mit deren Hilfe man sehr effizient in Gruppen klären kann, warum beziehungsweise wozu man eine bestimmte Aufgabe erledigt, was am Ende dabei genau herauskommen soll, für wen das Ergebnis der Arbeit wichtig ist und an welchen Indikatoren man die Qualität des Ergebnisses messen kann. So kann man klären, ob eine geplante Arbeit wirklich erforderlich beziehungsweise ob eine Standardisierung eines bestimmten Prozesses wirklich zu einer Optimierung führt und deshalb begründet ist. Mithilfe des Zielkreuzes lassen sich also diejenigen Prozesse in der Organisation herausfinden, die wesentlich die Arbeit der Beschäftigten verbessern und zur Erhöhung des Kundennutzens beitragen.

Zur praktischen Arbeit mit dem Zielkreuz hat es sich bewährt, die vier Felder mit den entsprechenden Bezeichnungen auf eine Pinnwand zu übertragen. Mithilfe von Moderationskarten können jetzt alle Beteiligten ihre Gedanken und Ideen zu den vier Feldern Ergebnis/Endprodukt, Sinn/Zweck, Kunde/Zielgruppe und Erfolgs-/Qualitätskriterien eintragen. Nach einer ersten Phase des Brainstormings geht man in einer zweiten Phase dazu über, systematisierte und konsentierte Antworten auf die Fragen zu formulieren.

Im folgenden Zielkreuz wird beispielhaft verdeutlicht, dass eine Standardisierung eines Prozesses zur systematischen Auftragsakquisition sowohl zur Erhöhung der Zufriedenheit von Kunden und Mitarbeitenden als auch zur Verbesserung des wirtschaftlichen Ergebnisses der Organisationen beiträgt. Hier handelt es sich offensichtlich um einen unternehmerischen Schlüsselprozess, der im Rahmen eines Qualitätsentwicklungsprozesses optimiert werden sollte.

Beispiel: Zielkreuz zur Begründung eines Prozesses Auftragsakquisition

Ergebnis/Endprodukt: Was soll am Ende als Ergebnis konkret herauskommen? Was genau wollen wir erreichen? ● der eindeutig, vollständig und personell verantwortlich definierte Prozess zur Akquisition von Auftragsmaßnahmen	*Sinn/Zweck:* Wozu tun wir das? Welcher Bedarf soll damit befriedigt werden? Welche Absicht wird damit verfolgt? ● flexible und schnellere Befriedigung von Kundenbedürfnissen ● Akquisitionsfähigkeit verbessern – vor allem im Neukundengeschäft ● Umsatz erhöhen ● Existenz der Einrichtung sichern
Kunde/Zielgruppe: Für wen (intern oder extern) tun wir das? Wer profitiert davon? Wer ist Auftraggeber? ● für die Kunden und deren Zufriedenheit ● für die Mitarbeiterinnen und Mitarbeiter und eine friktionslosere Arbeitserledigung ● für die Beschäftigten zur Sicherung der Arbeitsplätze	*Erfolgs-/Qualitätskriterien:* Woran erkennen wir, dass wir erfolgreich waren? Welchen Qualitätskriterien soll das Ergebnis genügen? ● die Aufgaben und Tätigkeiten im Prozess sind klar ● die Zuständigkeiten und Verantwortungen sind festgelegt ● die Schnittstellen sind definiert ● die nötigen Arbeitszeiten sind eingeplant

Die Arbeit mit dem Zielkreuz hat im Fall des Auftragsakquisitionsprozesses ergeben, dass das Standardisieren und Optimieren für die Organisation nützlich und begründet ist. Es fällt also im Rahmen des Qualitätsmanagements die Entscheidung, diesen Prozess zu einem Schlüsselprozess der Organisation zu erklären und ihn zu systematisieren, um die eigene Auftragslage besser beeinflussen zu können, also weniger vom Zufall oder der Initiative der Auftraggeber abhängig zu machen. Die Weiterbildungsorganisation würde, indem sie systematischer Aufträge einwirbt, eine größere unternehmerische Handlungsfähigkeit am Markt erhalten.

Anschließend wendet man sich der Prozessoptimierung praktisch zu. Dazu ist zuerst die eigene Ausgangslage zu klären. Diese *Potenzialanalyse* wird durch die folgenden Fragen unterstützt:

- Wie sieht unsere Situation konkret aus?
- Über welche Kompetenzen verfügen wir?
- Auf welche finanziellen, sächlichen und personellen Ressourcen können wir zurückgreifen?
- Welche Dienstleistungen, Ausstattungen, Materialien müssen zugekauft beziehungsweise erworben werden?

Bei einer solchen Analyse könnte zum Beispiel herauskommen, dass die Weiterbildungsorganisation aufgrund ihrer kommunalen Unterstützung in der Vergangenheit nicht gezwungen war, Aufträge aktiv einzuwerben. Nun ist allerdings die öffentliche Unterstützung von Grundförderung auf Projektförderung umgestellt worden. Leider verfügen aber die angestellten Pädagogen und Verwaltungsmitarbeiterinnen über keine entwickelten Kompetenzen im Bereich Marketing und Vertrieb. Es könnte sich also als nötig erweisen, einen Fachmann oder eine Fachfrau für diesen Bereich zusätzlich einzustellen, was im Budget eingeplant werden muss. Auch wird es nötig sein, professionelle Hilfe einer Werbeagentur in Anspruch zu nehmen, damit die eigenen Angebote besser vermarktet werden. Um diese zu erwartenden Mehrkosten zu kompensieren, muss ein optimierter Auftragsakquisitionsprozess auch in kürzeren Zeiträumen zu Ergebnissen führen. Weil viele Projekte zudem sehr kurzfristig ausgeschrieben werden, muss die Zeitplanung eines solchen Prozesses sehr effizient sein, vor allem an Schnittstellen im Prozess darf es nicht zu Verzögerungen kommen.

Bei der konkreten *Zeitplanung* helfen die folgenden Fragen:

- In welchem Zeitraum muss der Prozess einmal durchlaufen sein?
- Wie viel Zeit wird für die einzelnen Teilschritte benötigt?
- Wie viel Pufferzeit müssen wir einplanen?

Bei der Zeitplanung eines Akquisitionsprozesses ist es zum Beispiel wichtig, dass die Organisation regelmäßig im Vorfeld die Ausschreibungen der infrage kommenden Instanzen (beispielsweise EU, Agentur für Arbeit, ansässige Unternehmen oder fördernde Stiftungen) sichtet. Hier könnte sich eine Schnittstelle zu einem anderen Schlüsselprozess der Weiterbildungsorganisation, zur Bedarfserschließung, anbieten. Bei Vorliegen einer für die Organisation geeigneten Ausschreibung, müssen die nun folgenden Teilschritte in kürzester Zeit, oft innerhalb von wenigen Wochen, zu erledigen sein. Die maximale Zeit wird also auf sechs Wochen festgelegt. Pufferzeit ist erfahrungsgemäß immer am Ende eines Bewerbungsprozesses erforderlich, wenn der einzureichende Antrag beziehungsweise das abzugebende Angebot noch einmal überarbeitet werden muss. Damit kann man zur konkreten Aufgabenplanung übergehen.

Die *Aufgabenplanung* lässt sich vorbereiten, indem folgenden Fragen nachgegangen wird:

- Was ist konkret zu tun?
- Welche Teilaufgaben sind zu erledigen?
- In welcher Reihenfolge müssen wir vorgehen?

Die Planung dieser Prozessschritte beginnt mit einer Sammlung aller zu erledigenden Aufgaben, die anschließend in eine chronologische Reihenfolge gebracht werden. Für unseren Fall wären beispielsweise u.a. folgende Arbeiten zu erledigen:

1. Sichtung der Ausschreibungen, 2. Recherche der Antrags- beziehungsweise Auftragsbedingungen, 3. Kontaktierung des Auftraggebers, 4. Erstellung des inhaltlichen Angebotes, 5. Kalkulation der Kosten etc.

Für diese unterschiedlichen Aufgaben wird man im Regelfall in der Organisation auf verschiedene Personen zugreifen müssen, die jeweils zum richtigen Zeitpunkt entsprechende Kapazitäten eingeplant haben müssen.

Wichtig für die *Personalplanung* sind folgende Fragen:

- Wer ist für den Prozess gesamtverantwortlich?
- Wer mit welchen Kompetenzen wird gebraucht?
- Wer ist für welche Teilaufgabe(n) zuständig?

Es ist von entscheidender Bedeutung, dass eindeutig festgelegt ist, wer die Hauptverantwortung für Inhalt und Ablauf des Prozesses hat und über welche Entscheidungsbefugnisse diese Person verfügt. Dann ist zu bestimmen, wer mit welchen Kompetenzen für welche Teilaufgaben sonst noch gebraucht wird (inhaltlich-konzeptionelle Zuarbeit, Buchhaltung, Grafiker und vieles mehr). Schließlich sind die Kosten zu berechnen.

Deshalb muss auch die *Finanzplanung* im Voraus festgelegt werden:

- Was kostet die Produktion des definierten Ergebnisses (in Vollkosten- oder Teilkostenrechnung, Sach- und Personalkosten)?
- Welche Eigenmittel sind vorhanden?
- Welche externen Finanzquellen (Förderung, Sponsoring, Fremdanzeigen) können erschlossen werden?

Dabei ist zu berücksichtigen, dass die Akquisition eines Auftrages die Weiterbildungsorganisation bereits Geld kostet – auch und vor allem dann, wenn es zu keiner Auftragserteilung durch den Auftraggeber kommt. Können diese Akquisitionskosten in das Auftragsbudget eingerechnet oder müssen sie aus Eigenmitteln bestritten werden? Zu berechnen sind zum Beispiel in einer Vollkostenrechnung die Arbeitsstunden aller Mitarbeitenden, die am Prozess beteiligt waren, wie viel Zeit diese also für diesen Vorgang aufgewendet haben. Dazu kommen gegebenenfalls noch Anteile für die allgemeine Verwaltung, den sogenannten Overhead, und Sachmittel. Wenn der Auftragsakquisitionsprozess in der Organisation systematisiert werden soll, ist es sinnvoll, hierfür ein eigenes Budget einzuplanen. Dazu können zum Beispiel Einnahmen genutzt werden, die aus zusätzlichen Quellen, zum Beispiel Sponsoren- oder Werbeeinnahmen, stammen. Aber ganz ohne interne Quersubventionierung wird man kaum auskommen.

Wie definiert man nun einen Prozess im Einzelnen? – Ein Prozess setzt sich aus unterschiedlichen, aufeinander abgestimmten Aufgaben zusammen. Die einzelnen Aufgaben bestehen wiederum aus unterschiedlichen Tätigkeiten, die zur Erfüllung der jeweiligen Aufgabe nötig sind.

Sinnvollerweise werden die Definition und der Aufbau eines Prozesses von den Personen angefertigt, die mit dem Ablauf des zu beschreibenden Prozesses sehr vertraut sind. Dies ist nützlich, weil diese Personen über die erforderliche Fachkompetenz verfügen, um eine korrekte und vollständige Prozessbeschreibung anfertigen zu können. Dieses Vorgehen birgt aber auch Probleme, da gerade für erfahrene Mitarbeiterinnen und Mitarbeiter aus ihrer Routine heraus die einzelnen Arbeitsabläufe als selbstverständlich erscheinen. In der Folge kann es dann passieren, dass nicht alle Teilschritte im Prozess dargestellt werden und dass der Prozess von anderen Mitarbeitenden, die mit den jeweiligen Arbeitsabläufen nicht direkt vertraut sind, nicht fehlerfrei und mit einem befriedigenden Endergebnis umgesetzt werden kann. Deshalb ist es sinnvoll, den Prozessablauf vor seiner »Inbetriebnahme« einem Probedurchlauf durch Dritte zu unterziehen. Aber auch ein anfänglich als vollständig betrachteter Prozess wird im Laufe der Zeit weiteren Anpassungen und Veränderungen unterliegen.

Um einen Prozess, vollständig definieren zu können, sind folgende Teilschritte zu erledigen:

- Die Gesamtverantwortung für den Prozess festlegen.
- Den gesamten Prozess in einzelne Aufgaben gliedern.
- Die Aufgaben in einer zeitlichen Reihenfolge ordnen, dabei Aufgaben unterscheiden, die parallel erarbeitet werden können/müssen, und solche, die nacheinander bearbeitet werden müssen.
- Schnittstellen zwischen den Aufgaben klären und Qualität der zu übergebenden (Teil-)Ergebnisse festlegen.
- Die Aufgaben in einzelne Tätigkeiten untergliedern.
- Prüfen, ob bestimmte Aufgaben von externen Dienstleistern übernommen werden können/müssen.
- Personelle Zuständigkeit und Verantwortung für die einzelnen Aufgaben festlegen.

- Zeitbudget für die einzelnen Aufgaben und für den Prozess insgesamt bestimmen. Zeitpuffer einplanen.
- Bei komplexen Prozessen gegebenenfalls Meilensteine mit Zwischenprüfungen festlegen.
- Qualitätskontrolle des Endergebnisses durchführen.

Das Endergebnis eines definierten Prozesses ist quasi eine Gebrauchsanweisung zur vollständigen Aufgabenerledigung, die von neuen Mitarbeiterinnen und Mitarbeitern ohne Nachfragen benutzt werden kann.

   Diese Handlungsanleitung kann in einer Tabelle oder in einem Flussdiagramm ausgeführt werden.

Beispiel: Prozessdokumentation in Tabellenform

Gesamtprozessverantwortung:									
Prozessschritt	Zeit von/bis	Aufgabe	(Einzel-)Tätigkeiten	Verantwortl. Mitarbeiter	Sonstige Beteiligte	Unterlagen	Schnittstellen intern/extern	Qualitätskriterien
1								
2a								
2b								
3								
...								
N								

Beispiel: Prozessdokumentation in einem Flussdiagramm

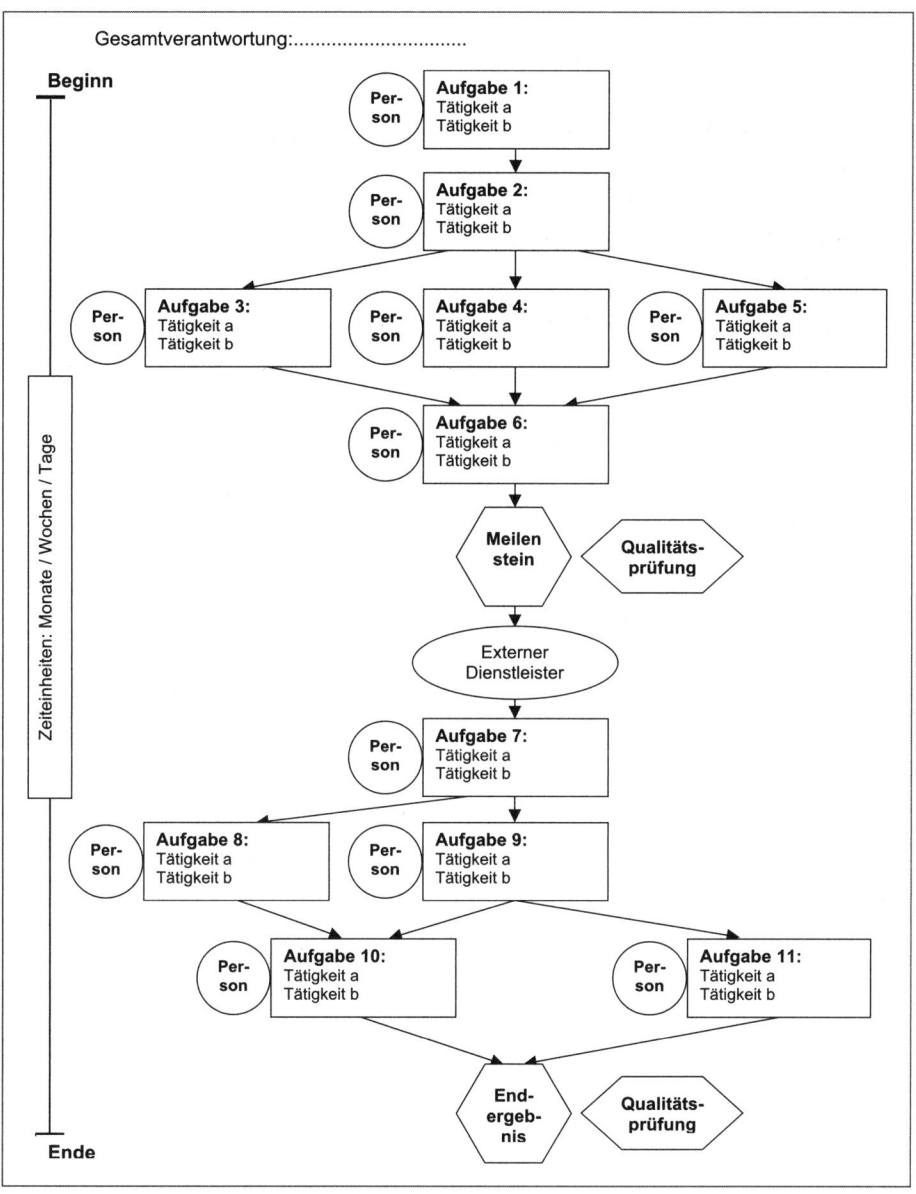

Die definierten Prozesse und die im Prozess verwendeten Unterlagen sollten in einem *Organisationshandbuch* (elektronisch oder in Papierform) gesammelt und dokumentiert werden. Sinnvollerweise werden die Dokumente mit einer Kennung versehen, der die Zugehörigkeit zum entsprechenden Teilschritt des entsprechenden Prozesses und die Aktualität des Dokumentes zu entnehmen ist, zum Beispiel:

PRO/Druck/07.07
PRO = Schlüsselprozess Programmerstellung
Druck = Teilschritt Kontakt zur Druckerei
07/07 = zuletzt aktualisiert im Juli 2007

Die dazu gehörige Eintragung im Organisationshandbuch könnte zum Beispiel lauten:

Druck des Programmheftes	**Kennung: PRO/Druck/07.07**
Druckerei:	Print, Adresse, Telefon, Fax, E-Mail
Kontaktperson:	Hartmut Pressmann, Vertreterin: Elisabeth Rota
Erreichbarkeit:	montags bis freitags 9:00 bis 18:00 Uhr (mittwochs nur bis 16:00 Uhr)
Beachten:	• Druckvorlage im Format XYZ abgeben • Andruck kontrollieren • Print braucht 5 Wochen für den Druck
zuletzt aktualisiert am 5. Juli 2007	

Der Lehr-Lern-Prozess: Wie kann die Qualität der Lehre gesichert werden?

Definition Lehr-Lern-Prozess

Lernen ist eine selbst gesteuerte Aktivität des lernenden Subjektes, die von außen nur bedingt beeinflusst werden kann. Darum geht es beim Lehren vor allem darum, die Lernbedingungen optimal zu gestalten und die Lernenden im Lernprozess zu unterstützen. Die Qualität des Lehr-Lern-Prozesses bezieht sich auf die Kompetenzen der Lehrenden, das interaktive Verhältnis zwischen Lehrenden und Lernenden sowie auf lernprozessbezogene Elemente, die ein selbstbestimmtes Lernhandeln der Teilnehmenden fördern. Lernberatung ist Bestandteil der erwachsenenpädagogischen Kompetenz.

Der Lehr-Lern-Prozess als identitätsstiftende Kernleistung von Weiterbildungsorganisationen

Bildung ist immer Selbst-Bildung

Bildung ist das selbsttätige Aneignen von Wissen, um die Persönlichkeit des Lernenden zu entwickeln und seine Handlungsfähigkeit zu erweitern. Diese erweiterte Handlungsfähigkeit zeigt sich darin, dass es den Menschen gelingt, über ihre Lebensumstände selbst zu verfügen, anstatt nur äußeren Bedingungen unterworfen zu sein. Lernen ist der »Mechanismus« dieses Bildungsprozesses. Gelungene Bildung erhöht die Selbstbestimmung der Lernenden. Ein Subjekt kann nicht »belernt« werden; Lernen kann nur selbst gesteuert vonstattengehen.

Bildung ist gelungen, wenn ein Individuum durch Lernen ein höheres Maß an Verfügung über seine Lebensbedingungen erworben und dabei

- sein Wissen und Können erweitert,
- seine Persönlichkeit entfaltet und
- seine soziale Integration erhöht hat.

Der identitätsstiftende Kern von Bildungsorganisationen

Organisationen erfüllen gesellschaftliche Funktionen, indem sie Produkte und Dienstleistungen herstellen, die die Gesellschaft braucht, oder indem sie Aufgaben erfüllen, von deren Erledigung gesellschaftliche Entwicklung – zumindest in Teilbereichen – abhängt.

Die Bildungsbranche zeichnet sich im Vergleich zu den anderen gesellschaftlichen Bereichen allerdings durch eine Besonderheit aus. Diese besteht darin, dass das Endprodukt des Bildungsprozesses, also der Lernerfolg der Lernenden, gar nicht von den Bildungsorganisationen hergestellt werden kann. Es sind die Abnehmer, die Kunden der Organisation, sprich die Lernenden selbst, die den Lernerfolg verantwortlich »herstellen«. Die Bildungsorganisationen bieten dafür lediglich die Bedingungen. Ob Lernen gelingt, liegt deshalb letztendlich nicht in ihrer Hand.

Trotzdem ist der Lehr-Lern-Prozess der identitätsstiftende Kern der Bildungsorganisationen. Sie sind zwar vieles andere auch – heute zum Beispiel mehr und mehr wirtschaftlich rechnende Betriebe – trotzdem funktioniert Lernen nicht nach einer betriebswirtschaftlichen Logik. Lernen benötigt Zeit, die Geld kostet, und gegebenenfalls sogar Umwege, um zum Ziel zu kommen, die betriebswirtschaftlich gesehen unnötige Kosten produzieren. Pädagogik und Wirtschaftlichkeit gehen nicht immer zusammen, manchmal stehen sie auch im Widerspruch zueinander. Aber die Pädagogik ist und bleibt das Eigentliche der Bildungsorganisationen.

Die Unterscheidung von Organisation und Interaktion

Bildungsorganisationen produzieren also keine Bildung, sondern sie ermöglichen, dass Individuen sich bilden respektive lernen können. Für dieses Lernen tragen Bildungsorganisationen nun nicht direkt, sondern nur vermittelt Verantwortung. Der Lernprozess der Lernenden ist nicht von außen zu bestimmen; er ist von seiner Natur her durch die Lernenden selbst gesteuert. Der Lernprozess kann aber von außen unterstützt werden.

Dies macht in Bildungsunternehmen eine Unterscheidung notwendig, nämlich die Unterscheidung von Organisation und Interaktion beziehungsweise von Management und Unterricht. Organisation beziehungsweise Management stellen sicher, *dass* Lernen stattfinden kann; Interaktion beziehungsweise Unterricht sorgen dafür, *ob* und *wie* gelernt wird. Beide Seiten sind verschieden, aber in ihrer Unterschiedlichkeit beide notwendig, damit Lernen gelingen kann.

Bildungsorganisationen stellen die Bedingungen bereit, damit Individuen lernen können. Die bestmögliche Organisation der Bildungsbedingungen liegt in ihrer Verantwortung. Die Organisation der Bedingungen von Lernen ist gelungen, wenn die Bildungsorganisation alle ihre Abläufe und Strukturen auf die Unterstützung der Bildungsbedürfnisse der Lernenden ausgerichtet hat und dabei selbst zu einer lernenden Organisation geworden ist.

Die Bedingungen für eine bessere Lernqualität entwickeln

Lernende sind lernfähig, aber nicht instruierbar. Lernen ist immer selbst gesteuert. Auf die psycho-physischen Bedingungen und die Motivation zum Lernen hat man von außen nur sehr bedingten Einfluss. Lernen kann aber gefördert, unterstützt und begleitet werden. Auf den eigentlichen Lernprozess der Lernenden nimmt die Bildungsorganisation Einfluss, indem sie die Bedingungen steuern kann, unter denen Lernen stattfindet.

Durch folgende Faktoren können Bildungsorganisationen die Qualität des Lernprozesses beeinflussen:

- das Bereitstellen und die Zugänglichkeit von Inhalten,
- das Anbieten und Aushandeln von Zielen,
- die Organisation von Zeiten,
- das Bereitstellen von Räumen,
- das Entwickeln und Zur-Verfügung-Stellen von Materialien und (Lern-)Werkzeugen,
- das Einsetzen geeigneter Methoden,
- das Ermöglichen unterschiedlicher Lern- und Arbeitsformen,
- das Begleiten des Lernens durch Unterstützungsangebote und Beratung.

Lehrende als Lernbegleiter

Die Qualität des Lehr-Lern-Prozesses wird maßgeblich durch die Kompetenzen der Lehrenden und das interaktive Verhältnis zwischen Lehrenden und Lernenden bestimmt. Die Zeiten, als Lehrende belehrt haben, sind unwiederbringlich vorbei. Lehrende sind nicht nur Fachleute ihres jeweiligen Gebietes, sondern auch

- Initiatoren, die Lernprozesse anstoßen und ermöglichen,
- Organisatorinnen, die die Rahmenbedingungen für Lernprozesse gestalten,
- Lernexperten, die als Fachleute für die Psychologie des Lernens Lernende beraten und deren Lernkompetenzen fördern,
- Prozessbegleiterinnen, Coaches und Moderatorinnen, die Lernprozesse begleiten und unterstützen,
- Teamentwickler, die Gruppenprozesse und soziale Kompetenzen fördern.

Das Fokussieren auf den Lernprozess der Teilnehmenden bringt für Weiterbildungsorganisationen folgende Perspektivwechsel:

- Die Organisationen stellen sich von einer Angebotsorientierung auf eine Nachfrageorientierung um.
- Sie sehen sich stärker in ihrer Aufgabe der Lernberatung gefordert.
- Die pädagogischen Ziele treten in den internen Diskussions- und Planungsprozessen stärker in den Blick.
- Neben der Dimension des in der Regel fachlichen Lernerfolges werden die Bedingungen gelungenen Lernens stärker berücksichtigt.

Was ist wichtig im Lehr-Lern-Prozess?

 Die Kunden sollten über Inhalte, Ziele, Arbeitsformen und Qualifikationen der Lehrenden sowie gegebenenfalls über Lernvoraussetzungen für die Teilnahme informiert werden. Gute Kundeninformation ist die wichtigste Voraussetzung für den Erfolg im Vertrieb. Vor allem solche Informationen sind geeignet, die deutlich den Nutzen herausstellen, den die Kunden haben, wenn sie ein bestimmtes Angebot wahrnehmen. Den Kunden und Teilnehmenden müssen Informationen zu den Bildungsveranstaltungen zugänglich gemacht werden, die ihnen eine Orientierung erlauben. Dabei ist darauf zu achten, dass die Menge der Informationen nutzerfreundlich gestaltet und trotzdem differenziert genug ist.

Während die Inhalte, Ziele, Arbeitsformen und Lernvoraussetzungen im Allgemeinen zu jedem einzelnen Bildungsangebot aufgeführt beziehungsweise bei identischen Angeboten gesammelt dargestellt werden, können für die Darstellung der Kompetenzen der Lehrenden vielfältige Möglichkeiten genutzt werden, zum Beispiel:

- Qualifikationen und Kompetenzen der Lehrenden zu jedem Bildungsangebot herausstellen,
- alle Lehrenden mit Kurzprofil im Programmheft oder auf der Internetseite vorstellen,
- exemplarische Vorstellung einzelner Lehrender als Porträt im Programmheft als fortlaufende Maßnahme,
- Herausgabe einer Zeitung oder eines elektronischen Newsletters mit fortlaufender Beschreibung einzelner Lehrender,
- zusammengefasste Darstellung der Qualifikationen und Kompetenzen der Lehrenden als Vorspann zu den Bildungsangeboten, gegebenenfalls gegliedert nach Themen- beziehungsweise Programmbereichen.

 In einem regelmäßig zu spezifischen Themen erscheinenden Newsletter der Firma ArtSet® wurde mit einem Foto beispielsweise eine Mitarbeiterin folgendermaßen vorgestellt: Claudia Dehn (Jahrgang 1969) ist Soziale Verhaltenswissenschaftlerin (BA) sowie Marketing-Kommunikationswirtin, Coach und LQW-Gutachterin. Sie ist Mutter von zwei Söhnen. Seit September 2005 ist sie Mitarbeiterin der ArtSet® Forschung Bildung Beratung GmbH. Kreativität, Schnelligkeit und Präzision kennzeichnen ihre Arbeit. Ihr Organisationstalent für Projekte und kommunikative (Großgruppen-)Events setzt sie derzeit vor allem bei der Projektleitung der Netzwerkkonferenz zur Lernerorientierten Qualitätsentwicklung ein. Darüber hinaus ist sie Spezialistin für die Implementierung von Wertemanagementsystemen in Unternehmen.

 Anforderungsprofile für die Lehrenden sollten festgelegt werden. Die Auswahl- und Einstellungspraxis sowie der Einsatz der Lehrenden sollte auf dieser Basis erfolgen. Hinter dieser Anforderung steckt die Frage, mit welchen Lehrenden eine Organisation zusammenarbeitet, was diese können (sollen) und wie die Auswahl und Einstellung der Lehrenden erfolgt. Das Anforderungsprofil wird mit dem Inhalt der jeweiligen Tätigkeit, dem Verständnis der Organisation vom Lehr-Lern-Prozess und der Definition gelungenen Lernens eng zusammenhängen.

Lehrende als Lernbegleiter haben – wie bereits erläutert – viele Rollen auszufüllen. Um dies gewährleisten zu können, gehören pädagogische Kompetenzen neben der Fachkompetenz und dem Arbeitsfeldwissen zwingend zum Kompetenzprofil einer Lehrkraft, will sie den Lehr-Lern-Prozess reflektiert gestalten und die Lernenden in deren Eigenaktivität begleiten. Zum Anforderungsprofil von Lehrenden können gehören:

- die *fachliche Kompetenz*, das heißt, ein solides, aktuelles Fachwissen des jeweiligen Gebietes, verbunden mit Praxiserfahrungen in diesem Bereich;
- die *didaktische Kompetenz*, also neue Bildungsinhalte didaktisch aufbereiten, Bildungskonzepte bewerten und entwickeln sowie Lehrziele aufstellen und überprüfen;
- die *methodische Kompetenz* im Sinne der Kenntnis verschiedener Methoden der Bildungsarbeit und deren Evaluation, Kenntnisse über den Lernprozess sowie lernförderlicher und lernhinderlicher Faktoren und Kenntnisse über die jeweiligen Zielgruppen;
- die *soziale Kompetenz*, den Lehr-Lern-Prozess als ein Geschehen zu definieren, in dem rational-kognitive und sozial-emotionale Aspekte sich wechselseitig bedingen. Zur sozialen Kompetenz gehören Kommunikationsfähigkeit und die Fähigkeit, konstruktiv zu kritisieren, das heißt, Kritik an anderen in einer Form zu äußern, die das Gegenüber nicht verletzt, sondern dessen Entwicklung fördert;
- *personale Kompetenz* beziehungsweise *Selbstkompetenz*, das eigene Denken, Fühlen und Handeln zu reflektieren, mit eigenen Stärken und Schwächen, Misserfolgen und inneren Konflikten sowie angemessen mit Kritik umgehen zu können;
- *Beratungskompetenz*, um die Lernenden, orientiert an den Wünschen der Einzelnen nach Informations- und Entscheidungshilfen und realistischen Zieldefinitionen, in ihrem individuellen Lernprozess und bei psychologischen Lernkrisen zu unterstützen.

Das Anforderungsprofil für eine Englisch-Dozentin beziehungsweise einen -Dozentin, der/die zugleich programmplanerische Aufgaben hat, könnte beispielsweise folgende erwartete Fähigkeiten festlegen:

- *Fachliche Kompetenz:* Abgeschlossenes Studium in Anglistik mit Zusatzqualifikationen im Bereich Weiterbildung.
- *Didaktische Kompetenz:* Fähigkeit zu Programmplanung und Konzeptionsentwicklung.
- *Methodische Kompetenz:* Unterrichtserfahrung.
- *Soziale Kompetenz:* Teamfähigkeit.
- *Personale Kompetenz:* Identifikation und hohe Einsatzbereitschaft.
- *Beratungskompetenz:* Fähigkeit Einstufungstests durchzuführen, auszuwerten und Lernende entsprechend zu beraten.

Das Anforderungsprofil für eine Person, die Gutachter beziehungsweise Gutachterin im Rahmen der Lernerorientierten Qualitätstestierung in der Weiterbildung (LQW®) werden will, sieht real folgendermaßen aus:

Fachliche Kompetenzen:
- grundlegende Kenntnisse der Organisations- und Qualitätsentwicklung;
- Branchenkenntnis und Feldkompetenz in der Weiterbildung;
- fundiertes Fachwissen hinsichtlich des LQW-Modells, seiner Philosophie der Lernerorientierung und seiner Anforderungen in den Qualitätsbereichen;
- Kenntnis über die unterschiedlichen Aufgaben im Rahmen der Begutachtung und Testierung sowie die unterschiedlichen Phasen in diesem Prozess;
- wertschätzende, anschlussfähige und korrekte sprachliche Fähigkeiten;
- Beherrschung der EDV-Textverarbeitung.

Didaktisch-methodische Kompetenzen:
- Methoden-Know-how: Moderation, Visualisierung, Präsentation;
- Fähigkeit zur Prozesssteuerung und zum Projektmanagement;
- soziale Kompetenzen;
- Offenheit und Neugier gegenüber Fremdem – Menschen wie Organisationen
- Teamfähigkeit;
- respektvoller und wertschätzender Umgang mit dem Gegenüber;
- Ambivalenztoleranz, das heißt die Fähigkeit, Unterschiedlichkeiten und damit verbundene Unsicherheiten auszuhalten und produktiv zu nutzen;
- Sensibilität und Empathie;
- kommunikative Kompetenz;
- Kritik-, Konflikt- und Konsensfähigkeit;
- Polarisierungsfähigkeit, das heißt unterschiedliche Positionen deutlich herausarbeiten können;
- selektive Authentizität, das heißt die jeweilige Rolle anzunehmen und als solche auszufüllen und dabei Konturen zeigen.

Personale Kompetenzen:
- Selbstbewusstsein im Sinne von persönlichem »standing«;
- (Selbst-)Reflexivität;
- Fähigkeit, angemessen mit Kritik umgehen zu können;
- Ressourcen- und Lösungsorientierung;
- eine würdigende, nicht normative Haltung.

Beratungskompetenzen:
- Prozesssensibilität;
- systemisch-analytisches Strukturdenken;
- Fähigkeit zum Umgang mit Kontingenz;
- Fähigkeit zum zirkulären Fragen;
- Fähigkeit zur Selbstüberraschung.

Das Anforderungsprofil kann in jeweils besonderer Weise auf die organisationsspezifische Definition gelungenen Lernens (s. S. 24f.) bezogen sein.

Nachdem jede Organisation ihr eigenes spezifisches Anforderungsprofil für ihre Lehrenden definiert hat, stellt sich dann die Frage, wie die Personalakquisition erfolgen soll beziehungsweise wie die Auswahl- und Einstellungspraxis sowie der Einsatz der Lehrenden organisiert wird. Diese Auswahl- und Einstellungspraxis bezieht sich selbstverständlich nur auf neu einzustellendes Personal. Sofern die Weiterbildungsorganisation mit vorhandenem fest oder freiberuflich beschäftigtem Personal arbeitet, kann überprüft werden, inwiefern diese Personen den definierten Anforderungen entsprechen und wie gegebenenfalls nötige Personalentwicklungsmaßnahmen zur Nachqualifizierung organisiert werden (s. S. 150f.).

Die Personalauswahl und die Einstellungspraxis kann zum Beispiel durch die folgenden Verfahren erfolgen, die auch miteinander kombiniert werden können:

- Ausschreibung auf der Basis des Anforderungsprofils in Zeitungen und/oder im Internet,
- Einholen von Empfehlungen von Dachverbänden und/oder Partnerorganisationen und Universitäten oder anderen Institutionen,
- Nutzung von Bewerbungsportalen im Internet,
- Auswahl auf der Basis schriftlicher Unterlagen und Bewerbungsgespräch mit einer intern bestellten Kommission,
- Auswahl durch die Geschäfts- oder Abteilungsleitung,
- Auswahl durch das Team, zu dem die Neuen dann gehören sollen,
- Auswahlgespräch auf der Basis eines Gesprächsleitfadens,
- der Bewerber beziehungsweise die Bewerberin hält eine Probestunde ab und die Teilnehmenden geben Rückmeldung, im Anschluss findet eine Reflexion darüber statt,
- die Auswahl beinhaltet ein Zielvereinbarungsgespräch und es wird vereinbart, dass nach der Probephase eine Überprüfung stattfindet.

Die Auswahlgespräche sollten unbedingt die organisationsspezifische Definition gelungenen Lernens berücksichtigen und zum Beispiel fragen, ob sich die Bewerberinnen und die Bewerber damit identifizieren können und wie sie auf dieser Basis zum gelungenen Lernen der Teilnehmenden beitragen können.

Die Einstellung wird dann vermutlich durch die Personalabteilung oder die anderweitig zuständige Instanz vorgenommen, und der Einsatz der Lehrenden wird durch die jeweiligen Fachbereichs- beziehungsweise Abteilungsleiter erfolgen.

 Die Qualifikationen und Kompetenzen der Lehrenden sollten dokumentiert werden. Gemeint sind die Ressourcen, die die Lehrenden mitbringen, um die ihnen gestellten Aufgaben zu bewältigen. Qualifikationen sind formal nachweisbare Kenntnisse und Fähigkeiten. Kompetenzen sind Ausdruck praktischen Könnens, der Handlungsfähigkeiten, Stärken und Potenziale, über die der beziehungsweise die Einzelne real verfügt.

Eine Dokumentation der Qualifikationen und Kompetenzen ist hilfreich:

- wenn intern Personal gesucht wird, um neue Aufgaben anzugehen.
- wenn in größeren Organisationen verschiedene Abteilungen oder Standorte auf das gleiche Personal zugreifen wollen oder müssen.
- wenn Personalentwicklungsmaßnahmen systematisch durchgeführt werden sollen.
- wenn Qualifikationen der Lehrenden gegenüber Auftraggebern nachgewiesen werden müssen.

Solche Dokumentationen haben natürlich nur ihren Nutzen für die Organisation, wenn die Informationen in einer Datenbank gespeichert sind, auf die die Zuständigen einen direkten Zugriff haben. Außerdem müssen die Daten gepflegt und aktuell gehalten werden.

Die Dokumentation von beschäftigungsrelevanten Daten widerspricht auch nicht den Datenschutzbedingungen. Inwiefern nicht formalisierte, sogenannte informelle Kompetenzen von Lehrenden dokumentiert werden, kann von deren Zustimmung abhängig gemacht werden. Wenn – vor allem freiberufliche – Lehrende allerdings erkennen, dass sich durch die umfassende Dokumentation ihrer Kompetenzen ihre Beschäftigungschancen erhöhen, wird man mit ihrer Zustimmung rechnen können.

 Arbeitsformen und Methoden zur Förderung individueller Lernprozesse sollten besondere Beachtung finden. Die Qualität eines Lernprozesses zeigt sich vor allem an der Aktivität der Lernenden. Um individuelle Lernprozesse zu fördern und zu unterstützen, ist es hilfreich, wenn

- Informationen über die Ziele, Inhalte, Arbeitsformen sowie die Lehrenden zielgruppenadäquat vermittelt werden.
- den Lernenden im Rahmen der Möglichkeiten mitgestaltender Einfluss eingeräumt wird.
- eine prozessorientierte und kontinuierliche Reflexion von Lernprozess und Lernerfolg gemessen an den vorgegebenen Lehrzielen und den individuell identifizierten Lernzielen der Teilnehmenden stattfindet und gegebenenfalls Konsequenzen gezogen werden.
- die räumlichen, zeitlichen und technischen Bedingungen für praktisches Übungshandeln vorhanden sind.
- selbst organisiertes Lernen der Teilnehmenden unterstützt wird.
- die Lernenden im individuellen Lernprozess und bei Krisen beraten und gefördert werden.

Neben einer guten zeitlichen Organisation, die Zeiten für Einzellernen und Gruppenlernen vorsieht, findet man hier zum Beispiel den Einsatz von Tutoren und Lerntagebüchern, die Organisation von Lernpartnerschaften zwischen Teilnehmenden oder differenzierte E-Learning-Plattformen.

Die Organisation sollte beschreiben, woran sie feststellt, dass Lernen gelungen ist.
Indikatoren sind Beschreibungen beobachtbaren Verhaltens. Sie dienen

- der klaren Zielbestimmung in der didaktischen Planung,
- der Verständigung über Lernbedürfnisse und Lernerfolge,
- der Veranschaulichung gelungener Lernprozesse,
- der Beobachtung von Lernerfolgen.

Nicht gemeint ist, dass für jede Veranstaltung Indikatoren gelungenen Lernens formuliert werden. Vielmehr geht es darum, auf einer allgemeinen Ebene Merkmale anzugeben, die auf gelungenes Lernen der Teilnehmenden schließen lassen, damit sich die Didaktik und Methodik der jeweiligen Veranstaltung daran orientieren kann.

Diese Anforderung ist vermutlich ungewohnt und nicht einfach zu erfüllen. Deshalb soll hier in einem Beispiel vorgeführt werden, wie Indikatoren gelungenen Lernens auf einer allgemeinen Ebene aussehen könnten.

Nehmen wir an, die organisationsspezifische Definition gelungenen Lernens würde lauten:

> Lernen ist gelungen, wenn ein Individuum in der Auseinandersetzung mit spezifischen Lerngegenständen ein höheres Maß an Verfügung über seine Lebensbedingungen erworben und dabei
>
> - sein Wissen und Können erweitert,
> - seine Persönlichkeit entfaltet und
> - seine soziale Integration erhöht hat.

Die Beschreibung, woran die Organisation feststellt, dass Lernen gelungen ist, könnte dann auf die drei Unterpunkte Bezug nehmen und zum Beispiel so aussehen:

- In Tests erfahren wir, dass sich das Wissen der Teilnehmenden erweitert hat, und in praktischen Übungen können wir erkennen, dass dieses Wissen auch angewendet werden kann.
- Die Entwicklung der Persönlichkeit der Lernenden drückt sich für uns darin aus, dass die Teilnehmenden in der Lage sind, ihre Lernprozesse in zunehmendem Maße selbstbestimmt zu organisieren und die Lernsituationen mitzugestalten.
- Die soziale Integration der Teilnehmenden erkennen wir an ihrem Gruppenverhalten, zum Beispiel ob und wie sie andere in deren Lernprozessen unterstützen.

Auf diese Merkmale kann dann zum Beispiel im Qualitätsbereich Evaluation der Bildungsprozesse (s. S. 88ff.) zurückgegriffen werden. Auf diese Weise wird sichergestellt, dass die Qualitätsentwicklung in den verschiedenen Bereichen miteinander verzahnt wird.

Beratung und Förderung der Lehrenden durch das pädagogische Personal sollte gewährleistet sein. Um die komplexen Aufgaben bei der Gestaltung des Lehr-Lern-Prozesses bewältigen zu können, benötigen die Lehrenden Beratung und Förderung durch die Organisation. Das heißt, dass Beratungskompetenz und das Wissen über Förderungsmöglichkeiten in der Organisation vorhanden sein und den Lehrenden zur Verfügung gestellt werden müssen, wenn der Lehr-Lern-Prozess optimal gestaltet werden soll. Beratung und Förderung von Lehrenden gelten insofern als qualitätssichernde Maßnahmen. Folgende Maßnahmen sind denkbar:

- Freiberuflich Lehrende werden durch hauptamtliche pädagogische Mitarbeiterinnen und Mitarbeiter beraten.
- Hauptberuflich Lehrende werden durch die jeweiligen Abteilungsleiter unterstützt.
- Lehrende Kolleginnen und Kollegen unterstützen sich selbst in Form wechselseitiger Kollegialberatung.
- Den Lehrenden wird Supervision angeboten.
- Mit den Lehrenden werden Mitarbeiterentwicklungsgespräche durchgeführt und entsprechende Personalentwicklungsmaßnahmen vereinbart.
- Es werden Hospitationen in Lehrveranstaltungen mit anschließender Reflexion durchgeführt.
- Lehrende werden regelmäßig fortgebildet.
- Es werden in bestimmten Abständen Fach- und Pädagogikkonferenzen durchgeführt.
- Vor allem junge und neue Lehrende werden in der Organisation durch einen Mentor oder eine Mentorin begleitet.

 Die Qualitätsmaßnahmen im Lehr-Lern-Prozess sollten in Bezug auf das Leitbild und die Definition gelungenen Lernens begründet sein. Der Lehr-Lern-Prozess ist das inhaltliche Zentrum der Weiterbildungsorganisation; hier geht es um die bestmögliche Unterstützung des Lernens der Teilnehmenden. Deshalb sollten die durchgeführten Qualitätsmaßnahmen in Bezug auf das Leitbild und die Definition gelungenen Lernens begründet sein. Eine entsprechende Begründung kann jede Organisation in Hinblick auf ihre spezifischen Ziele nur selbst erstellen. Dabei könnten aber zum Beispiel folgende Fragen helfen:

- Inwiefern tragen die eingesetzten Methoden und Arbeitsformen dazu bei, dass die Bedürfnisse der Lernenden im Lehr-Lern-Prozess berücksichtigt werden?
- Durch welche Maßnahmen wird das gelungene Lernen der Teilnehmenden gefördert und unterstützt?
- In welcher Beziehung steht das Anforderungsprofil und die Auswahl- und Einstellungspraxis der Lehrenden zu den Aussagen des Leitbildes und der Definition gelungenen Lernens?
- In welcher Weise sind die Angebote zur Beratung und Förderung der Lehrenden an der Definition gelungenen Lernens ausgerichtet?

Ein Verfahren zur Förderung individueller Lernprozesse

Das Lerntagebuch

Ein Lerntagebuch ist eine Methode, um die Lernfähigkeit zu fördern und zur besseren Selbststeuerung der Lernenden. Besonders wirksam ist es, wenn es in eine gemeinsame Diskussion der Lerngruppe über ihre Erfahrungen einbezogen wird. Zum Beispiel kann dies in einer regelmäßigen Lernkonferenz geschehen. Das Tagebuch dient der (Selbst-)Reflexion des Lernprozesses, zudem können die Lernenden ihre individuellen Ziele bestimmen und die Zielerreichung überprüfen. Lerntagebücher erhöhen die Möglichkeiten der Lernenden, gestaltenden Einfluss auf den Lehr-Lern-Prozess zu nehmen, und fördern die Selbstorganisation des eigenen Lernprozesses.

Das Wort »Tagebuch« impliziert, dass das Lerntagebuch ein persönliches Dokument ist, das nicht ohne Zustimmung der Betroffenen eingesehen werden darf. Schon gar nicht ist es Gegenstand einer externen Bewertung von Lernerfolg. In das Tagebuch trägt der beziehungsweise die Lernende aus der subjektiven Perspektive die eigenen Einschätzungen und (Selbst-)Beobachtungen ein, um sich Klarheit über den Lernverlauf, dessen Fortschritte und dessen Schwierigkeiten zu verschaffen. Damit wird das Lerntagebuch in den individuellen Lernprozess integriert.

Mit dem Lerntagebuch ist für die Lernenden eine Voraussetzung geschaffen, sich auch mit anderen sowohl über die eigenen Lernprozesse als auch über das Verhalten der Lernberater und die Situation in der Lerngruppe auszutauschen. Durch die Reflexion der Lernsituation sind die Teilnehmenden in der Lage, eine differenzierte Rückmeldung zu geben, wodurch sie gestaltenden Einfluss auf Inhalte, Ziele und Arbeitsformen der Bildungsveranstaltung nehmen können.

Ein Lerntagebuch sollte in seinen jeweiligen auszufüllenden Abschnitten nicht zu umfangreich sein, damit es praktikabel bleibt und nicht zu viel Zeit in Anspruch nimmt, denn wichtig für den Nutzen eines Lerntagebuches ist, dass es kontinuierlich geführt wird.

Wenn das Lerntagebuch als Loseblattsammlung in einem DIN-A4-Ordner geführt wird, kann es durch weitere Dokumente ergänzt werden, zum Beispiel durch:

- Jahreskalender,
- Teilnehmerliste mit Kontaktdaten,
- Profilbogen für die eigene Person mit einer Selbsteinschätzung der eigenen Stärken und Schwächen sowie einer Bestimmung des eigenen Lernziels,
- Profile der Lehrkräfte und der Lernberater,
- Stunden- und Kurs- beziehungsweise Ausbildungspläne,
- gegebenenfalls Prüfungsanforderungen und -bedingungen.

Das Schreiben von Lerntagebüchern durch die Lernenden kann unterstützt werden, wenn das Führen des Lerntagebuches Teil der offiziellen Lernzeit ist. Zudem sollten im Lehr-Lern-Prozess entsprechende gemeinsame Reflexionsphasen eingebaut werden. Wenn die Lernenden selbst die Erfahrung machen, dass ihre Rückmeldungen zu Veränderungen des Lehr-Lern-Prozesses und dessen Rahmenbedingungen führen, dann motiviert sie das zusätzlich, das Tagebuch zu führen.

Lerntagebücher erhöhen den Nutzen in vielfältiger Weise:

- die Selbstbeobachtung wird gefördert,
- die Beobachtung anderer wird ebenfalls geschult,
- das soziale Verhalten wird verbessert,
- für das eigene Lernen wird eine größere Verantwortung übernommen,
- der Reflexion der eigenen Lernprozesse wird verstärkt,
- eigene Stärken und Schwächen werden erkannt,
- Lernprobleme können leichter überwunden werden,
- Lernziele werden selbst bestimmt und weiterentwickelt,
- eigene Lernerfolge werden überprüft,
- dies alles führt dazu, dass gelungenes Lernen gefördert wird.

Ein Muster für einen Bogen eines Lerntagebuches befindet sich auf der gegenüberliegenden Seite.

Lerntagebuch

Lerngebiet:	Datum:

Welche Themen haben wir in der heutigen Lerneinheit bearbeitet?

Was war mein heutiges zentrales Lernergebnis?

Was fiel mir heute besonders leicht?

Womit hatte ich heute Schwierigkeiten?

Was ist mir am Verhalten der Lerngruppe heute positiv aufgefallen?

Was hat mich am Verhalten der Lerngruppe heute gestört?

Was am Verhalten des Lernberaters hat mir heute besonders geholfen?

Was am Verhalten des Lernberaters hat mich heute eher behindert?

Welche Unterstützung brauche ich noch zur Erreichung meiner Ziele?

Was nehme ich mir für die nächste Lerneinheit vor?

Mit meiner Lernleistung bin ich insgesamt:

sehr zufrieden ① ② ③ ④ ⑤ ⑥ sehr unzufrieden

Evaluation der Bildungsarbeit: Wie lassen sich Teilnehmerzufriedenheit und Seminarerfolge feststellen?

Definition Evaluation der Bildungsprozesse

Evaluation von Bildungsprozessen bedeutet, dass die durchgeführte Bildungsarbeit regelmäßig mit geeigneten Instrumenten geprüft und bewertet wird. Maßstab für die Bewertung sind der Lernerfolg, die Zufriedenheit der Teilnehmenden und gegebenenfalls der Auftraggeber sowie die Realisierung des eigenen institutionellen Anspruchs. Auch die Einschätzung der Lehrenden sollte ein Teil der Evaluation sein.

Die Stellung der Evaluation der Bildungsarbeit

Evaluation meint Erfassen, Bewerten und Reflexion

Auf der allgemeinsten Ebene ist Evaluation ein nachprüfbares Verfahren des Erhebens und Bewertens. Auf der Handlungsebene bedeutet Evaluation damit zielorientiertes Informationsmanagement. Als Resultat des Evaluationsprozesses liegen die Dokumentation von Daten sowie deren reflektierter Bewertung vor.

Als Evaluation gilt also jede methodisch kontrollierte, verwertungs- und bewertungsorientierte Form des Sammelns, Auswertens und Verwertens von Informationen. Je nach Gegenstand, Ziel und Fragestellung sind dabei unterschiedliche, maßgeschneiderte Vorgehensweisen zu entwickeln und zu begründen. Evaluation hat immer das Ziel, spezifische Erkenntnisse zu produzieren, um sie für den evaluierten Gegenstand nutzbar zu machen.

Evaluation hat unterschiedliche Funktionen

Zusammenfassend lassen sich für Bildungsorganisationen drei wesentliche Funktionen von Evaluation bezeichnen:

- *Die Kontrolle durchgeführter Bildungsmaßnahmen:* Es wird nachträglich erkennbar, ob die Teilnehmenden zufrieden waren, ein Lernprozess stattgefunden hat und ob die Räumlichkeiten und Zeiten, die technische Ausstattung, Medien und Materialien, das Lehrverhalten der Kursleitenden sowie der begleitende Service zum Lernerfolg beitragen konnten.

- *Die Steuerung von Bildungsangeboten:* Anhand der Rückmeldungen können Defizite beseitigt und vorhandene Stärken weiter gefördert und ausgebaut werden. Eine Evaluation von Bildungsangeboten sollte daher nicht missverstanden werden im Sinne einer Rechtfertigung aktuell durchgeführter Seminare, sondern als Instrument gesehen werden, welches sicherstellt, dass sich die Bildungsorganisation an der Nachfrage orientiert und Bildungsmaßnahmen entsprechend den Bedürfnissen der Lernenden angeboten werden.
- *Die Reflexion von Lernerfolg und Lernprozess:* Durch eine begleitende oder abschließende Befragung (formative oder summative Evaluation) erhalten viele Teilnehmende erst die Gelegenheit, über den eigentlichen Lernprozess nachzudenken und den eigenen Lernerfolg zu reflektieren. So kann zum Beispiel ein Fragebogen auf die eigenen Empfindungen und Entwicklungen aufmerksam machen, die ansonsten möglicherweise überhaupt nicht beachtet worden wären. Letztlich befähigt eine Evaluation Lernende, Lehrende und Auftraggeber auch in späteren Lernsituationen kompetente, kundige und kritische Einschätzungen zu erbringen. Sie schult den Blick für Bildungsangebote und Situationen, die gelingendes Lernen ermöglichen.

Gegenstände der Evaluation

In der Weiterbildung kann man verschiedene Aspekte evaluieren, zum Beispiel sind dies:

- die organisationalen Rahmenbedingungen,
- den begleitend angebotenen Service,
- die Arbeitsleistung der planend und administrativ Beschäftigten,
- die Leistungen der Lehrenden,
- die Zufriedenheit der Teilnehmenden,
- die Zufriedenheit der Auftraggeber,
- die Lernerfolge der Teilnehmenden,
- den Transfer des Gelernten in die Praxis,
- die erreichten Abschlüsse und Zertifikate,
- die Wiedereingliederung in den Beruf.

Das, worauf Bildungsprozesse eigentlich zielen, den Transfer von Gelerntem in die Lebens- oder Berufspraxis, lässt sich vonseiten der Organisationen nur in den seltensten Fällen und mit großem Aufwand erheben. Denn dazu wären Beobachtungen in der Praxis erforderlich, inwieweit sich das Handeln der früheren Teilnehmerinnen und Teilnehmer verändert hat. Man müsste diese Erhebungen sogar vor und nach der Bildungsmaßnahme machen, um hier solide Vergleichsaussagen treffen zu können. Dabei bleibt dann immer noch das große theoretische Problem, ob sich diese Änderung auf die Bildungsveranstaltung zurückführen lässt oder ob anderes eingewirkt hat, denn es können sich alle möglichen sonstigen Einflüsse geltend gemacht haben. Bei Transferevaluationen bleibt es deshalb meistens bei einer Frage nach der persönlichen Überzeugung, ob der gelernte Stoff als nützlich für die spätere Praxis angesehen wird.

Evaluation von Lernerfolg

Im Zentrum einer Evaluation der Bildungsprozesse sollte allerdings der Lernerfolg stehen. Den Erfolg einer Bildungsveranstaltung kann man in unterschiedlicher Hinsicht betrachten und erheben:

- Die *Zufriedenheit der Teilnehmenden* kann man mit skalierten Thermometerabfragen und einfachen Fragebögen prüfen.
- Den *Lernzuwachs in theoretischer und praktischer Hinsicht* erkennt man am besten durch Wissenstests und Anwendungsprüfungen.
- Den *Transfer in die Praxis* wird man in der Regel nur über die Selbsteinschätzung der Lernenden abfragen können.
- Die *Legitimation gegenüber der Öffentlichkeit oder gegenüber Auftraggebern* wird man durch das Auswerten von Noten, erreichten Abschlüssen, ausgestellten Zertifikaten oder auch an Eingliederungszahlen ins Berufsleben darstellen können.

Im Regelfall beziehen sich Evaluationen in Bildungsorganisationen meistens nur auf die Abfrage der Zufriedenheit der Teilnehmenden mit den Rahmenbedingungen des Lernens und dem Lehrverhalten der Dozentinnen und Dozenten. Weitergehende Evaluationen des Lernerfolges sollten allerdings unbedingt in den Blick genommen werden, da nur diese Erfolgsevaluationen Bewertungen hinsichtlich der eigenen Ziele und Ansprüche der Bildungsorganisation zulassen. Dabei ist es sinnvoll, sich an der eigenen Definition gelungenen Lernens zu orientieren.

Ohne Ziele keine Evaluation

Als zentrales Problem der Evaluation von Bildungsprozessen zeigt sich, dass Bildungsorganisationen in der Regel Daten erheben und die Ergebnisse von Befragungen zusammenfassen, ohne *zuvor* geklärt zu haben, wie die Ergebnisse weiter verwendet werden. Nur selten wird aus den eigenen Zielen der Organisation und dem Leitbild ein *Anspruch* abgeleitet, dessen Erfüllung dann auch gemessen werden kann. Evaluation meint aber das Erfassen *und Bewerten* von Daten auf der Basis von Zielen oder Soll-Größen, damit daraus Konsequenzen für die Qualitätsverbesserung der eigenen Bildungsarbeit gezogen werden können. Viele gut gemeinte Zufriedenheitsbefragungen haben deshalb bloß den Charakter einer unverbindlichen Meinungsäußerung, die einen sehr groben Überblick verschafft: Man fragt mal, wie so die Stimmung war, und interpretiert dann die einzelnen Ergebnisse je nach Bedarf.

Zum Mittel der Qualitätsentwicklung im Lehr-Lern-Prozess wird Evaluation durch das Erfassen, Bewerten und Reflektieren, inwieweit eigene *Qualitätsansprüche* an die verschiedenen Kontexte des Lernens erfüllt sind. Bei einer Evaluation einer Bildungsmaßnahme geht es darum zu verstehen, ob die gestellten Ziele erreicht wurden oder nicht, um im Falle der Nichterreichung gegensteuern zu können. Das heißt, für die Evaluation ist es wichtig, zum Beispiel aus den Zielen im Leitbild und der Definition gelungenen Lernens einen Soll-Zustand zu definieren – und zwar *bevor* die Ergebnisse von Befragungen vorliegen. Solche Soll-Ansprüche können auch aus früheren Befragungen abgeleitet werden, zum Beispiel indem man feststellt, dass man in diesem oder jenem Bereich bessere Ergebnisse erzielen will.

Durch den *Vergleich* von Soll- und Ist-Zustand wird es dann möglich, Schwachstellen zu erkennen und nach Ursachen zu forschen beziehungsweise Verbesserungs- und Entwicklungsmaßnahmen einzuleiten.

Grenzen von Evaluation

Der Evaluation von Bildungsprozessen sind enge Grenzen gesetzt, die sich aus der institutionellen Form der Weiterbildung ergeben. Selten ist es zum Beispiel möglich (und wäre auch sehr aufwendig), Teilnehmende längere Zeit nach Abschluss eines Seminars zu befragen, um zu erfahren, inwiefern das Seminar möglicherweise eine *nachhaltige Wirkung* bezogen auf die persönliche oder berufliche Weiterentwicklung gehabt hat. Bildungsmaßnahmen, die immer eine Investition von Zeit und Geld bedeuten, zielen nicht nur auf eine kurzfristige Wirkung. Die tatsächliche Messung von Lern- und Transfererfolgen beziehungsweise die Erfolgszurechnung auf eine Bildungsmaßnahme stellt jedoch aufgrund vielfacher Einflussgrößen eine höchst anspruchsvolle wissenschaftliche Herausforderung dar, die über die Möglichkeiten von regelmäßigen Evaluationen durch die Bildungsorganisationen selbst weit hinausgeht. Bildungseinrichtungen könnten hier Kontakte zu Hochschulen mit Pädagogik-Fachbereichen knüpfen und zum Beispiel Diplomarbeiten zur Evaluation anspruchsvoller Fragestellungen anfertigen lassen.

Evaluationen bringen der Weiterbildungsorganisation zum Beispiel folgenden Nutzen:

- Sie ermöglichen es, das Erreichen von Lehr- und Lernzielen zu überprüfen.
- Sie messen die Zufriedenheit der Teilnehmenden und der Auftraggeber.
- Sie zeigen auf, ob die Leistungen der Lehrenden den definierten Ansprüchen gerecht werden.
- Sie lassen erkennen, ob die Organisationen ihren Bildungsauftrag erfüllen.
- Sie erheben Daten zur Steuerung der Organisation.

Was ist elementar bei der Evaluation?

 Die Gegenstände, der Rhythmus und der Umfang der Evaluation sollten eindeutig bestimmt werden. Im Qualitätsbereich Evaluation geht es um die Anwendung geeigneter Verfahren, Methoden, Instrumente, um zielorientiert die Ergebnisse und Erfolge der eigenen Bildungsarbeit zu erheben. Nur auf der Basis gezielter Evaluationen kann überprüft werden, ob die im Qualitätsbereich Bedarfserschließung erhobenen Bildungsbedürfnisse befriedigt werden konnten. Auch die Frage, ob Lernen gelungen ist, kann nur durch die Evaluation entsprechender Indikatoren beantwortet werden.

Dazu ist zunächst erforderlich, dass

- die Gegenstände der Evaluation bestimmt werden (Was wollen wir überprüfen?);
- der Umfang der Evaluation festgelegt wird (Wie groß soll die Untersuchungsgruppe sein?);
- der Zeitpunkt und der Rhythmus der Erhebung präzisiert wird (Wann soll die Evaluation stattfinden, wann soll sie gegebenenfalls wiederholt werden?).

Es ist nicht zwingend, dass die Evaluationen in allen Veranstaltungen durchgeführt werden. Die Organisationen können eine *begründete Auswahl* treffen und ihre Seminare dort analysieren, wo es Probleme zu lösen gilt oder sie sich den größten Nutzen versprechen.

 Es sollten geeignete Verfahren eingesetzt und in Bezug auf das Leitbild und die Definition gelungenen Lernens begründet werden. Nicht für jede Evaluationsfragestellung ist jede Methode gleichermaßen geeignet. (Ein Set von Evaluationsverfahren finden Sie im folgenden Kapitel, s. S. 94ff.) Das heißt, es ist vorab zu klären, welche Verfahren geeignet sind, um das herauszubekommen, was man wissen will. Um geeignete Verfahren auszuwählen, kann man sich zum Beispiel an folgenden Fragen orientieren:

- Inwiefern sind die verwendeten Verfahren und Rhythmen der Evaluation geeignet, Aussagen über das Realisieren der eigenen Ansprüche und das Erreichen der eigenen Ziele der Organisation zu machen?
- Inwiefern geben die verwendeten Verfahren der Evaluation und deren Ergebnisse Auskünfte über die Befriedigung der in der Bedarfserschließung erhobenen Bildungsbedürfnisse der Teilnehmenden?
- Inwiefern geben die verwendeten Verfahren der Evaluation und deren Ergebnisse Auskunft über die Lernerfolge und über gelungenes Lernen der Teilnehmenden?
- Inwiefern schaffen die verwendeten Verfahren und Rhythmen der Evaluation geeignete Voraussetzungen für die Lerner- und Kundenorientierung des Unternehmens?

 Die Analysen sollten bewertet, Konsequenzen aus den Evaluationsergebnissen sollten gezogen werden. Evaluationen dienen – wie erläutert – dazu, den Grad der Zielerreichung zu überprüfen und Daten zur Steuerung der Bildungsarbeit bereitzustellen.

Insofern ist es selbstverständlich, dass es nicht ausreicht, die Seminare nur zu evaluieren. Wichtig ist vor allem, dass aus diesen Erkenntnissen Konsequenzen für die Praxis der Organisation gezogen werden. Die Organisation sollte daher die Ergebnisse der Evaluationen bewerten und gemeinsam beraten, welche Konsequenzen daraus zum Beispiel für die Bildungsarbeit des Unternehmens abgeleitet werden. Auch hier sind also wieder die inhaltlichen Folgen von besonderem Interesse.

> Nehmen wir beispielsweise an, eine Zufriedenheitsabfrage in einer Bildungsmaßnahme für eine Agentur für Arbeit, zu der die Teilnehmenden verpflichtet wurden, ist äußerst positiv ausgefallen. Könnte dies vielleicht sogar daran liegen, dass der Seminarleiter keine großen Anforderungen gestellt hat, sich der Lernerfolg der Teilnehmenden also in bescheidenen Grenzen hielt? Die Teilnehmenden sind vielleicht genau deshalb zufrieden, weil sie sich nicht anstrengen mussten.
> Oder in einem anderen denkbaren Fall: Unmittelbar nach dem Kursende für eine Wiedereingliederungsmaßnahme in den Beruf sind die Teilnehmenden nicht besonders zufrieden, weil der Lernstoff dicht und die Zeit sehr knapp bemessen war. Erst durch eine Kaltabfrage nach drei Monaten stellt sich dann doch heraus, dass die ehemaligen Kursteilnehmer, das heißt die jetzigen Arbeitnehmer, doch viel gelernt haben, was ihnen nun im Arbeitsprozess zugute kommt. Deutlich wird an diesen Beispielen, dass punktuell erhobene Daten häufig gar nicht aussagefähig sind und dass ohne eine Bewertung des Zusammenhangs keine sinnvollen Konsequenzen in Richtung Beibehaltung oder Veränderung des Bildungsangebotes gezogen werden können.

Die Lehrenden sollten über die Evaluationsergebnisse informiert werden. Der Satz aus der anfänglichen Definition dieses Qualitätsbereichs »Auch die Einschätzung der Lehrenden sollte ein Teil der Evaluation sein« ist bewusst mehrdeutig formuliert. Er kann meinen, a) dass die Arbeit der Lehrenden evaluiert werden sollte, b) dass die Lehrenden die Teilnehmenden und die Weiterbildungsorganisation einschätzen oder c) dass die Lehrenden nach ihrer Bewertung der Evaluationsergebnisse befragt werden sollen.

Im Regelfall enthalten die Fragebögen zur Seminarevaluation Aussagen, die die Arbeit der Lehrenden durch die Teilnehmenden einschätzen lassen. Zwingend ist in jedem Fall, dass die Evaluationsergebnisse an die Lehrenden rückgekoppelt werden, damit diese sie kommentieren und Schlussfolgerungen für ihre eigene Arbeit daraus ziehen können. Dafür empfiehlt sich vor allem eine schriftliche Rückmeldung.

Die Rückmeldung der Evaluationsergebnisse kann eine wichtige Rolle bei der Beratung und Förderung der Lehrenden durch das pädagogische Personal (vgl. Kapitel »Der Lehr-Lern-Prozess: Wie kann die Qualität der Lehre gesichert werden?«, S. 75ff.) spielen. Die Evaluationsergebnisse können auch für die systematische Fortbildungsplanung für alle Beschäftigtengruppen (vgl. Kapitel »Personalentwicklung: Wie fördert man Mitarbeiterqualifikation und Arbeitsmotivation?«, S. 142ff.) genutzt werden.

Verschiedene Verfahren der Evaluation von Bildungsprozessen

Evaluation bedeutet übersetzt Erfassen und Bewerten. Pädagogische Evaluation dient der ganzheitlichen Bewertung von Lernumgebungen und Lehrverhalten, Lernprozessen und Lernerfolgen. Maßstab der Bewertung sind die Ansprüche und Ziele der Bildungsorganisation. Eine durchgeführte Evaluation gibt Auskunft darüber, ob die Bildungsbedürfnisse der Lernenden richtig erkannt und Bildungsinhalte in geeigneter Form vermittelt wurden.

Eine Evaluation bedient sich dabei *quantitativer und qualitativer Methoden*. Instrumente der quantitativen Evaluation sind zum Beispiel Fragebögen mit geschlossenen Fragen zum Ankreuzen. Zu den qualitativen Methoden zählen offene persönliche und telefonische Interviews und direkte mündliche Rückmeldung der Teilnehmenden zum Beispiel durch eine Blitzlichtrunde. Letztere sind im Sinne eines systematischen Verfahrens aber nur gültig, wenn die Ergebnisse der mündlichen Rückmeldungen protokolliert und ausgewertet werden.

Für die *begleitende (formative) Evaluation* einer Bildungsveranstaltung lassen sich viele fantasievolle Mittel einsetzen, angefangen vom Blitzlicht über sogenannte Thermometerabfragen, dem Malen von Bildern bis hin zu lebenden Standbildern oder Aufstellungen. Diese Methoden können zum Reflektieren und zum Gespräch über das Seminargeschehen beziehungsweise die individuellen Lernprozesse anregen und geben der Seminarleitung ein unmittelbares Feedback über die Stimmung. Auf diese Weise kann man im Verlauf der Veranstaltung steuernd eingreifen.

Ein Problem solcher Methoden ist die unzureichende Dokumentations- und Vergleichsmöglichkeit. Dies ist jedoch für Evaluationen im Rahmen eines systematischen Qualitätsmanagements unverzichtbar. Denn nur so können begründete und nachvollziehbare Konsequenzen für eventuell erforderliche Entwicklungsmaßnahmen gezogen werden. Für die Weiterbildungsorganisationen ist die Zufriedenheits- und Erfolgsbewertung ein wichtiger Indikator, ob die Adressaten erreicht und ihre Erwartungen erfüllt wurden. Hierfür ist die *abschließende (summative) Evaluation* zum Ende einer Veranstaltung unerlässlich.

Möglichen Abstumpfungstendenzen gegenüber Fragebögen kann durch Kürze, Konzentration auf das Wesentliche und eine übersichtliche Gestaltung entgegengewirkt werden. Wichtig ist auch eine *positive Haltung der Lehrkräfte* gegenüber der Evaluation, damit sie den Einsatz des Instruments entsprechend kommentieren. Außerdem sollten nur dort Fragebögen ausgegeben werden, wo die Auswertung sichergestellt ist. Durch einen sinnvollen und begründeten Rhythmus von Befragungen können in einem überschaubaren Zeitraum nach und nach alle Programmbereiche ohne Überforderung der Beteiligten evaluiert werden.

Man kann die Bedeutung der Befragungen hervorheben, indem die Evaluationsergebnisse regelmäßig in Kurzform im Bildungsprogramm veröffentlicht werden. Dadurch signalisiert man öffentlich, dass die Meinung der Kunden der Organisation wichtig ist.

Voraussetzung der Evaluation

Bevor Methoden und Fragen für die Evaluation ausgewählt werden können und die Evaluation durchgeführt werden kann, ist es erforderlich, die Ziele und die Soll-Zustände für die Evaluation zu bestimmen. Ohne eine klare Zielorientierung ist eine Evaluation nutzlos, weil die erhobenen Daten für die Auswertung keine Bezugsgröße haben, auf die hin sie bewertet werden können. Zielgrößen und Soll-Zustände für die Evaluation können zum Beispiel abgeleitet werden aus

- den Ansprüchen des Leitbildes,
- der Definition gelungenen Lernens,
- den allgemeinen Unternehmenszielen,
- den strategischen Entwicklungszielen,
- den Lehrzielen der Veranstaltungen,
- Vorgaben von Auftraggebern.

Die Evaluation der Bildungsarbeit sollte sich auf diejenigen Aspekte beziehen, auf die gestaltend Einfluss genommen werden kann.

Entwicklung evaluierbarer Fragestellungen

Nicht alle im Leitbild oder der Definition gelungenen Lernens enthaltenen Ziele lassen sich unmittelbar in überprüfbare Fragestellungen umwandeln (zum Beispiel lernen, selbst organisiert zu lernen). Es ist meistens zunächst notwendig, konkrete Lehrziele aufzustellen und entsprechende Indikatoren abzuleiten, um feststellen zu können, wann ein Ziel als erreicht gilt. Die Beantwortung der Frage, was die Teilnehmenden konkret können oder wissen sollen, ist eine Voraussetzung für die Evaluierbarkeit eines Ziels.

Um die Ziele weiter zu präzisieren müssen verschiedene Phasen durchlaufen werden, die durch verschiedene Verfahren unterstützt werden. Zum Beispiel wird das Ideal beziehungsweise die Vision des Leitbildes in einzelne Aussagen ausdifferenziert. Die Grobziele und die Feinziele werden festgelegt und Indikatoren formuliert. Aus didaktischen Operationalisierungen werden dann evaluierbare Fragestellungen gewonnen. Die Operationalisierung von Zielen wird in der Tabelle auf Seite 96 beispielhaft am Ziel »Selbstbestimmung« vorgeführt.

Beispiel: Operationalisierung evaluierbarer Fragestellungen

Phasen der Operationalisierung		
	Vorgehen	**Beispiele**
Ideal/Vision (im Leitbild)	Aussagen ausdifferenzieren	Selbstbestimmung; das Lernen lernen; selbst organisiert lernen
Grobziel	Festlegen	Formen selbst organisierten Lernens beherrschen
Feinziele	Sammeln, Brainstorming	Eigene Lernvorhaben entwickeln; Lerntechniken beherrschen; Medien organisieren; Umgang mit Selbstlernprogramm XY
Indikatoren »Die Teilnehmer können ...«	Sortieren, Zusammenfassen, Clustern, als beobachtbares Verhalten formulieren	... eigene Lernziele formulieren ... Lernschritte gliedern ... den Lernprozess selbst organisieren; ... Software XY bedienen ... ihre Fortschritte selbst überprüfen
Didaktische Operationalisierung	Lernergebnisse ausdifferenzieren zum Beispiel in Wissen, Können, Einstellungen usw.	Phasen der Eigenaktivität in Kurse einbauen; Metareflexion zum Lernprozess; Umgang mit Medien trainieren; Partizipation am Kursgeschehen
Evaluierbare Fragestellung	Übertragen auf Evaluationsform; anschließend Pretest	»Der Kurs bot Raum für Eigenaktivität ...« »Im Kurs wurde über den Lernprozess gesprochen.« »Ich beherrsche jetzt die Software XY.«

Deutlich an diesem Beispiel wird, dass die Operationalisierung von Lernzielen verschiedene Phasen durchläuft, in denen aus einem abstrakten Ziel vermittelt über das Festlegen beobachtbarer Verhaltensindikatoren Formulierungen von Aussagesätzen werden, die gegebenenfalls über eine Skalierung in einen Fragebogen evaluiert werden können.

Hinweise zum Erstellen von Fragebögen

Die beispielhaften Fragebögen dieses Kapitels können als Hilfe und zur Orientierung beim Erstellen der eigenen Fragebögen genutzt werden. Generell haben sich die folgenden Schritte bei der Erstellung eines Fragebogens als hilfreich erwiesen:

Erster Schritt: Zielbestimmung

- Genaue Bestimmung des Zieles, das mit dem Fragebogen verfolgt wird.
- Die Inhalte festlegen, über die der Fragebogen später Auskunft geben soll. Es sollten präzise Fragen gestellt werden.
- Gegebenenfalls einen einheitlichen Fragebogen für alle Bildungsangebote entwickeln, um diese besser miteinander vergleichen zu können.
- Formulierung eines ehrgeizigen, aber realistischen Zieles der Bildungsangebote, das als Maßstab bei der Evaluation dient.

Zweiter Schritt: Design

- Soll es ein verbindlich auszufüllendes Namensfeld geben oder wird die Befragung anonym durchgeführt?
- Welche möglichen Antworten soll es geben (stimmt voll und ganz, stimmt weitgehend, teils/teils, stimmt eher nicht, stimmt gar nicht)? Bei Skalierungen mit ungeraden Antwortvorgaben haben die Teilnehmenden die Möglichkeit mittlere Aussagen zu machen (zum Beispiel »teils/teils«); bei Skalierungen in geraden Zahlen wird eine eindeutige Tendenzaussage erzwungen. Beides hat Vor- und Nachteile – man kann sich entscheiden, was man bevorzugt.
- Gegebenenfalls kann Platz für schriftliche Kommentare und Vorschläge vorgesehen werden.

Dritter Schritt: Verpflichtung der Lehrenden

- Lehrende werden dazu verpflichtet, Zeit zum Ausfüllen der Fragebögen einzuplanen.
- Außerdem sollten sie möglichst 100 Prozent der Fragebögen wieder einsammeln.

Vierter Schritt: Auswertung

- Die Informationen sollten in einer Datenbank erfasst werden (zum Beispiel als Excel-Datei).
- Die Fragebögen nach Merkmalen auswerten, die Informationen liefern zum Beispiel zu den Fragen: Was hat in der Veranstaltung funktioniert/was nicht? Welche Wirkungen hat die Lehrveranstaltung erzielt/welche nicht? Welche Verbesserungsvorschläge wurden von den Teilnehmenden eingereicht?

- Vergleich des Fragebogenergebnisses mit den unter »Zielbestimmung« aufgestellten Zielen.
- Nachbesprechung der Fragebögen mit den Lehrkräften, gegebenenfalls auch mit Teilnehmenden.

Fünfter Schritt: Bearbeitung der Rückmeldungen

- Bei Auffälligkeiten (zum Beispiel, wenn sich Unzufriedenheiten häufen) die möglichen Ursachen umgehend bestimmen.
- Bildungsangebot gegebenenfalls neu am Lerner orientieren.

Generell gilt, dass es *den* richtigen Fragebogen nicht gibt. Es empfiehlt sich daher ein kontinuierliches Sichten und Vergleichen verschiedener Fragebögen anderer Bildungsanbieter, um hieraus geeignete Elemente zu übernehmen oder auf die eigenen Bedürfnisse hin anzupassen.

Am Ende dieses Kapitel finden Sie auf den Seiten101 bis 106 unterschiedliche Evaluationsbögen (A–D). Der Bogen E (Seite 107 und 108) ist allgemein gehalten, während das Beispiel F (Seite 109 bis 111) auf die Seminarinhalte, die Leistungen der Lehrenden und die Vermittlung fokussiert.

Subjektive Einschätzungen und intersubjektive Vergleiche

Da also die Einschätzung, ob ein Lernprozess gelungen ist, in letzter Instanz nur aus der subjektiven Sicht der Lernenden erfolgen kann, ist kein objektives Urteil in Bezug auf gelungenes Lernen möglich. Jeweils subjektive Einschätzungen von Lernerfolgen können allerdings durch einen intersubjektiven Vergleich objektiviert werden. Es kann interessant sein zu erfahren, ob Teilnehmende und Lehrende ein Seminar gleich oder unterschiedlich bewerten. Wird eine solche Evaluation mit einem Fragebogen durchgeführt, können die Bögen für Teilnehmende und Lehrende wechselseitig Bezug aufeinander nehmen. Dadurch erfolgen die Bewertungen aus verschiedenen Blickwinkeln, die miteinander verglichen werden können.

In der Anlage finden Sie jeweils zwei Fragebögen für Teilnehmende (A) und Lehrende (B), bei denen dieses Prinzip angewendet wurde. Diese beispielhaften Fragebögen sind als Anregung gedacht, die jede Organisation an ihre besonderen Bedürfnisse anpassen kann.

Prüfungen und Tests

Die Evaluation von Lernerfolgen wird klassisch durch Prüfungen oder Tests am Ende einer Lerneinheit durchgeführt. Sinnvoll kann auch eine Erhebung des

Wissensstandes zu Beginn und am Ende eines Seminars sein, um Fortschritte deutlich zu machen.

Dabei ist zu bedenken, dass zwar häufig von außen Erfolgskriterien formuliert werden können, beispielsweise dass die Teilnehmenden über eine bestimmte Menge an Vokabeln einer Fremdsprache verfügen. Darin erschöpft sich ein Lernziel aber nicht immer, weil eine rein quantitative Messung noch keine Aussage über die kommunikative Kompetenz in der Anwendung der Fremdsprache macht.

Noch problematischer wird es, wenn persönlichkeitsbezogene Lernerfolge wie gesteigertes Selbstbewusstsein gemessen werden sollen. In diesen Fällen ist es erforderlich, die Merkmale – wie oben erläutert – ganz genau zu präzisieren. Man sollte sich allerdings auch darüber im Klaren sein, dass die formulierten Indikatoren mitdefinieren, was man unter Selbstbewusstsein versteht und infolgedessen beobachtet. Andere mögliche Aspekte von Selbstbewusstsein bleiben dann unberücksichtigt. Darüber hinaus kann nicht immer angegeben werden, mit welchem Ziel die Lernenden selbst in das Seminar kamen.

Transferevaluationen

Wenn das Bildungsangebot zum Beispiel in einen betrieblichen Kontext eingebettet ist, kann es nützlich sein, die auftraggebende Instanz nach ihrer Einschätzung zu fragen, ob Fortschritte nach dem Seminarbesuch zu verzeichnen sind. Aber auch Führungskräfte und Vorgesetzte können nicht immer verlässlich einschätzen, ob die Mitarbeitenden durch die Fortbildung ihre beruflichen Tätigkeiten besser oder leichter bewältigen können und ob eine Erweiterung der Handlungsfähigkeiten stattgefunden hat. Auch außerhalb von beruflicher Bildung zeigt sich oft erst mit zeitlichem Abstand zu einem Seminar, ob dieses erfolgreich war.

Evaluation gliedert sich also nicht nur in verschiedene Themenkomplexe, sondern kann auch zu unterschiedlichen Zeitpunkten stattfinden. Üblicherweise wird hier von Heiß-, Warm- und Kaltabfrage gesprochen. *Heißabfrage* meint die direkte Befragung der Teilnehmenden am Ende eines Seminars, zum Beispiel durch ein »Blitzlicht« mit direkter mündlicher Einschätzung, wenn der Eindruck des Gelernten unmittelbar gegenwärtig ist. *Warmabfrage* meint eine erneute Befragung der Teilnehmenden etwa zwei bis vier Wochen nach dem Seminar. Dies kann anhand eines Bewertungsbogens (Fragebogen C) oder eines Telefonates mit zufällig ausgewählten Teilnehmenden geschehen. In einer darauf folgenden *Kaltabfrage* nach etwa drei Monaten kann die Nachhaltigkeit bewertet werden. Warmund Kaltabfragen zielen also auf die Einschätzung der Teilnehmenden zu einem Seminar ab, nachdem einige Zeit vergangen ist und sie mit Abstand zurückblicken. Warm- und Kaltabfragen gehen mit einem beträchtlichen administrativen Aufwand einher; daher ist im Einzelfall zu überlegen, ob ein solches Vorgehen noch im sinnvollen Verhältnis zu seinem Nutzen steht.

Um eine nachhaltige Wirkung einer Bildungsmaßnahme zu erzielen, kann ein »Transferplan« (Fragebogen D) eingesetzt werden. Anhand dieses Dokumentes machen die Teilnehmenden einen Vertrag mit sich selbst, anhand dessen sie später ihre persönliche Evaluation des Bildungsangebotes vollziehen können.

Die Fragebögen auf den folgenden Seiten sind für unterschiedliche Einsatzmöglichkeiten gedacht:

- Die Fragebögen A und B (S. 101–104) prüfen Elemente des Lern- und Lehrverhaltens komplementär ab.
- Im Fragebogen C (S. 105) können Teilnehmende ihre Rückmeldung vier Wochen nach Ablauf des Seminars geben.
- Damit die Bildungsmaßnahme auch wirklich nachhaltig wirkt, kann der dann folgende »Transferplan D« eingesetzt werden.
- Die beiden Fragebögen unter E (S. 107 und 108) sind einmal für die Teilnehmenden und einmal für die Kursleiter ausgeführt. Beide geben – zwar mit unterschiedlichen auf ihre jeweilige Perspektive zugeschnittenen Fragen – Antworten zum selben Kurs.
- Das Beispiel F (S. 109–111) ist ein Fragebogen, der stärker auf die Lerninhalte, die Leistung der Dozenten sowie die Methodik und Didaktik eingeht. Außerdem lässt dieser Bogen viel Raum für offene Antworten.

Fragebogen A für Teilnehmende (1)

So schätze ich den Unterricht und die Arbeit der Lehrenden ein:

	①	②	③	④
Die Erklärungen und Arbeitsaufgaben der Lehrenden sind verständlich formuliert.				
Die Lehrenden gehen auf Schwierigkeiten und Fragen von mir oder anderen Teilnehmenden ein.				
Die Dozenten geben mir Rückmeldung darüber, was ich schon gut kann und wo ich mich noch verbessern kann.				
Die Rückmeldungen und Verbesserungsvorschläge der Lehrenden sind hilfreich.				
Die Lehrenden nehmen Kritik oder Änderungswünsche von mir oder anderen Teilnehmenden auf.				
Ich habe das Gefühl, dass die Lehrenden meine besonderen Fähigkeiten und Schwierigkeiten berücksichtigen.				
Im Unterricht wird Zusammenarbeit und gegenseitige Unterstützung zwischen den Teilnehmenden gefördert.				
Der Unterricht und das Seminarmaterial sind abwechslungsreich gestaltet.				
Die Lehrenden stehen auch nach dem Seminar für Fragen zur Verfügung.				
Das Seminar eröffnet mir neue Möglichkeiten und Perspektiven für mein Alltagsleben.				
Die Inhalte und Ziele des Seminars sind mir wichtig.				
Ich bin mit dem Seminarverlauf und den Ergebnissen zufrieden.				

① stimmt voll und ganz
② stimmt weitgehend
③ stimmt eher nicht
④ stimmt gar nicht

Fragebogen A für Teilnehmende (2)

So schätze ich mein eigenes Verhalten und meinen eigenen Lernerfolg ein:

	①	②	③	④
Ich kenne die Unterrichtsziele und weiß, was von mir erwartet wird.				
Ich arbeite konzentriert und aktiv mit.				
Ich bringe meine Fähigkeiten und mein Wissen in das Seminar ein.				
Im Unterricht arbeite ich selbstständig.				
Wir (die Teilnehmenden) helfen und unterstützen uns gegenseitig.				
Ich fühle mich durch das Seminar gut auf die Prüfung vorbereitet.				
Ich beschäftige mich auch nach dem Seminar mit Aufgaben und Themen aus dem Unterricht.				
Ich wende das Gelernte im Alltag an.				
Bei Lernzielkontrollen kann ich die Aufgaben beantworten.				
Es fällt mir jetzt leichter zu lernen, als zu Beginn des Seminars.				
Ich habe durch das Seminar mehr Selbstbewusstsein gewonnen.				
Der Nutzen des Gelernten ist für mich so groß, dass es die Anstrengung wert ist.				

① stimmt voll und ganz
② stimmt weitgehend
③ stimmt eher nicht
④ stimmt gar nicht

Fragebogen B für Teilnehmende (1)

So schätze ich meinen Unterricht und meine Arbeit als Lehrende/r ein:

	①	②	③	④
Meine Erklärungen und Arbeitsaufgaben sind für die Teilnehmenden verständlich formuliert.				
Ich gehe auf Schwierigkeiten und Fragen der Teilnehmenden ein.				
Ich gebe den Teilnehmenden Rückmeldung darüber, was sie gut können und wo sie sich noch verbessern können.				
Meine Rückmeldungen und Verbesserungsvorschläge sind für die Teilnehmenden hilfreich.				
Ich nehme Kritik oder Änderungswünsche der Teilnehmenden auf.				
Ich berücksichtige die besonderen Fähigkeiten und Schwierigkeiten der einzelnen Teilnehmenden.				
Im Unterricht wird Zusammenarbeit und gegenseitige Unterstützung zwischen den Teilnehmenden gefördert.				
Der Unterricht und das Seminarmaterial sind abwechslungsreich gestaltet.				
Ich stehe auch nach dem Seminar für Fragen zur Verfügung.				
Das Seminar eröffnet den Teilnehmenden neue Möglichkeiten und Perspektiven für ihr Alltagsleben.				
Ich glaube, dass die Inhalte und Ziele des Seminars den Teilnehmenden wichtig sind.				
Ich glaube, dass die Teilnehmenden mit dem Seminarverlauf und den Ergebnissen zufrieden sind.				

① stimmt voll und ganz
② stimmt weitgehend
③ stimmt eher nicht
④ stimmt gar nicht

Fragebogen B für Teilnehmende (2)

So schätze ich das Verhalten und den Lernerfolg der Teilnehmenden ein:

	①	②	③	④
Die Teilnehmenden kennen die Unterrichtsziele und wissen, was von ihnen erwartet wird.				
Die Teilnehmenden arbeiten konzentriert und aktiv mit.				
Die Teilnehmenden bringen ihre Fähigkeiten und ihr Wissen in das Seminar ein.				
Im Unterricht arbeiten die Teilnehmenden selbstständig.				
Die Teilnehmenden helfen und unterstützen sich gegenseitig.				
Die Teilnehmenden sind durch das Seminar gut auf die Prüfung vorbereitet.				
Die Teilnehmenden beschäftigen sich auch nach dem Seminar mit Aufgaben und Themen aus dem Unterricht.				
Die Teilnehmenden wenden das Gelernte im Alltag an.				
Bei Lernzielkontrollen können die Teilnehmenden die Aufgaben beantworten.				
Es fällt den Teilnehmenden jetzt leichter zu lernen, als zu Beginn des Seminars.				
Die Teilnehmenden haben durch das Seminar mehr Selbstbewusstsein gewonnen.				
Der Nutzen des Gelernten ist für die Teilnehmenden so groß, dass es die Anstrengung wert ist.				

① stimmt voll und ganz
② stimmt weitgehend
③ stimmt eher nicht
④ stimmt gar nicht

Fragebogen C: Rückmeldung zum Seminar

Sehr geehrte Teilnehmerin, sehr geehrter Teilnehmer!

Seit Ihrer Teilnahme an unserem Seminar sind nun ungefähr vier Wochen vergangen. Mittlerweile können Sie noch besser einschätzen, wie nützlich das Erlernte tatsächlich war. Bitte nehmen Sie sich kurz Zeit, um die wenigen Fragen zu beantworten. Dadurch helfen Sie uns, unsere Veranstaltungen ständig zu verbessern. Vielen Dank für Ihre Unterstützung!

Veranstaltung:

Lehrende/r:

Termin:

Gesamtbeurteilung

Rückwirkend betrachtet bin ich mit dem Seminar zufrieden.

voll und ganz   ① ② ③ ④ ⑤ ⑥   überhaupt nicht

Inhalte der Veranstaltung

Die Inhalte des Seminars habe ich seither umgesetzt beziehungsweise waren in meiner Praxis hilfreich.

trifft voll zu   ① ② ③ ④ ⑤ ⑥   trifft überhaupt nicht zu

Methoden der Veranstaltung

Die Methoden des Seminars haben die praktische Umsetzung des Gelernten befördert.

trifft voll zu   ① ② ③ ④ ⑤ ⑥   trifft überhaupt nicht zu

Beurteilung

Ich würde jemandem in ähnlicher Situation, wie ich damals war, das Seminar empfehlen.

ohne Einschränkung   ① ② ③ ④ ⑤ ⑥   überhaupt nicht

Grund für die Beurteilung

Fragebogen D: Transferplan

Halten Sie hier bitte fest, welche Ideen und Anregungen Sie aus diesem Seminar zukünftig umsetzen und weiter verfolgen möchten. Schriftlich formulierte Ziele werden öfter umgesetzt als unverbindliche Absichtserklärungen. Durch Ihren persönlichen Transferplan können Sie so den Nutzen des Seminars selbst erhöhen.

Welche drei Ideen waren für Sie am wichtigsten? Was hat Ihnen daran besonders gefallen?

Welchen Nutzen wollen Sie hieraus ziehen? Welche konkreten Ziele wollen Sie erreichen?

Was ist der erste konkrete Schritt und wann werden Sie anfangen?

Was werden Sie tun, um Ihr Vorhaben auch wirklich in die Tat umzusetzen?

Gibt es etwas oder jemanden, der Sie bei Ihrem Vorhaben unterstützen kann?

Wann werden Sie Bilanz ziehen?

Fragebogen E für Teilnehmende

Sehr geehrte Teilnehmerin, sehr geehrter Teilnehmer!

Ihre Meinung ist uns wichtig. Ihre Angaben helfen uns, unser Angebot und unseren Service für Sie ständig weiter zu entwickeln. Vielen Dank für Ihre Mitarbeit!

Veranstaltungstitel:	Datum:
Kursleiter/in:	Raum:
	Gebäude:

Bitte ankreuzen

◯ normaler Kurs   ◯ Intensivkurs   ◯ Wochenendkurs   ◯ Bildungsurlaub
◯ Sonstiges

	☺		☺/☹		☹
	++	+	+/–	–	– –
Wie zufrieden waren Sie mit der Anmeldung?					
Wie hilfreich war die Kursberatung? ◯ Habe keine Beratung in Anspruch genommen					
Wie zufrieden waren Sie mit den Räumlichkeiten und der Ausstattung?					
Wie angemessen war die Menge des Unterrichtsstoffes?					
Wie anschaulich und verständlich wurde der Inhalt vermittelt?					
Wie hilfreich war der Einsatz von Medien/Arbeitshilfen/ Materialien/Geräten?					
Wie hoch schätzen Sie den Nutzen des Gelernten ein?					
Wie angenehm war die Atmosphäre in dieser Veranstaltung?					
Wie zufrieden waren Sie insgesamt mit dieser Veranstaltung?					
Welche Inhalte haben Sie vermisst? Was hat Ihnen besonders gefallen? Was könnte verbessert werden?					

Fragebogen E für Kursleiter

Sehr geehrte Kursleiterin, sehr geehrter Kursleiter!

Eine reibungslose und produktive Zusammenarbeit mit Ihnen ist Grundlage für die Zufriedenheit unserer Teilnehmerinnen und Teilnehmer. Daher ist uns Ihre Meinung wichtig. Vielen Dank für Ihre Mitarbeit!

Name	Datum:
	V-Nr.:
Veranstaltungstitel:	Raum:
	Gebäude:

Bitte ankreuzen

○ normaler Kurs   ○ Intensivkurs   ○ Wochenendkurs   ○ Bildungsurlaub
○ Sonstiges

| | ☺ | | ☺ | | ☹ |
	++	+	+/–	–	––
Wie war der Gesamtzustand des Unterrichtsraums?					
War die Raumgröße der Teilnehmerzahl angemessen?					
Standen Medien in ausreichender Zahl zur Verfügung?					
Standen andere Arbeitsmittel (Stifte, Kopierer etc.) zur Verfügung?					
Wie hilfreich war der eingesetzte Abenddienst?					
Wie beurteilen Sie die Zusammenarbeit mit den zuständigen Sachbearbeiter/innen?					
Wie zufrieden sind Sie mit der Betreuung durch den/die Fachbereichsleiter/in?					
Wie beurteilen Sie die Werbemaßnahmen?					
Wie informativ ist der Ankündigungstext?					
Hat der/die Fachbereichsleiter/in die Vertragsinhalte rechtzeitig mit Ihnen besprochen?					
Erhielten Sie rechtzeitig (aktuelle) Anwesenheitslisten?					
Wie funktioniert die Wiederanmeldung?					
Erhielten Sie ausreichende Informationen über Ihre Mitwirkungsmöglichkeiten?					
Ist das allgemeine Fortbildungsangebot ausreichend?					
Reicht das fachspezifische Fortbildungsangebot aus?					

Über Erläuterungen, Anregungen, Kritik auf der Rückseite des Bogens freuen wir uns!

Fragebogen F (1)

Seminar:

Lehrende/r:

Bitte geben Sie an, wie Sie die **Seminarinhalte** bewerten.

	①	②	③	④
Meine Erwartungen an die vermittelten Inhalte wurden erfüllt.				
Das Seminar hat einen guten Einblick in das Themengebiet ermöglicht.				
Der Stoff war so interessant, dass ich eine weitere Vertiefung für notwendig halte.				
Ich habe viele Anregungen für eine weitere Bearbeitung des Themas bekommen.				

Wie schätzen Sie die Leistungen des/der **Lehrenden** ein?

	①	②	③	④
Bei diesem/r Seminarleiter/in würde ich gerne nochmals an einem Seminar teilnehmen.				
Der/die Seminarleiter/in vermittelte den Stoff anschaulich und verständlich.				
Fragen und/oder kritische Anmerkungen wurden von dem/der Seminarleiter/in aufgenommen.				
Der/die Seminarleiter/in hat die Diskussion gefördert und zu guten Ergebnissen geführt.				
Der/die Seminarleiter/in war bei allen Themen gut vorbereitet.				
Der/die Seminarleiter/in konnte manche Fragen nur unzureichend beantworten.				

① stimmt voll und ganz
② stimmt weitgehend
③ stimmt eher nicht
④ stimmt gar nicht

Fragebogen F (2)

Seminar:

Lehrende/r:

Wie erlebten Sie die **Darstellung** des vermittelten Stoffes?

	①	②	③	④
Die theoretischen Ausführungen waren informativ und verständlich.				
Theorie und praktische Beispiele standen in einem guten Verhältnis.				
Es wurde gezielt darauf hingearbeitet, das Gelernte auch in die Praxis zu übertragen.				
Der/die Seminarleiter/in berücksichtigte den unterschiedlichen Kenntnisstand der Teilnehmenden.				
Man konnte durch die Übung richtig in die Thematik eindringen und sich mit ihr persönlich auseinandersetzen.				

① stimmt voll und ganz
② stimmt weitgehend
③ stimmt eher nicht
④ stimmt gar nicht

Hier bitten wir Sie um konkrete Rückmeldungen!

Positive Aspekte
(Besonders gut gefallen hat mir..., Besonders hilfreich war...)

Negative Aspekte

(In diesem Seminar fehlte mir..., Zu kurz kam mir..., Verärgert hat mich...)

Persönlicher Lernerfolg

(Das Wichtigste, das ich gelernt habe, ist..., Ein besonderer Lernerfolg war für mich...)

Vielen Dank für Ihre Unterstützung!

Lern- und Arbeitsinfrastruktur: Wie werden Räume zu Ermöglichungsräumen?

Definition Infrastruktur

Die Infrastruktur umfasst auf der einen Seite die räumlichen, ausstattungstechnischen, zeitlichen, materialen und medialen Bedingungen des Lernkontextes. Auf der anderen Seite gehören hierzu die räumlichen und technischen Arbeitsbedingungen der Beschäftigten. Bei Bildungsorganisationen mit Übernachtungsmöglichkeit kommen die Versorgungs-, Unterbringungs- und Freizeitbedingungen hinzu.

Die Nützlichkeit einer guten Lern- und Arbeitsinfrastruktur für Weiterbildungsorganisationen

Unzufriedenheit mit den Arbeitsbedingungen trotz Freude an der Arbeit

Die Erwerbstätigen in Deutschland haben überwiegend eine positive Einstellung zu ihrer Arbeit. Eine repräsentative Studie belegt, dass 72 Prozent der Befragten stolz auf ihre Arbeit sind und 64 Prozent mit Freude arbeiten. Die Bereitschaft, sich in die Arbeit einzubringen und sich selbst weiterzuentwickeln, ist bei zwei Dritteln der Beschäftigten sehr ausgeprägt. Trotzdem sind nur 46 Prozent mit ihrer Arbeitssituation zufrieden. 54 Prozent sind resigniert bis unzufrieden. Das liegt vielfach an der unzureichenden Arbeitsinfrastruktur.

In einer anderen großen Studie zur Qualität von Büroarbeit kommt heraus, dass nur etwa 40 Prozent der Büroarbeitsplätze gut bis sehr gut ausgestattet sind. Bei rund 60 Prozent besteht zum Teil erheblicher Verbesserungsbedarf.

Produktivitätsreserven der Arbeitsinfrastruktur sind unausgeschöpft

Die Arbeitswissenschaft hat herausgefunden, dass ein gutes Umfeld zu mehr Identifikation der Beschäftigten mit dem Unternehmen, zu mehr Einsatzbereitschaft und gesteigerter Leistungsfähigkeit führt. Das Fraunhofer Institut hat errechnet, dass die Produktivitätsrate in deutschen Büros bei nur 60,7 Prozent liegt, das heißt, knapp 40 Prozent Leistungsreserven liegen brach. Ausbaden müssen diesen Zustand die Beschäftigten durch Arbeitsverdichtung sowie unnötige Tätigkeiten aufgrund mangelhafter Ausstattung und Missmanagement. Die Arbeitsinfrastruktur ist nicht nur eine Wertschätzung gegenüber den Arbeitenden, sondern auch ein realer Produktivitätsfaktor der Unternehmen.

Räume sind Lebensräume

Räume, in denen wir uns aufhalten, sind keine einfachen Kästen – es sind Lebensräume! Die Leiblichkeit der Menschen benötigt Raum. Räume wirken konstituierend auf die Leiblichkeit zurück. Sie haben ästhetische, praktische, kulturelle und soziale Komponenten:

- *Die ästhetische Seite der Räume:* Räume werden von den Menschen wahrgenommen und erlebt. Licht, Farbe, Einrichtung etc. beeinflussen unser Befinden.
- *Die praktische Seite der Räume:* Räume werden in Besitz genommen, benutzt, gebraucht. Sie sind praktisch oder unhandlich und beeinflussen unser Tun.
- *Die kulturelle Seite der Räume:* Räume werden mit Sinn und Bedeutung aufgeladen. Räume sind Symbole, sie zeigen, wer wir sind oder wie wir sein sollen.
- *Die soziale Seite der Räume:* Räume sind Orte der Kommunikation und Begegnung. Sie stiften eine bestimmte Form des sozialen Umgangs.

Räume sind nicht nur Umgebungen des Arbeitens und Lernens, sondern dessen Bedingungen. Sie sind nicht nur Kontexte, sondern auch Medium und Mittel. Sie schaffen Sicherheit und Orientierung, regen an oder ermöglichen Konzentration, schaffen Motivation und setzen Kreativität frei. Oder sie tun das Gegenteil von alledem.

Gute Räume verbessern die Lernleistungen

Es ist heute hinlänglich bekannt, dass die Gestaltung und Ausstattung von Bildungsräumen wichtige Faktoren sind, um eine anregende Lernatmosphäre herzustellen. Daher haben die Rahmenbedingungen einen nicht zu unterschätzenden Einfluss auf den Lernerfolg. Räume können anregen oder blockieren, wirken warm und behaglich oder kalt und abstoßend. Die Ausstattung in Form von Material und Medien unterstützt aktives Lernhandeln oder beschränkt die Lernenden auf vorwiegend rezeptives Verhalten. Schon allein die Anordnung von Tischen und Stühlen hat einen Einfluss auf die innere Haltung der Lernenden zum Lerninhalt, zur lehrenden Person, zur gesamten Bildungsorganisation.

Kino- beziehungsweise Theaterbestuhlung in Sitzreihen richtet die Aufmerksamkeit auf die vorn stehende Person aus und ist damit gut geeignet für Vortragsveranstaltungen. Mitschreiben an Tischen ist möglich. Die Teilnehmenden sind allerdings in einer Empfängerhaltung. Gruppenprozesse sind schwieriger. Zwischen den Teilnehmenden herrscht kein Blickkontakt.

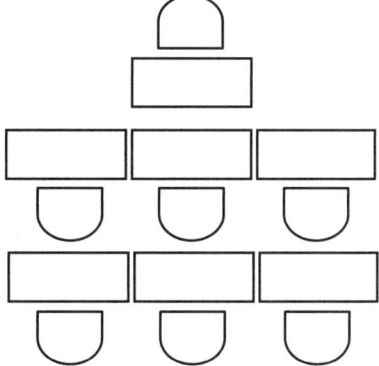

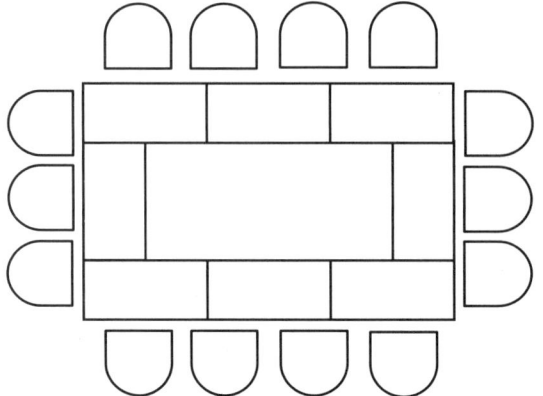

Ein Viereck aus Tischen zeigt die Gleichberechtigung aller Beteiligten auf und fördert die Diskussion. Die Orientierung auf den Dozenten ist abgeschwächt. Die Teilnehmenden haben gleich gute Kommunikationschancen. Blickkontakt ist zwischen allen möglich. Die Tische bieten Platz für Unterlagen.

Stuhlkreise ohne Tische oder mit kleinen Beistelltischen ermöglichen den Lernenden schneller von ihrem Platz aufzustehen und sich aktiv an der Erarbeitung der Inhalte zu beteiligen. Letzteres wird besonders durch den Einsatz von Pinnwänden und Moderationsmaterial unterstützt. Alle können Blickkontakt zueinander haben. Für moderationsunerfahrene Teilnehmerinnen und Teilnehmer ist diese Sitzordnung ungewohnt. Ohne Beistelltische gibt es keine Ablagemöglichkeit für Unterlagen.

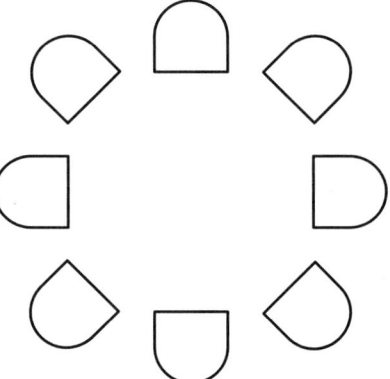

Einzeltische fördern die Gruppenarbeit und ermöglichen es dem Dozenten sich im Raum zwischen den Tischen zu bewegen und gezielt Gruppen beim Lernen zu beraten und zu unterstützen. Diese Anordnung erleichtert eine Differenzierung bei unterschiedlichen Leistungsniveaus der Teilnehmenden. Der Dozent kann die Gesamtgruppe aber nicht so gut im Blick behalten. Die Teilnehmenden einer Tischgruppe haben nur wenig Kontaktmöglichkeiten zu den anderen Tischgruppen.

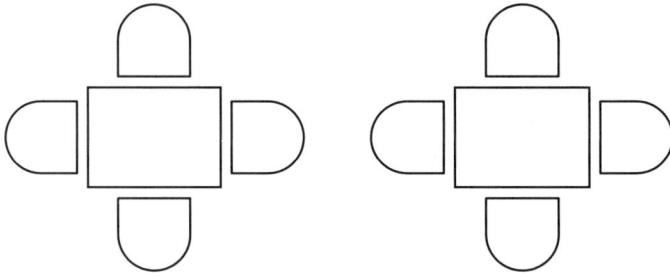

Lernorte und Ausstattung müssen lernerorientiert gestaltet werden, um gelungenes Lernen optimal zu unterstützen. Dies ist ein Bereich, in dem die Qualität einer Bildungseinrichtung sehr stark und unmittelbar vom Lernenden mit allen Sinnen wahrgenommen wird. Lernende spüren – wenn auch nicht immer bewusst –, ob die Umgebung sie beim Lernen unterstützt oder behindert, ob Räume ihnen die Wertschätzung der Bildungsorganisation signalisieren oder Desinteresse. Die Bedeutung der Infrastruktur für die Qualität der Bildung ist daher kaum zu überschätzen.

Auch Bildung braucht Design

Bildungsangebote und Bildungsdienstleistungen lassen sich schwerer verkaufen als Produkte, weil man sie nicht vorzeigen, betrachten und anfassen kann. Dienstleistungen sind immateriell, gewissermaßen lebendig und nur bedingt standardisierbar. Sie entstehen im Prozess ihrer Realisierung. Das bedeutet, der Kunde kauft mit einem Vertrauensvorschuss in den Anbieter, weil er die Qualität der Dienstleistung tatsächlich erst nach ihrer Erledigung beurteilen kann. Deshalb braucht auch die Bildungsdienstleistung ein Design, das sich nicht unwesentlich in der Infrastruktur des Bildungsanbieters niederschlägt.

Was für gutes Produktdesign gilt, gilt gleichermaßen für Bildungsdesign: Es geht darum, das Äußere aus der Perspektive des Anwenders zu gestalten, um ihm die Nutzung leicht, verständlich, angenehm und ästhetisch zu machen. Gerade solche am Menschen orientierte Dienstleistungen sollten daher mit sinnlichen Erfahrungen verknüpft werden, die der Kunde be-greifen kann. Diese gegenständlichen Merkmale umfassen alle sinnlich erfahrbaren Aspekte der Bildungsdienstleistung: optische, haptische, olfaktorische und akustische Faktoren, mit denen Kunden in Berührung kommen.

Das kann beginnen bei der grafischen und inhaltlichen Gestaltung der Angebote in Programmheften oder Ankündigungen, geht über die Gestaltung der Räumlichkeiten, des Lichtes, der Belüftung bis hin zu den Materialien und Medien, mit denen der Lernende arbeitet beziehungsweise die in seinem Lernprozess zum Einsatz kommen.

Weiß gestrichene Räume ohne Bilder wirken kalt. Ein leichter Grünton mit unaufdringlichen Bildern an den Wänden macht hingegen eine einladende Atmosphäre;  der Blick findet Halt an gestalterischen Artefakten im Raum. Tiefe Decken können schnell bedrückend wirken; höhere Räume schaffen »Luft« für Assoziationen und Ideen. Neonröhren führen zu einer gleichmäßig hellen Beleuchtung des Raumes. Strahler, die sogar gedimmt werden können, ermöglichen es, Lichtinseln im Raum zu schaffen, die die Konzentration der Lernenden fördern können. Amtsstuben und manche Schulräume riechen nach Bohnerwachs oder Putzmittel. Lernen kann hingegen auch durch geeignete, unaufdringliche Beduftung des Raumes unterstützt werden. Ein Teppichboden führt zu einer anderen subjektiven Raumtemperatur als ein gefliester Fußboden. Fenster, die sich öffnen lassen, ermöglichen eine natürlichere Belüftung als Klimaanlagen. Und nicht zuletzt sind farbige Lernmaterialien mit Bildern und Grafiken mit einer entsprechenden Schrifttype und -größe für die Teilnehmenden zugänglicher und abwechslungsreicher als »Bleiwüsten« oder schlichte Schwarz-Weiß-Kopien.

Raumdidaktische Kompetenzen

Räume dienen immer einem bestimmten Zweck. In unserem Kontext geht es um Arbeiten und Lernen. Raumbedingungen sind Arbeits- und Lernbedingungen. Deshalb brauchen Weiterbildner raumdidaktisches Wissen und raumdidaktische Kompetenzen. Damit sind Kenntnisse und Fähigkeiten bezeichnet, die dazu eingesetzt werden, Räume bewusst in ihrer Wirkung für geeignetes Arbeiten und Lernen zu gestalten. Das betrifft

- die *Raumgestalt:* Architektur, Raumform, Größe, Höhe etc.
- die *Raumausstattung:* Möblierung, Geräte, Technik, Werkzeuge etc.
- die *Raumstimmung:* Farben, Akustik, Temperaturen, Licht, Schmuck etc.

Raumdidaktische Kompetenzen betreffen die Fähigkeit der Pädagoginnen und Pädagogen, sowohl die Geeignetheit von Gebäuden und Räumen für bestimmte Tätigkeiten des Arbeitens und Lernens zu beurteilen als auch die Räume für die definierten Zwecke auszugestalten. Dabei geht es darum, eine bewusst geplante Verbindung herzustellen zwischen den Gegenständen und der Form des Arbeitens und Lernens und den dafür erforderlichen räumlich-technischen Bedingungen. Wesentlich für die Gestaltung der Räume ist also die Tätigkeit, die in ihnen ausgeübt werden soll.

Gute Räume haben viele Vorteile, zum Beispiel:
- Sie drücken die Kultur und die Unternehmensidentität aus.
- Sie sind anregend und fördern die Kommunikation.
- Die Arbeitenden und Lernenden fühlen sich wertgeschätzt.
- Die Arbeits- und Lernleistungen werden verbessert.

Was ist grundlegend bei der Infrastruktur?

 Die Kriterien für die Qualität von Lernorten und Ausstattungen sollten definiert werden. Die Kriterien für die Qualität ihrer Lernorte kann jede Organisation in Bezug auf ihre konkreten Bildungsaufgaben nur selbst festlegen. Folgende Gesichtspunkte können dabei zum Beispiel Berücksichtigung finden.

Seminarraum und Ausstattung

- angemessene Raumgröße, geeigneter Grundriss;
- ausreichende Höhe der Decke;
- Bereiche zum Experimentieren beziehungsweise selbst organisierten Lernen;
- Ergonomie und Beweglichkeit des Mobiliars, zum Beispiel Klapptische auf Rollen, gegebenenfalls verdeckter Stauraum für nicht benutztes Mobiliar;
- Sitzordnung leicht veränderbar, beispielsweise bequeme, stapelbare Stühle, gegebenenfalls auf Rollen;
- Ablageflächen, Schränke (falls notwendig abschließbar), Regale ;
- flexible, verschiebbare Raumelemente oder Raumteiler;
- Ungestörtheit beziehungsweise ausreichender Lärmschutz;
- gute Akustik;
- gute Lichtverhältnisse, zum Beispiel Tageslicht, aber auch Flexibilität der Beleuchtung sowie leicht handhabbarer Sonnen- beziehungsweise Blendschutz;
- angenehmes Raumklima, gute Belüftung, einfach zu regulierende Heizung;
- beklebbare Wände für Wandzeitungen, Lernposter und vieles mehr, gegebenenfalls entsprechende Halterungen;
- dezente Farbgestaltung;
- geeignete Bodenbeläge, Holz, Kork, Stein oder Fliesen, Linoleum oder antistatischer Teppichboden;
- lernförderliche Gerüche;
- genügend Steckdosen;
- Müllentsorgung, das heißt, ausreichend und große Papierkörbe, die regelmäßig geleert werden, eventuell mit Hinweisen auf das Mülltrennungssystem;
- ökologische und ergonomische Gesichtspunkte, behindertengerechte Zugangsweise und Einrichtung;
- allgemeine Raumästhetik, zum Beispiel Sauberkeit, aber auch Bilder, Pflanzen oder Blumen, Deko-Elemente, Gardinen, Vorhänge oder Jalousien und vieles mehr;
- die Möglichkeit Getränke und gegebenenfalls Gebäck oder Obst im Raum einzunehmen;
- angrenzende, separate, helle und freundlich eingerichtete Pausenräume.

Unterrichts- beziehungsweise Seminarmaterialien

- abwechslungsreich und die unterschiedlichen Lerntypen ansprechend;
- verständlich und lesbar;
- gut gegliedert und übersichtlich;

- ergänzt durch Bilder, Grafiken, Beispiele, Checklisten und vieles mehr;
- praktisch nutzbar, aktivierend, zum Beispiel mit Übungen;
- dem aktuellen Stand des Wissens entsprechend;
- passend zum Thema;
- angemessen im Umfang;
- weiterführende Literaturhinweise und Informationsquellen sowie
- Werkstoffe und Materialien, die zum Einsatz kommen.

 Erklärende Texte sprechen vor allem rationale Lerntypen an. Bilder und Grafiken erleichtern optisch orientierten Menschen den Zugang. Vorträge oder der Einsatz von Hör-CDs sind gut für akustisch ausgerichtete Lerner. Übungen mit Checklisten oder Ähnlichem sind gut für diejenigen, die über das eigene Tun lernen.

Medien
- technische Geräte funktionsfähig, zugänglich und leicht bedienbar (beispielsweise Projektoren, PC/Laptop, Beamer, Video- und CD/Kassettenrekorder, Digitalkamera, Mikrofon/Lautsprecheranlage, Maschinen, Werkzeuge);
- flexibler Projektionstisch, gegebenenfalls Rednerpult, Laserpointer, Verlängerungskabel und andere zusätzliche Ausstattungen;
- Moderationsausstattung komplett und einsatzfähig (Pinnwände, Pinnwandpapier, Karten, Stifte, Nadeln und Nadelkissen, Schere, Klebstifte, Klebeband etc.);
- White-Board mit entsprechenden Stiften und Reinigungssystem, Flipchart mit ausreichend Flipchartpapier, integrierte Projektionsfläche etc.;
- Internet zugänglich, Wireless LAN, gegebenenfalls Telefon;
- Bibliothek, Fachbücher, Nachschlagewerke;
- Sport- und Spielgeräte;
- analoge und digitale Lernspiele beziehungsweise didaktische Tools.

Im Folgenden sind einige technische Ausstattungsgegenstände aufgeführt und die Vor- und Nachteile bei einem didaktischen Einsatz aufgelistet. Dies kann als Orientierungshilfe beim Einsatz von technischen Hilfsmitteln dienen.

Ausstattung: **Flipchart**	
Vorteile:	**Nachteile:**
• Darstellungen können vorbereitet sein oder im Seminar entwickelt werden. • Die Bögen sind nach hinten umfaltbar, sodass Notizen auch wieder hervorgeholt werden können. • Die entwickelten Schaubilder können an der Wand aufgehängt werden. • Karten, Fotos, grafische Darstellungen können aufgeklebt werden. • Innerhalb des Seminarraumes leicht zu transportieren.	• Das Erstellen von Skizzen und Grafiken während des Seminars erfordert einige Übung. • Wichtig ist eine gut lesbare Handschrift.
Größe der Lerngruppe: Kleingruppen bis 30 Personen	
Zubehör: Flipchart, Papierbögen, Stifte, gegebenenfalls Kleber	

Ausstattung: **Pinnwand und Moderationskoffer**	
Vorteile:	**Nachteile:**
• Präsentationen können zu Hause vorbereitet werden. • Gut geeignet für Präsentationen oder zur begleitenden Entwicklung von Schaubildern. • Mithilfe von Nadeln können Karten angebracht und umgesteckt werden. • Mit Pinnwandpapier ausgestattet können Pinnwände beschrieben werden.	• An der Wand befestigte Pinnwände sind nicht flexibel nutzbar. • Frei im Raum stehende Pinnwände können instabil sein. • Größerer Raumbedarf. • Gut lesbare Handschrift auch bei den Teilnehmenden erforderlich.
Größe der Lerngruppe: maximal 20 Personen (Faustregel: 1 Pinnwand je 3 Personen)	
Zubehör: Pinnwände, Nadeln, verschieden geformte farbige Moderationskarten, Stifte, Kleber – am besten ein gut ausgestatteter Moderationskoffer	

Ausstattung: **White-Board**	
Vorteile:	**Nachteile:**
• Leichter zu beschreiben als herkömmliche Tafeln. • Kein Kreidestaub.	• Ergebnisse sind vorübergehend. • Das Board kann bei ungünstigem Licht spiegeln.
Größe der Lerngruppe: bis zu 20 Personen	
Zubehör: White-Board, wasserlösliche Stifte, Schwamm	

Ausstattung: **Diaprojektor**

Vorteile:	**Nachteile:**
• Die Leuchtkraft der Farben und Transparenz des Bildes sowie die Projektion auf eine große Fläche bieten vielfältige Einsatzmöglichkeiten.	• Kann vom gesprochenen Inhalt ablenken. • Raum muss in der Regel verdunkelt werden.

Größe der Lerngruppe: 60 und mehr Personen

Zubehör: Diaprojektor, Strom (Steckdose/Verlängerungskabel), Projektionswand, Projektionstisch, Laserpointer, gegebenenfalls Ersatzbirne

Ausstattung: **Overheadprojektor**

Vorteile:	**Nachteile:**
• Kreative Gestaltung von Folien möglich. • Folien sind wieder verwendbar. • Bilder unterstützen gesprochenen Text.	• Wirkt leicht eintönig, wenn die Folien nur Schrift und keine Farben enthalten. • Raum muss gegebenenfalls verdunkelt werden.

Größe der Lerngruppe: bis zu 200 Personen

Zubehör: Overheadprojektor, Strom (Steckdose/Verlängerungskabel), Folien, Folienstifte, Laserpointer, gegebenenfalls Ersatzbirne

Ausstattung: **Beamer mit Laptop**

Vorteile:	**Nachteile:**
• Gut geeignet für PowerPoint-Präsentationen. • Bilder können gut eingebunden werden. • Es können auch Filme gezeigt werden.	• Ermüdend, wenn die Präsentation nur aus Schrift besteht. • Einzelne Darstellungen bleiben nur für die Dauer der Projektion sichtbar. • Oft frontalorientierter Vortragsstil.

Größe der Lerngruppe: bis zu 200 Personen

Zubehör: Laptop, Beamer, Strom (Steckdose/Verlängerungskabel), Laserpointer, gegebenenfalls Ersatzbirne

Ausstattung: **CD-Player beziehungsweise Kassettenrekorder**	
Vorteile:	**Nachteile:**
• Es kann Musik gespielt werden. • Sprach-CD kann eingesetzt werden.	• Gut geeignet für Yoga-Seminare oder Ähnliches. • Hohe Konzentration beim Zuhörer erforderlich.
Größe der Lerngruppe: bis zu 15 Personen	
Zubehör: CD-Player beziehungsweise Kassettenrekorder, Strom (Steckdose/Verlängerungskabel), CDs beziehungsweise Kassetten	

Ausstattung: **Fernseher und Videorekorder beziehungsweise DVD-Player**	
Vorteile:	**Nachteile:**
• Reichhaltiges Angebot von Filmen zu verschiedenen Themen; zum Teil kostenfrei auszuleihen. • Einzelne Sequenzen in Filmen können durch Vor-/Zurückspulen eingesehen werden.	• Filme wirken teilweise ermüdend, da sich das Auge auf einem kleinen Bildschirm kaum bewegen muss. • Raum muss in der Regel verdunkelt werden.
Größe der Lerngruppe: maximal 15 Personen	
Zubehör: Fernsehgerät, Videorekorder beziehungsweise DVD-Player, Stromanschluss, Videokassette beziehungsweise DVD, Tisch/Ständer	

 Die Qualität der Lernorte und Ausstattungen sollte regelmäßig anhand dieser Kriterien überprüft werden. Aus den gerade beispielhaft genannten und beliebigen weiteren Qualitätskriterien für die Lerninfrastruktur kann sich die Organisation eine Prüfliste zusammenstellen, anhand derer regelmäßige Kontrollen durchgeführt werden. Die Überprüfungen sollten regelmäßig erfolgen und die Ergebnisse dokumentiert werden. Es geht also um eingeführte systematische Verfahren. Die regelmäßigen Prüfungen dienen der Sicherung der Qualität der Lerninfrastruktur und können aufzeigen, welcher Verbesserungsbedarf in der Organisation besteht.

 Die Kriterien für die Qualität der Arbeitsbedingungen der Beschäftigten sollten definiert werden. Die Kriterien für die Qualität der Arbeitsbedingungen ihrer Beschäftigten kann jede Organisation in Bezug auf ihre konkreten Arbeitsaufgaben nur selbst festlegen. Folgende Gesichtspunkte können dabei zum Beispiel Berücksichtigung finden.

Arbeitsplatz
- Ergonomie der Möblierung;
- Flexibilität und Beweglichkeit der Möblierung;
- ausreichend Platz für Ablagen;
- gute Lichtverhältnisse;
- akustische Verhältnisse, nicht zu laut;
- Raumklima, Heizung, Belüftung;
- eigener Arbeitsplatz oder Desk-Sharing;
- Einzelbüro oder Mehrpersonenbüro;
- Raumform;
- Raumaufteilung;
- Ambiente (Farben, Schmuck, Pflanzen etc.).

Information und Technik
- Zugriff auf Informationen, Daten, Unterlagen etc.;
- informationstechnologische Geräte (Computer, Drucker, Scanner) inklusive Software;
- Internetzugang, gegebenenfalls Wireless LAN;
- Telefonanlage;
- Arbeitsgeräte, Maschinen, Pinnwand, Flipchart oder White-Board;
- Verbrauchsmaterialien;
- Sicherheitsbedingungen;
- Schnelligkeit der Reparatur bei auftretenden Fehlern.

Kooperationsprozesse
- Kontaktmöglichkeiten zu Kolleginnen und Kollegen;
- Raum für Projektarbeit und Besprechungen;
- technische Vernetzung, Intranet;
- gemeinsame Terminkalender.

Arbeitsgebäude und Arbeitsumfeld
- allgemeiner Gebäudezustand außen und innen;
- behindertengerechte Zugänge;
- ökologische Aspekte;
- Vorhandensein von Aufzügen;
- Lage der Arbeitsräume zueinander;
- Raum für kurzfristige Erholung (beispielsweise Cafeteria, Pausenraum, Außenanlage);
- Entsorgungsbedingungen;
- Gestaltung der Flure;
- Aufenthaltsräume für Kunden und Gäste.

Die Qualität der Arbeitsbedingungen sollte regelmäßig anhand dieser Kriterien überprüft werden. Aus den gerade genannten und noch beliebigen weiteren Qualitätskriterien für die Arbeitsinfrastruktur lässt sich ebenfalls eine Prüfliste zusammenstellen, anhand derer Kontrollen durchgeführt werden können. Es ist wichtig, dass die Überprüfungen regelmäßig stattfinden und die Ergebnisse dabei auch dokumentiert werden. Die systematischen und regelmäßigen Prüfungen dienen der Qualitätssicherung der Arbeitsinfrastruktur und können aufzeigen, wo ein Verbesserungsbedarf besteht.

 Die Organisation sollte auf der Basis der Qualitätsprüfungen Verbesserungsanstrengungen unternehmen. Es kann von keiner Bildungsorganisation verlangt werden, dass sich die gesamte Infrastruktur immer auf dem neuesten Stand befindet. Wichtig ist jedoch, dass sich die Organisation durch regelmäßige Prüfungen Kenntnis darüber verschafft, auf welchem Stand sie derzeit ist. Wenn Defizite entdeckt wurden, sollten diese auch beseitigt werden.

Nicht immer können Organisationen nach ihrem Belieben gestaltenden Einfluss auf die Arbeits- und Lernbedingungen nehmen. Bestimmte Bereiche obliegen gelegentlich vorgesetzten Instanzen (zum Beispiel der Kommune) oder Kooperationspartnern, deren Räume mitbenutzt werden (zum Beispiel Schulen). Diese Tatsache ist aber keine Entschuldigung dafür, überhaupt keine Verbesserungsanstrengungen zu unternehmen.

Oft sind es bereits Kleinigkeiten (zum Beispiel ein neuer Wandanstrich), die zu deutlich wahrnehmbaren Verbesserungen führen. Darüber hinaus ist es auch möglich, die Ergebnisse der eigenen Qualitätsevaluationen der Infrastruktur zu nutzen, um bei Entscheidern im Sinne der Verbesserung der Lern- und Arbeitsbedingungen Einsichten hervorzurufen. Externen Partnern (zum Beispiel Hotels und Tagungsstätten) können bei der Buchung dann entsprechende Qualitätsanforderungen übermittelt werden.

 Die Verfügbarkeit und Einsatzfähigkeit der Medien (gegebenenfalls Maschinen, Werkzeuge) sollten sichergestellt sein und regelmäßig überprüft werden. Bei dieser Anforderung geht es darum, die Verfügbarkeit und Funktionstüchtigkeit von Material und Medien sicherzustellen. Durch entsprechende *systematische Verfahren* soll sichergestellt werden, dass Lehrende und planend-administrativ Beschäftigte verlässlich auf die für ihre Arbeit wichtigen Medien zugreifen können. Die eingesetzten Verfahren und die Rhythmen ihrer Anwendung müssen systematisch und personenunabhängig eingeführt sein, um Verlässlichkeit zu gewährleisten. Die Wiederherstellung der Funktionstüchtigkeit, das heißt, Reparaturen oder Ersatzbeschaffungen, muss verbindlich geregelt sein, damit etwaige Defekte nicht erst im Seminar entdeckt werden und dadurch das Lehr-/Lerngeschehen stören.

Die durchgeführten Qualitätsmaßnahmen sollten in Bezug auf das Leitbild und die Definition gelungenen Lernens begründet sein. Die Qualität der Infrastrukturbedingungen bezieht sich auf die bestmögliche Unterstützung von Lernen und Arbeiten in der Weiterbildungsorganisation. Deshalb sollten die durchgeführten Qualitätsmaßnahmen in Bezug auf das Leitbild und die Definition gelungenen Lernens begründet sein. Eine entsprechende Begründung kann jede Organisation im Hinblick auf ihre spezifischen Ziele selbst erstellen. Dabei können zum Beispiel die folgenden Fragen helfen:

- Worin genau drückt sich die Lernerorientierung in der Lerninfrastruktur aus?
- Inwiefern tragen die infrastrukturellen Bedingungen zu einem guten Arbeiten der Beschäftigten und zur Förderung der Arbeitsleistung im Interesse der Kunden bei?
- Auf welche Weise tragen lern- und arbeitsstrukturelle Bedingungen dazu bei, das nach außen kommunizierte Leitbild und die Corporate Identity der Organisation auszudrücken?
- Wie werden raumdidaktische Gestaltungen und Verbesserungen im Interesse der Beschäftigten und der Lernenden organisiert?

 Bildungsstätten mit Unterkunfts- und Verpflegungswirtschaft sollten regelmäßig überprüfen, ob Lebensort und Ausstattung adressatengerecht sind und den Bedürfnissen der Teilnehmenden entsprechen. Diese Anforderung betrifft alle infrastrukturellen Bedingungen für die Kunden der Organisation jenseits der Arbeitsbedingungen der Beschäftigten und der unmittelbaren Lernbedingungen. Es geht also um die Hotel- und Gaststättenleistungen sowie um die Sport- und Freizeitbedingungen. Die Qualitätskriterien können sich zum Beispiel beziehen auf:

Unterkünfte
- Ausstattung der Zimmer;
- Bettenanzahl in einem Zimmer;
- sanitäre Anlagen;
- Medienverfügbarkeit (TV, Telefon, Internetzugang) in den Zimmern;
- behindertengerechte Einrichtung.

Verpflegung
- Art der Ernährung;
- Anzahl und Vielfalt der angebotenen Essen;
- Verwendung biologischer und regionaler Produkte;
- Flexibilität der Essenszeiten.

Freizeitangebote
- Angebot und Art der Freizeitmöglichkeiten;
- Sportmöglichkeiten, Schwimmbad, Sauna etc.;
- Organisation von Ausflügen und Besichtigungen.

Hier gilt sinngemäß das Gleiche, was für die Überprüfungen der Lern- und Arbeitsbedingungen festgestellt wurde. Die Organisationen legen zunächst fest, was sie für adressaten- und bedürfnisangemessen halten und definieren entsprechende Prüfkriterien, die in eine Prüfliste Eingang finden. Für die dann durchgeführten Prüfungen sollten wieder systematische Verfahren personenunabhängig implementiert sein. Die Ergebnisse dieser Überprüfungen sollten zu entsprechenden Verbesserungsanstrengungen führen.

Ein Verfahren der Qualitätssicherung von Arbeitsbedingungen

Hauptberufliche Pädagoginnen und Pädagogen sind als Angestellte von Weiterbildungsorganisationen in der Regel die Bildungsmanager, das heißt, sie sind die Administratoren und Organisatoren der Weiterbildung. Ihre Haupttätigkeit findet an Büroarbeitsplätzen statt, die allerdings oft genug keine Qualität haben, die der Arbeit wirklich förderlich ist. Hier Abhilfe zu schaffen ist dringend geboten, wenn es darum geht, Arbeit für die Beschäftigten befriedigend und dadurch für die Organisation insgesamt effizient zu gestalten. Dazu dient das folgende Qualitätswerkzeug.

Die Überprüfung der Qualität der Büroarbeitsplätze

Verfahrenserklärung: Der Fragebogen auf der nächsten Seite kann eingesetzt werden, um die Qualität von Büroarbeitsplätzen zu analysieren und zu bewerten. Es wird von jedem Mitarbeitenden für den eigenen Arbeitsplatz und dessen Umfeld ausgefüllt.

Die Auswertung wird vorgenommen, indem alle Punkte zusammengezählt werden. Der Vergleich mit der auf Seite 127 angegebenen Punktetabelle ermöglicht eine Gesamteinschätzung der jeweils individuellen Arbeitsplatzqualität.

Durch eine Betrachtung der einzelnen Qualitätsaussagen können diejenigen Bereiche schnell identifiziert werden, in denen Verbesserungen erforderlich sind. Wertungen mit 4 und schlechter verweisen auf dringende Verbesserungsbedarfe. Hier sollten Verbesserungen nicht lange hinausgezögert werden.

Fragebogen zur Qualität des eigenen Büroarbeitsplatzes

Arbeitsplatz

Die ergonomische Qualität der Möblierung (Sitz- und Arbeitshöhe, Einstellmöglichkeiten von Stühlen und Tischen, Platzverhältnisse etc.) meines Büros ist ...

sehr gut   ⑥ ⑤ ④ ③ ② ①   sehr schlecht

Für meine Tätigkeiten sind die Büromöbel (Tische und Stühle auf Rollen, Tische einbeziehungsweise ausklappbar oder Ähnliches) flexibel genug veränderbar.

stimmt voll und ganz   ⑥ ⑤ ④ ③ ② ①   stimmt überhaupt nicht

Die Seh- und Lichtverhältnisse (Tageslicht, Beleuchtung, Sonnenschutz, Blendschutz) an meinem Büroarbeitsplatz sind ...

sehr gut   ⑥ ⑤ ④ ③ ② ①   sehr schlecht

Die akustischen Verhältnisse (Ruhe, Lärmschutz etc.) meines Büros sind ...

sehr gut   ⑥ ⑤ ④ ③ ② ①   sehr schlecht

Das Raumklima (Heizung, Belüftung) an meinem Arbeitsplatz ist ...

sehr gut   ⑥ ⑤ ④ ③ ② ①   sehr schlecht

In meinem Büro habe ich genügend Ablagemöglichkeiten für meine Unterlagen.

stimmt voll und ganz   ⑥ ⑤ ④ ③ ② ①   stimmt überhaupt nicht

Ich habe schnellen und unkomplizierten Zugriff auf allgemeine Informationen, Daten, Unterlagen der Organisation.

stimmt voll und ganz   ⑥ ⑤ ④ ③ ② ①   stimmt überhaupt nicht

Die Büroform eignet sich für meine derzeitige Tätigkeit ...

sehr gut   ⑥ ⑤ ④ ③ ② ①   sehr schlecht

Die Raumaufteilung und die Anordnung des Arbeitsplatzes/der Arbeitsplätze ist ...

sehr gut   ⑥ ⑤ ④ ③ ② ①   sehr schlecht

Das Ambiente (Farben, Schmuck, Pflanzen, Bilder und so weiter) meines Büros ist insgesamt ...

sehr gut   ⑥ ⑤ ④ ③ ② ①   sehr schlecht

Arbeitsausstattung

Die informationstechnologische Ausrüstung meines Arbeitsplatzes (Computer inklusive Software, Internetzugang, Drucker, Scanner) ist ...

sehr gut   ⑥ ⑤ ④ ③ ② ①   sehr schlecht

Unser Intranet ist überschaubar aufgebaut und die Datenbestände sind gut gepflegt.

stimmt voll und ganz   ⑥ ⑤ ④ ③ ② ①   stimmt überhaupt nicht

Meine Telefonanlage ist für meine Zwecke geeignet (Umleitungsmöglichkeiten, Freisprecher, Anrufbeantworter, Headset und Weiteres mehr).

stimmt voll und ganz ⑥ ⑤ ④ ③ ② ① stimmt überhaupt nicht

Für meine Tätigkeit erforderliche Medien (Pinnwand, Flipchart, White-Board oder Ähnliches) sind in meinem Büro vorhanden.

stimmt voll und ganz ⑥ ⑤ ④ ③ ② ① stimmt überhaupt nicht

Weitere für mich erforderliche Arbeitsgeräte (beispielsweise Kopiergerät, Schneide- und Bindemaschinen) sind für mich zugänglich und erreichbar.

stimmt voll und ganz ⑥ ⑤ ④ ③ ② ① stimmt überhaupt nicht

Reparaturen bei auftretenden Fehlern werden in kürzest möglicher Zeit erledigt.

stimmt voll und ganz ⑥ ⑤ ④ ③ ② ① stimmt überhaupt nicht

Alle Verbrauchsmaterialien sind immer in ausreichender Anzahl vorhanden.

stimmt voll und ganz ⑥ ⑤ ④ ③ ② ① stimmt überhaupt nicht

Die Sicherheitsstandards werden eingehalten.

stimmt voll und ganz ⑥ ⑤ ④ ③ ② ① stimmt überhaupt nicht

Arbeitsumfeld

Es gibt ausreichende und geeignete Räume für Projektarbeit und Besprechung.

stimmt voll und ganz ⑥ ⑤ ④ ③ ② ① stimmt überhaupt nicht

Unsere Büros sind insgesamt so angeordnet, dass ich die Kolleginnen und Kollegen, mit denen ich kooperiere, schnell erreichen kann.

stimmt voll und ganz ⑥ ⑤ ④ ③ ② ① stimmt überhaupt nicht

Über Anwesenheits- und Abwesenheitszeiten meiner Kolleginnen und Kollegen, mit denen ich kooperiere, bin ich informiert.

stimmt voll und ganz ⑥ ⑤ ④ ③ ② ① stimmt überhaupt nicht

Geeigneter Raum für kurzfristige Erholung (Pausenraum, Cafeteria) ist bei uns vorhanden.

stimmt voll und ganz ⑥ ⑤ ④ ③ ② ① stimmt überhaupt nicht

Die Gestaltung der Flure ist ...

sehr gut ⑥ ⑤ ④ ③ ② ① sehr schlecht

Der Allgemeinzustand unseres Gebäudes außen und innen ist ...

sehr gut ⑥ ⑤ ④ ③ ② ① sehr schlecht

Büroqualität	Punkte insges.	Verbesserungsbedarf	Eigene Punktzahl
sehr gut	125 – 144	keiner oder geringfügig	
gut	97 – 124	in begrenztem Maße	
kritisch	61 – 96	in erheblichem Maße	
fatal	24 – 60	absolut zwingend	

Die Organisation auf Kurs halten: Wie führt man zielorientiert?

Definition Führung

Führung umfasst alle Steuerungen von Prozessen und ist eine Funktion, um die Arbeit aller Mitarbeitenden zu koordinieren. Leitung bezeichnet in Organisationen darüber hinaus eine Vorgesetztenposition, die mit einer besonderen Führungsverantwortung verbunden ist. Sie verantwortet das Einführen und Weiterentwickeln eines Managementsystems einschließlich der Qualitätsentwicklung. Leitungs- und Führungshandeln drücken sich im Herbeiführen, Treffen und Kontrollieren von Entscheidungen aus. Entscheidungen geben dem Organisationshandeln Gestalt und Richtung und schaffen damit Sicherheit für alle Beteiligten, in ihrer Arbeit entsprechend zu handeln. Leitung und Führung können auf verschiedenen organisationalen Ebenen angesiedelt sein und wahrgenommen werden.

Der Wert von Führung in Organisationen

Führung gibt dem Arbeits- und Organisationshandeln Gestalt und Richtung

Der Qualitätsbereich Führung fragt danach, wie das Unternehmen gesteuert wird. Jede Organisation wird geführt; eine Organisation ohne Führung ist schlechterdings unmöglich. Die Frage ist deshalb, *wie* das Unternehmen geführt wird: zielorientiert oder zufallsgesteuert, beteiligungsorientiert oder autokratisch, transparent oder durch verdeckte Machtverhältnisse? Führung beginnt, wenn Menschen ihre Arbeit organisieren und dabei sich selbst, ihre Zeiten und die Inhalte ihrer Arbeit planen und durchführen. Führung setzt sich darin fort, wie die Einzelnen durch die Qualität ihrer (Zu-)Arbeit die in der Prozesskette nachfolgende Arbeit ihrer Kolleginnen und Kollegen beeinflussen.

Führung bezieht sich schließlich auf die Gesamtsteuerung des Unternehmens. Führung findet also immer und auf allen Ebenen der Organisation statt; sie ist nicht mit Leitungsverantwortung zu verwechseln, wenn auch Leitungskräfte eine besondere Führungsverantwortung haben.

Führung ist Dienstleistung für die Organisation

Das Umfeld von Organisationen ist heutzutage turbulent und in ständigem Wandel begriffen. Dies stellt stabile, auf Dauer angelegte Organisationsstrukturen radikal infrage. Damit verbunden ist ein tiefgreifender Funktionswandel von Führung. Führung hat heute dynamische Stabilität zu gewährleisten, wo früher Hierarchien für Halt sorgten.

Viele Führungskräfte sind auf diesen Rollenwechsel noch nicht ausreichend vorbereitet, weil sie noch der alten Organisationswelt mit ihren hierarchischen Führungsstrukturen verhaftet sind. In einer Welt beweglicher, lernfähiger Organisationsverhältnisse ist Führung eine Funktion im Rahmen der Leistungserbringungsprozesse des Unternehmens, die die Rahmenbedingungen für die Funktionstüchtigkeit der jeweiligen Organisationseinheiten zu gestalten hat. Vor dem Hintergrund der hohen Eigenkomplexität künftiger Organisationen entsteht für Führung die paradoxe Anforderung, einerseits die weitgehend autonomen Subsysteme in ihrer eigensinnigen Funktionsweise zu fördern, sie aber gleichzeitig in ihrer Autonomie im Interesse der Überlebensfähigkeit des Ganzen zu begrenzen.

Führung ist Dienstleistung für das Gesamtunternehmen, richtet sich also nicht in erster Linie an einzelne Personen, sondern an Einheiten und Verantwortungsbereiche, deren Leistungsfähigkeit sie ermöglicht.

Führung schafft Kommunikationsstrukturen

Der permanente Veränderungsdruck des Marktes sowie die nötige größere Flexibilität und Selbstständigkeit der Organisationseinheiten vervielfachen den Abstimmungsaufwand sowohl in horizontaler als auch in vertikaler Hinsicht. Angesichts dieser Notwendigkeit in vermehrtem Maße miteinander zu kommunizieren, besteht eine zentrale Führungsaufgabe darin, problemadäquate Kommunikationsstrukturen zu schaffen und effiziente Begegnungs- und Austauschformen zu gestalten.

Immer da, wo Sachverhalte nicht mehr eindeutig und klar sind, also bei fast allen wichtigen Entscheidungen, muss mit Unsicherheiten gerechnet werden. Eine Möglichkeit, diese Unsicherheit zu reduzieren, ist, den in der Organisation »verstreuten« Sachverstand kommunikativ zu bündeln. Ob man sich auf ein völlig neues Geschäftsfeld einlassen will oder eine ganz neue Angebotsform für Bildungsveranstaltungen ausprobieren möchte, immer werden bei Erneuerungen Investitionen in Sachmittel und Personal eingeplant werden müssen, die dann andernorts nicht mehr zur Verfügung stehen. Auch ist das Risiko zu bedenken, was passiert, wenn die Zukunftsplanungen sich nicht realisieren lassen. Es kommt daher auf eine gute Vorbereitung von Entscheidungen an, bei denen viele verschiedene Positionen und Ansichten berücksichtig werden sollten.

Die Kommunikationsstrukturen bilden häufig den entscheidenden Engpass angesichts des Komplexitätsgrades heutiger Organisationsverhältnisse. Die Qualität der Kommunikation ist nicht nur ausschlaggebend für das Umsetzen von Veränderungen, sondern schafft gleichzeitig Verbindlichkeit und Orientierung in einer komplexen Realität. Mithilfe von adäquaten Kommunikationsstrukturen kann die Führung die richtige Balance herstellen zwischen komplexitätsreduzierender Beruhigung und komplexitätssteigernder Dynamisierung der Organisation. Nur diese dynamische Balance zwischen Stabilität und Varietät ist entwicklungsfördernd; die Überbetonung jeweils einer Seite verhindert Entwicklung.

Die Aufgaben von Leitungs- und Führungskräften

- Übernahme von Gesamt- und Erfolgsverantwortung für das Unternehmen.
- Management von Finanzen, Personal und Ressourcen.
- Steuerung von Prozessen und Kooperationen.
- Schaffung von Kommunikationsstrukturen.
- Management von Informationen und Wissen.
- Treffen von Entscheidungen.
- Vereinbarung von Zielen und Kontrolle von Ergebnissen.
- Verantworten von Qualitätsentwicklung und kontinuierlichen Verbesserungen.
- Strategische Planung und Gestaltung von Veränderungen.

Was ist entscheidend bei der Führung von Mitarbeitern?

 Die Organisation des Unternehmens sollte dargestellt sein. Jedes Unternehmen hat eine Aufbau- und eine Ablauforganisation, das heißt, es ist strukturell in Abteilungen oder Subsysteme geordnet, und der Prozess, eine Leistung für die Organisation zu erbringen, ist in irgendeiner Weise geregelt. Das Unternehmen kann hierarchisch oder als Prozessorganisation aufgebaut sein. Komplett hierarchielose Organisationen kann es nicht geben, weil mindestens immer eine juristisch verantwortliche Leitungsinstanz oder Geschäftsführung anderen Funktionsbereichen übergeordnet ist. Der Aufbau wird am besten in einem Organigramm – einem Abbild der Organisation – wiedergegeben. Eine solche Darstellung der Organisationsform unterstützt die interne Kooperation und Leistungserbringung, weil dadurch Zuständigkeiten, Schnittstellen und Kommunikationswege klar werden. Auf der Seite 131 befinden sich zwei Beispiele, wie die Organisation dargestellt werden könnte.

 Führungsgrundsätze sollten vereinbart und schriftlich fixiert sein. Was sind Führungsgrundsätze? – Die Politik eines Unternehmens findet ihren Ausdruck in mehr oder weniger expliziten Unternehmensgrundsätzen und in Leitbildern, die das Verhalten aller Mitarbeitenden regeln und darüber hinaus angeben, welcher unternehmerischen Vision, welchen Werten, Normen und Idealen die Organisation verpflichtet ist. Zu den Unternehmensgrundsätzen gehören unter anderem auch die Führungsgrundsätze, die das vom Unternehmen erwartete Verhalten von Vorgesetzten gegenüber ihren Mitarbeiterinnen und Mitarbeitern beschreiben.

Führungsgrundsätze schaffen eine normative Grundlage, anhand deren das Führungsverhalten überprüft und beurteilt werden kann. Durch Führungsgrundsätze

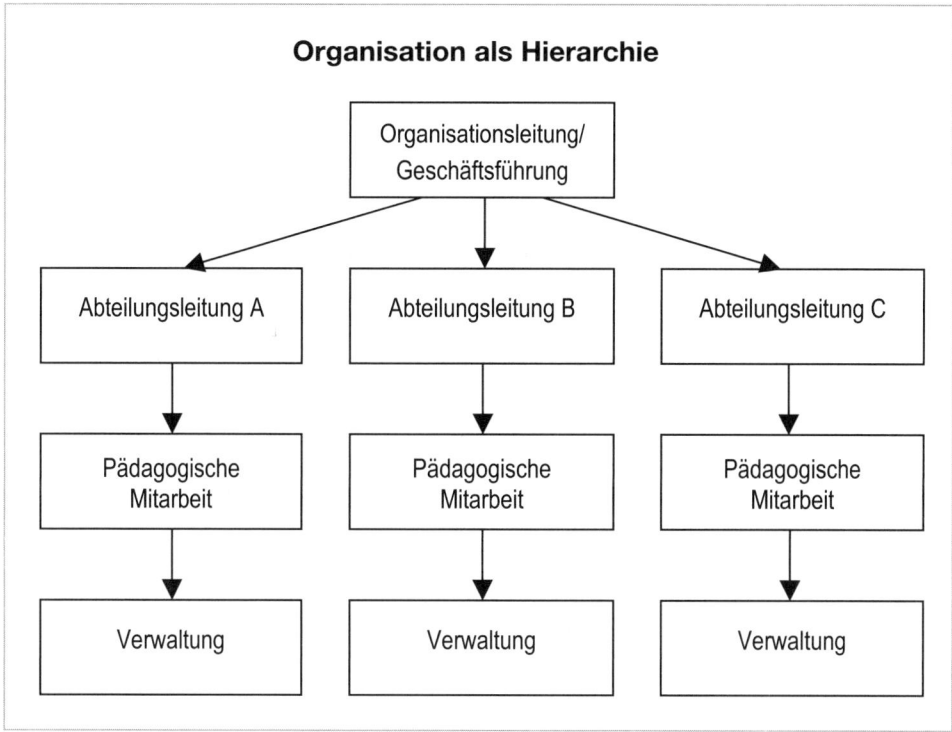

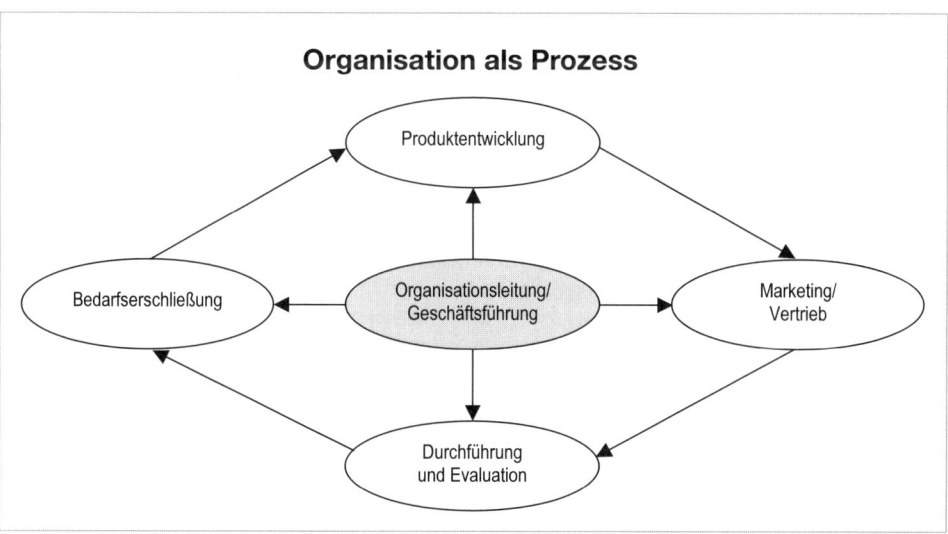

wird ein einheitliches Führungsverhalten angestrebt, um eine Gleichbehandlung des Personals zu gewährleisten. Gleichzeitig nehmen transparente Führungsgrundsätze Vorgesetzte in die Pflicht, sich ihrer Bedeutung und Vorbildfunktion in der Personalführung stärker bewusst zu werden.

Die Wirksamkeit von Führungsgrundsätzen ist daran gebunden, dass diese von der Unternehmensleitung anerkannt werden und die Unternehmensleitung selbst bereit ist, ihr Verhalten danach auszurichten und an den festgesetzten Maßstäben messen zu lassen.

Führungskräfte haben letztlich keine Wahl zwischen werteorientierter und wertfreier Führung; sie können lediglich wählen zwischen einem bewussten Umgang oder einem weitgehend unreflektierten Umgang mit ihren impliziten Werteorientierungen. Führung ist zu großen Teilen immer menschenbezogenes Handeln und deshalb per se werteorientiert. Die Führungskräfte müssen die Werte des Unternehmens nach innen und außen zum Ausdruck bringen. Sie müssen mit ihrer Person normativen Anspruch und gelebte Realität zur Deckung bringen, um eine Kultur des Vertrauens und der Wertschätzung zu ermöglichen und um nicht an Glaubwürdigkeit einzubüßen. Nur kraft eines wertebasierten Vorbildverhaltens der Führungskräfte kann die Loyalität der Mitarbeitenden auf Dauer gesichert werden.

Führungsgrundsätze können beispielsweise folgendermaßen formuliert sein:

Unsere Führungskräfte

- tragen die Gesamtverantwortung für unser Unternehmen und erledigen ihre Führungsaufgaben als Dienstleistung für die Funktions- und Leistungsfähigkeit des Gesamtunternehmens.
- managen die Finanzen und Ressourcen des Unternehmens unter wirtschaftlichen Gesichtspunkten und streben gezielt den Unternehmenserfolg an.
- kommunizieren umfassend und wertschätzend mit den Mitarbeitenden und beteiligen diese an Entscheidungen, wo immer es geht.
- kommunizieren wertschätzend mit unseren Kunden und setzen sich persönlich für das Marketing und den Vertrieb unserer Produkte und Dienstleistungen ein.
- schaffen adäquate Informations- und Kommunikationsstrukturen; sie sorgen für Transparenz und Informiertheit im Unternehmen.
- vereinbaren Arbeits- und Leistungsziele mit den ihnen zugeordneten Mitarbeiterinnen und Mitarbeitern und kontrollieren die entsprechenden Ergebnisse.
- sorgen für die Personalentwicklung und Fortbildung der Mitarbeitenden; sie führen regelmäßig Mitarbeiterentwicklungsgespräche durch.
- verantworten die Qualitätsentwicklung des Unternehmens und sorgen für kontinuierliche Verbesserungen und Innovationen.
- gestalten die Zukunft des Unternehmens durch strategisches Management und systematische Weiterentwicklung der Organisation gemäß den Anforderungen unserer Umwelt und Märkte.

Wie kommt man zu Führungsgrundsätzen? – Führungsgrundsätze können von der Unternehmensleitung auf der Basis des Leitbildes, der Unternehmenswerte und -grundsätze, der Vision und der Mission des Unternehmens aufgestellt, schriftlich festgehalten und in der Organisation kommuniziert werden. Es ist auch denkbar, in diesem Prozess die Mitarbeitenden zu befragen und sie aufzufordern zu beschreiben, wie sie Führung in der eigenen Organisation erleben. Diese erlebte Praxis kann dann in die Formulierung der Führungsgrundsätze einfließen.

Gelegentlich kann es vorkommen, dass Führungsgrundsätze von hierarchisch übergeordneten Instanzen vorgeschrieben werden. Das bedeutet: Die betroffene Organisation darf nicht selbstständig eigene Führungsgrundsätze aufstellen, sondern muss diese zum Beispiel vom Träger oder von der Stadtverwaltung übernehmen. Dann stellt sich aber immer noch die Frage, wie die vorgeschriebenen Führungsgrundsätze konkret in die Praxis umgesetzt und ausgefüllt werden sollen.

Führungsgrundsätze gelten als vereinbart, wenn sie offiziell in der Organisation bekannt gegeben sind und die Führungskräfte damit ihr Verhalten an den genannten Grundsätzen ausrichten beziehungsweise wenn sie davon ausgehen müssen, dass ihr Verhalten von den Mitarbeitenden auf der Basis der Führungsgrundsätze beobachtet und bewertet wird.

Besonders hilfreich ist es daher, wenn die Leitungs- und Führungskräfte in definierten Abständen von den ihnen zugeordneten Mitarbeiterinnen und Mitarbeitern ein schriftliches Feedback bekommen. Dies kann dadurch geschehen, dass die einzelnen Führungsgrundsätze in einer Skala aufgeführt werden, bei der der Grad ihrer Erfüllung angekreuzt werden kann (s. S. 138).

 Die Verfahren, wie in der Organisation entschieden wird, sollten definiert und dokumentiert sein. Organisationen bestehen wesentlich aus Entscheidungen, die aufeinander Bezug nehmen und auf diese Weise die Organisation beziehungsweise deren Aufgabenerledigung steuern und auf Kurs halten. Führen bedeutet vor allem, Entscheidungen zu treffen und deren Einhaltung zu kontrollieren.

Die letzte Verantwortung für Entscheidungen einer Organisation liegt zwangsläufig immer bei der juristisch verantwortlichen Leitung. Wer wofür verantwortlich ist, regeln verbindlich Geschäftsordnungen, Satzungen und Ähnliches. Nachgeordnete Entscheidungen des alltäglichen Arbeitsprozesses sollten grundsätzlich die Instanzen treffen, die auch die Arbeitsverantwortung für diese Entscheidungen übernehmen. Fachlich Zuständige, Betroffene und/oder Sachverständige sollten aber in die Entscheidungsfindung einbezogen werden, um die Substanz, Angemessenheit und Durchsetzungschancen von Entscheidungen zu erhöhen.

Um Entscheidungen transparent, demokratisch legitimiert, substanziell und eindeutig zu treffen, könnte man sich zum Beispiel an folgendes Verfahren halten:

1. Das zur Entscheidung anstehende Problem wird von der Entscheidungsinstanz klar beschrieben, denkbare Entscheidungsalternativen werden aufgezeigt.
2. Die vorgegebenen Entscheidungsprämissen beziehungsweise die nicht entscheidbaren Rahmenbedingungen werden genannt.
3. Die zuständige Entscheidungsinstanz erarbeitet – gegebenenfalls unter Einbeziehung weiteren Sachverstands – einen ersten Lösungsvorschlag für das zur Entscheidung anstehende Problem.
4. Dieser Vorschlag wird den Betroffenen, den für die Umsetzung Zuständigen und gegebenenfalls weiteren Sachverständigen zur Diskussion, Stellungnahme, Kritik und Modifikation vorgelegt.

5. Die Entscheidungsinstanz trifft nach Abwägung der Stellungnahmen und Veränderungsvorschläge eine eindeutige Entscheidung.

6. Die Entscheidungsinstanz kommuniziert die getroffene Entscheidung und kontrolliert deren Umsetzung.

 Instrumente und Verfahren der internen Kommunikation und Information sollten festgelegt und eingeführt sein. Das Wissensmanagement in Organisationen ist zu einem strategischen Erfolgsfaktor geworden. Nur wenn sichergestellt ist, dass die entsprechenden Informationen auch da vorhanden sind, wo sie gebraucht werden, kann Arbeit auf qualitativ hohem Niveau erfolgen. Entscheidungen und Vereinbarungen müssen intern dokumentiert und für alle, die es betrifft, schnell zugänglich sein, zum Beispiel im Intranet. Das heißt, es muss sichergestellt sein, dass getroffene Entscheidungen und vereinbarte Regelungen allen Beschäftigten bekannt sind; nur dann kann nach ihnen gehandelt werden.

Zur internen Kommunikation und Information eignen sich regelmäßige Besprechungen und Konferenzen, aber auch interne Bulletins, Rundbriefe, Mitarbeiterinformationen und sonstige Berichtssysteme.

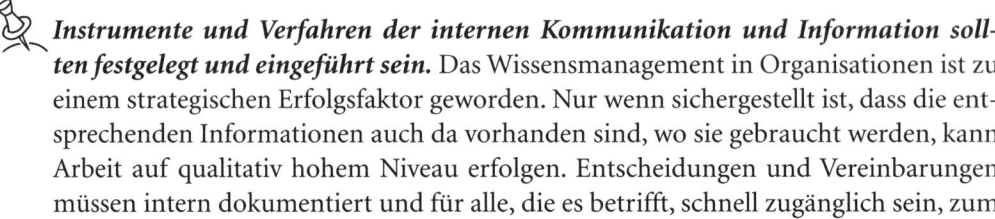 *Zielvereinbarungen sollten regelmäßig getroffen, dokumentiert und überprüft werden.* Zielvereinbarungen dienen dazu, konkrete Arbeitsziele für unterschiedliche Funktionsbereiche und Funktionsstellen festzulegen. Sie betreffen den Beitrag der jeweiligen Position/Stelle in der Organisation zum Gelingen der gesamtorganisatorischen Aufgaben beziehungsweise zum Erreichen der Ziele der Gesamtorganisation. Zielvereinbarungen stehen daher immer in einem Ableitungsverhältnis zu den Organisationszielen.

Ohne dass Ziele vereinbart werden, kann Arbeit nicht koordiniert und ergebnisorientiert stattfinden. Wenn Ziele unklar sind, ist Arbeit ungerichtet und schwer zu planen. Die Arbeitsziele der unterschiedlichen Funktionsbereiche oder Stellen in einer Organisation müssen abgestimmt sein, um erfolgreich die erforderlichen Arbeitsergebnisse herzustellen. Die Zeiträume, für die Ziele vereinbart werden, hängen ab von den Zeiträumen, in denen bestimmte Dinge oder Projekte zu erledigen sind beziehungsweise bestimmte Ergebnisse vorliegen müssen. Inhalte und Erledigungsperioden für Arbeitsergebnisse sind der Organisation im Regelfall von außen, also durch Kunden, Auftraggeber und Abnehmer, vorgegeben. Das Controlling hat den Zweck, die Arbeit zu steuern und ist nicht mit arbeitsvertragsrelevanten Beurteilungsgesprächen zu verwechseln.

Zielvereinbarungen können in Vier-Augen-Gesprächen zwischen Vorgesetzten und einzelnen Mitarbeitern getroffen werden. Es ist aber auch denkbar, dass Ziele für einzelne Stellen und/oder Funktionsbereiche in Teamgesprächen mit allen Beteiligten vereinbart werden. Diese Zielvereinbarungen müssen schriftlich dokumentiert werden, um hinsichtlich Zielerreichung und Ergebnisqualität überprüfbar zu sein.

Für das Festlegen von Zielen gelten generell die auf Seite 135 dargestellten Grundsätze, die helfen, dass die Ziele auch erreicht werden können:

Ziele sind:	... oder Ziele sind SMART:
• konkret und erreichbar formuliert	• **S**pezifisch
• zeitlich terminiert	• **M**essbar
• an personelle Verantwortlichkeit gebunden	• **A**ktionsorientiert
• operationalisiert, das heißt, planbar gemacht	• **R**ealistisch
• mit Erfolgskriterien versehen	• **T**erminiert

Ziele können für verschiedene Aufgaben- beziehungsweise Verantwortungsbereiche vereinbart werden. Das bedeutet:

• Es gibt fachliche beziehungsweise inhaltliche Ziele des jeweiligen Tätigkeitsbereichs.
• Kooperationsziele werden im Rahmen der Zusammenarbeit mit anderen festgelegt.
• Veränderungsziele, das heißt Ziele im Bereich der Qualitäts- und Organisationsentwicklung, werden formuliert.
• Und wirtschaftliche Ziele werden als Beitrag zum Unternehmenserfolg fixiert.

Es ist nicht daran gedacht, die Kleinziele im Rahmen der alltäglichen Arbeitserledigung zu erfassen. Vielmehr geht es um die Dokumentation größerer Zielperioden, zum Beispiel im Rahmen von Jahres- oder Halbjahreszielen, die im Zusammenhang mit den allgemeinen Unternehmenszielen stehen. Für Projektziele gelten natürlich die Laufzeiten der Projekte als Zeitspanne.

Für Routineaufgaben eignen sich Zielplanungen, die einen längeren Zeitraum umfassen, möglicherweise sogar ein ganzes Planungsjahr. Aber immer wenn zeitlich begrenzte Projektaufgaben zu erledigen sind, müssen die Zielvereinbarungen und die entsprechenden Controllings den Projektzeiten entsprechen, sonst verlieren sie ihren Sinn. Wenn es also darum geht, einen Antrag zur Bewilligung einer geförderten Bildungsmaßnahme auf den Weg zu bringen, der beispielsweise am Stichtag 1. Juni eingereicht sein muss, dann sollte am 15. Mai kontrolliert werden, inwieweit die Zielerreichung sichergestellt ist, damit gegebenenfalls noch nachgesteuert werden kann. Im Jahresgespräch Anfang Dezember festzustellen, dass das vereinbarte Abgabeziel nicht eingehalten wurde, ist hingegen völlig nutzlos.

 Die Zuständigkeit für Qualitätsentwicklung sollte geregelt sein. Es hat sich bewährt, die Funktion des Qualitätsmanagements an eine Person aus dem Mitarbeiterkreis zu übertragen und sie nicht mit Leitungsfunktionen zu kombinieren (s. S. 228f.).

Die *Zuständigkeit* für die Qualitätsentwicklung sollte beim Qualitätsmanager liegen; die *Letztverantwortung* kann nicht delegiert werden, sie verbleibt bei der Organisationsleitung.

Beispielhafte Aufgaben des Qualitätsmanagements

- Den Qualitätsprozess managen, steuern und moderieren.
- Entsprechende Einzelentscheidungen treffen.
- Visionen vermitteln und Ziele verfolgen.
- Zeit-, Personal- und Finanzressourcen planen.
- Verfahren implementieren und Ergebnisse dokumentieren.
- Kommunikation und Information organisieren und koordinieren.
- Kolleginnen und Kollegen motivieren und begeistern.
- Aufgaben definieren, delegieren und die Erledigung kontrollieren.
- Externe Unterstützung und Beratung organisieren.
- Auftretende Konflikte mediieren.
- (Selbst-)Reflexionsfähigkeit zeigen und anregen.

 Die durchgeführten Qualitätsmaßnahmen sollten in Bezug auf das Leitbild und die Definition gelungenen Lernens begründet sein. Die Qualität der Führung zeigt sich vor allem darin, dass sie die Organisation auf der Basis des Leitbildes in einer Weise steuert, die die Gesamtorganisation auf die Unterstützung und Förderung des gelungenen Lernens der Teilnehmenden ausrichtet. Deshalb sollten die durchgeführten Qualitätsmaßnahmen in Bezug auf das Leitbild und die Definition gelungenen Lernens begründet sein. Eine entsprechende Begründung kann jede Organisation in Hinblick auf ihre spezifischen Ziele nur selbst erstellen. Dabei könnten aber zum Beispiel folgende Fragen helfen:

- Worin besteht die konkrete Dienstleistungsfunktion der jeweils ausgeübten Führung, um die Aufgaben der Organisation im Interesse ihrer Kunden gut erfüllen zu können?
- Inwiefern tragen die Strukturen, Instrumente und Verfahren interner Kommunikation, Information und Entscheidung dazu bei, dass die Interessen und die Bedürfnisse der Lernenden im Prozess der Leistungserstellung wirklich berücksichtigt werden?
- Auf welche Weise tragen die Führungsgrundsätze dazu bei, dass das nach außen kommunizierte Leitbild im Verhalten der Organisation und ihrer Mitarbeitenden seinen Niederschlag findet?
- Wodurch schafft die Führung geeignete Voraussetzungen für die Lerner- und Kundenorientierung des Unternehmens?

Verfahren der Führungsevaluation und der Zielvereinbarungen

Führungsevaluation

Die Evaluation des Führungsverhaltens in der Organisation dient der Führungsentwicklung, indem am Maßstab der Führungsgrundsätze die Führungspraxis vorgesetzter Stellen von deren Mitarbeitenden bewertet wird. So können Abweichungen vom vereinbarten Soll-Ziel diagnostiziert und entsprechende Führungsentwicklungsmaßnahmen eingeleitet werden. Durchschnittswertungen ab 4 (s. folgende Seite) und schlechter weisen auf einen dringenden Entwicklungsbedarf hin.

Die Bewertungen im dem folgenden Führungsevaluationsbogen von »stimmt voll und ganz« bis zu »stimmt überhaupt nicht« folgen in den sechs Feldern den Schulnoten von »sehr gut (1)« bis »ungenügend (6)«. Eine Bewertung mit 4 wäre also gerade noch ausreichend im Sinne der Schule, im Sinne einer gut geführten Organisation allerdings bereits fatal.

Verfahrenserklärung: Jeder Beteiligte erhält einen Bogen, auf dem er das Verfahren erklärt bekommt und seine Eintragungen machen kann. Dieser Bogen ist auf Seite 138 wiedergegeben.

In die erste Zeile des Bogens tragen Sie den Namen der Führungskraft ein, der Sie ein schriftliches Feedback (im Sinne einer Evaluation) bezogen auf ihre Arbeit als Führungskraft geben möchten. Bitte markieren Sie für jede Aussage das Feld, das Ihre derzeitige Einschätzung am besten wiedergibt.

Die Durchschnittsbewertung am Ende des Bogens berechnen Sie, indem Sie alle Wertungen addieren und durch die Anzahl der Aussagen teilen.

Denken Sie daran, am Ende des Bogens auch das Datum einzutragen, damit durch regelmäßige Wiederholungen der Evaluation Entwicklungen in der Zeit markiert werden können.

Diese Befragung kann anonym erfolgen, das heißt, die Leitungs- und Führungskräfte bekommen die ausgewertete Evaluation ihrer Mitarbeitenden, also Durchschnittswerte, aber keine dem einzelnen Mitarbeiter persönlich zuordbaren Evaluationsbögen. Wenn das Vertrauensverhältnis in der Organisation sehr gut ist, kann die Evaluation natürlich auch offen und persönlich erfolgen. Führungsevaluationen gehören aber in jedem Fall zur Praxis von hochqualitativ arbeitenden Unternehmen.

Führungsevaluation

Die Führungskraft ....

Sie hat auch im Alltag das Interesse des gesamten Unternehmens im Blick.

stimmt voll und ganz   ① ② ③ ④ ⑤ ⑥   stimmt überhaupt nicht

Sie strebt gezielt den Unternehmenserfolg an.

sehr gut   ① ② ③ ④ ⑤ ⑥   sehr schlecht

Sie kommuniziert wertschätzend mit den Mitarbeiterinnen und Mitarbeitern.

sehr gut   ① ② ③ ④ ⑤ ⑥   sehr schlecht

Sie beteiligt die Mitarbeitenden, wo es geht, an Entscheidungen.

sehr gut   ① ② ③ ④ ⑤ ⑥   sehr schlecht

Sie kommuniziert wertschätzend mit unseren Kundinnen und Kunden.

sehr gut   ① ② ③ ④ ⑤ ⑥   sehr schlecht

Sie setzt sich persönlich für das Marketing und den Vertrieb unserer Produkte und Dienstleistungen ein.

sehr gut   ① ② ③ ④ ⑤ ⑥   sehr schlecht

Sie sorgt für Transparenz und Informiertheit im Unternehmen.

sehr gut   ① ② ③ ④ ⑤ ⑥   sehr schlecht

Sie vereinbart Arbeits- und Leistungsziele mit den Mitarbeiterinnen und Mitarbeitern.

sehr gut   ① ② ③ ④ ⑤ ⑥   sehr schlecht

Sie setzt sich persönlich für Qualitätsentwicklung und kontinuierliche Verbesserungen ein.

sehr gut   ① ② ③ ④ ⑤ ⑥   sehr schlecht

Sie fördert Innovationen und Erneuerungen im Unternehmen.

sehr gut   ① ② ③ ④ ⑤ ⑥   sehr schlecht

Sie kommuniziert Visionen und Strategien für die Zukunft unseres Unternehmens.

sehr gut   ① ② ③ ④ ⑤ ⑥   sehr schlecht

Durchschnittsbewertung: ....   Datum: ....

Zielvereinbarungen

Ohne Ziele hat Arbeit keine Ausrichtung, und Erfolg kann nicht gemessen werden. Ohne gemeinsam abgestimmte Ziele kann eine Organisation nicht koordiniert handeln. Ziele sind also notwendig.

Ziele müssen nicht zwingend in Einzelgesprächen zwischen Vorgesetzten und Mitarbeitenden aufgestellt werden; sie können auch innerhalb von Teams kollektiv vereinbart werden. Wichtig ist allerdings, dass am Ende jede einzelne Person weiß, was sie zu tun hat und was von ihr erwartet wird.

Ziele betreffen natürlich in erster Linie die erwarteten inhaltlichen Arbeitsergebnisse. Aber es können auch Ziele hinsichtlich des Kooperationsverhaltens und der Beteiligung am kontinuierlichen Verbesserungsprozess respektive der Qualitätsentwicklung festgelegt werden. Als besonders förderlich hat es sich erwiesen, wenn den Mitarbeitenden auch klar ist, wodurch sie zur Wertschöpfung des Unternehmens beitragen.

Die vereinbarten Ziele können zum Beispiel in folgendem Bogen (s. S. 140f.) dokumentiert werden.

Gerade in Bildungsorganisationen haben Zielvereinbarungen eine besondere Bedeutung. Das liegt einerseits daran, dass die Organisationsziele nicht so eindeutig fassbar beziehungsweise Zielerreichungen nur sehr schwierig zu überprüfen sind. Wann ist zum Beispiel ein Teilnehmer ausreichend gebildet? Zugleich arbeiten pädagogische Organisationen in ihren Bildungsveranstaltungen gegenüber ihren Kunden ständig mit Lehr- und Lernzielen. Es ist daher nur konsequent, den Gedanken der Zielerreichung auch in der eigenen Organisation in Bezug auf die eigene Arbeit ernst zu nehmen und umzusetzen.

Zielvereinbarung

Name des/der Mitarbeiters/in: ....

Name des/der Vorgesetzten: ....

1. Inhaltliche Ziele

Ziel ist ...	Um das Ziel zu erreichen, werden wir Folgendes tun ...	Wenn das Ziel erreicht ist, werden wir es erkennen an ...	Das Ziel wird erreicht sein bis ...

2. Ziele im Bereich der Zusammenarbeit

Ziel ist ...	Um das Ziel zu erreichen, werden wir Folgendes tun ...	Wenn das Ziel erreicht ist, werden wir es erkennen an ...	Das Ziel wird erreicht sein bis ...

3. Ziele zur Unterstützung des Organisations-/Qualitätsentwicklungsprozesses

Ziel ist ...	Um das Ziel zu erreichen, werden wir Folgendes tun ...	Wenn das Ziel erreicht ist, werden wir es erkennen an ...	Das Ziel wird erreicht sein bis ...

4. Individuelle Beiträge zu den wirtschaftlichen Zielen des Unternehmens

Ziel ist ...	Um das Ziel zu erreichen, werden wir Folgendes tun ...	Wenn das Ziel erreicht ist, werden wir es erkennen an ...	Das Ziel wird erreicht sein bis ...

....
Datum   Unterschrift Mitarbeiter/in

....
Unterschrift Vorgesetzte/r

Personalentwicklung: Wie fördert man Mitarbeiterqualifikation und Arbeitsmotivation?

Definition Personalentwicklung

Der Qualitätsbereich Personal umfasst alle Maßnahmen der Personalplanung, des Personaleinsatzes und der Personalentwicklung. Diese sind darauf ausgerichtet, das Leitbild der Organisation zu verwirklichen, die strategischen Entwicklungsziele zu erreichen und die spezifischen arbeitsplatz- und funktionsbezogenen Aufgaben zu erfüllen. Personalentwicklung meint die berufliche, persönliche und soziale Entfaltung des hauptberuflichen Personals. Sie richtet sich darüber hinaus darauf, alle Mitarbeiterinnen und Mitarbeiter in die Organisation zu integrieren sowie die Kooperationsfähigkeit zu fördern. Zur Personalentwicklung gehören ebenfalls die Unterstützung und Fortbildung der freiberuflichen und ehrenamtlichen Mitarbeiterinnen und Mitarbeiter.

Die Bedeutung von Personalentwicklung für eine Organisation

Personalentwicklung steigert die Arbeitsqualität

Der Qualitätsbereich Personal fragt nach den Maßnahmen in Personalplanung, Personaleinsatz und Personalentwicklung, denn dauerhaft gute Arbeit kann erwiesenermaßen nur von qualifizierten und zufriedenen Mitarbeiterinnen und Mitarbeitern geleistet werden. Personalentwicklung umfasst alle Maßnahmen, die zur beruflichen, persönlichen und sozialen Entfaltung des Personals führen, immer unter der Prämisse, dass dadurch die Gesamtleistung der Organisation einen qualitativen Gewinn erfährt. In der Praxis setzt sich Personalentwicklung aus vielen verschiedenen, häufig kombinierten und aufeinander abgestimmten Maßnahmen zusammen. Gemeint sind also alle Aktivitäten, die dazu dienen, dass Mitarbeiterinnen und Mitarbeiter auf allen Organisationsebenen die gegenwärtigen und zukünftigen Aufgaben besser wahrnehmen können.

Personalentwicklung folgt den strategischen Organisationszielen

Entscheidend für den Bereich der Personalentwicklung ist die Erkenntnis, dass die Sorge für die Weiterentwicklung und Qualifizierung der Mitarbeiterinnen und Mitarbeiter eine nicht delegierbare Aufgabe von Führungskräften ist. Lernprozesse bei den Mitarbeitenden können nicht instruiert werden, denn Lernen erfolgt ausschließlich selbst gesteuert, weil es immer vom Lernenden selbst vollzogen werden muss. Damit ein Individuum einen Lernprozess initiiert und vollzieht, muss es den Bedarf hierzu selbst erkennen und Motivation zur Erreichung des durch das Lernen angestrebten Ziels aufbringen. Für die Motivation ist es entscheidend, dass das Individuum auch einen eigenen Wert mit diesem Ziel verbindet, zum Beispiel dass es sich als Folge des Lernens einen neuen Handlungsspielraum aneignet. Der Lernbedarf muss als eine erreichbare Herausforderung angesehen werden. Das lernende Individuum muss einen persönlichen Gewinn erwarten und später auch erleben können.

Es ist das Ziel der Personalentwicklung, den individuellen Lernprozessen innerhalb der strategischen Organisationsentwicklung und vor dem Hintergrund des Leitbildes der Organisation eine Richtung zu geben. Denn umfangreichere und höherwertige Kompetenzen der Mitarbeiter führen nur dann zu einer qualitativ besseren Arbeit der Organisation, wenn sie diese Kompetenzen braucht und abfordert.

Identifikation und Partizipation der Mitarbeitenden fördern

Damit diese anspruchsvolle Aufgabe der Personalentwicklung erfüllt werden kann und sich die Mitarbeiterinnen und Mitarbeiter unter der Prämisse der Qualitätsentwicklung der Organisation weiterentwickeln, sollten sie sich mit den Zielen der Organisationsentwicklung identifizieren. Für die Identifikation der Mitarbeitenden mit ihrer Arbeit und der Organisation ist es wichtig, dem Menschen in seiner Individualität innerhalb der Organisation Beachtung zu schenken.

Die Entfaltung der Mitarbeiterinnen und Mitarbeiter in ihrem Beruf als unabdingbare Voraussetzung für wertschöpfende Leistungen ist in den letzten Jahren als strategisch bedeutender Bestandteil jeder Unternehmenskultur erkannt worden. Um diesem beteiligungsorientierten Ansatz nachzugehen, müssen Ziele und Zwecke der Organisation auch zu den Zielen der Mitarbeitenden werden. Erreicht werden kann dies, indem die Mitarbeitenden an der Organisationsentwicklung – der Planung der Strukturen und Prozesse – partizipieren können. Menschen handeln motivierter, wenn sie beteiligt werden und Einfluss auf ihre Arbeitsbedingungen haben. Ein erhöhtes Eigeninteresse der Mitarbeitenden an ihrer Arbeit erhöht ihre Effektivität, ihre Innovationsbereitschaft und die Qualität ihrer Arbeit.

Personalentwicklung dient

- dem Erreichen der strategischen Organisationsziele,
- der Steigerung der Qualität und Effektivität in der Arbeit,
- der Anpassung an die sich ändernden äußeren Bedingungen,
- der Erhaltung der Wettbewerbsfähigkeit,
- der besseren Positionierung und Mitgestaltung im Markt,
- dem Erschließen neuer Märkte,
- der Identifikation der Mitarbeitenden mit der Organisation und dem Leitbild sowie
- der Erhaltung und Steigerung der Arbeitsmotivation und des Interesses zur Beteiligung an der Organisations- und Qualitätsentwicklung.

Was bringt die Personalentwicklung voran?

 Aufgabenprofile für die Arbeitsplätze und Funktionsstellen sollten festgelegt und fortgeschrieben werden. Aufgabenprofile beschreiben personenunabhängig die Profile von Arbeitsplätzen beziehungsweise Funktionsstellen.

Ein Aufgabenprofil für Arbeitsplätze beziehungsweise Funktionsstellen ist eine personenunabhängige und schriftliche Darstellung der Aufgaben und Ziele, die auf einem Arbeitsplatz beziehungsweise einer Funktionsstelle erforderlich sind. Beschrieben werden nicht die Fähigkeiten, über die ein Mensch, der diese Stelle besetzt, real verfügt; beschrieben werden vielmehr die Anforderungen, die eine Person erfüllen muss, um diese Funktion ausüben zu können, sowie die Zuständigkeiten und Entscheidungsbefugnisse, die mit dieser Stelle verbunden sind. Weiter werden in der Beschreibung des Aufgabenprofils die wichtigsten Beziehungen zu anderen Stellen, sprich die Einbettung der Stelle in den Organisationsaufbau, dargestellt.

Das Aufgabenprofil sollte möglichst knapp und eindeutig formuliert sein, aber auch genügend Freiraum lassen, damit eine Person auch Aufgaben wahrnehmen kann, die nicht direkt in ihrem Aufgabenprofil festgelegt sind, die sich aber aus dem Fließen der Arbeit jeweils aktuell ergeben. Die Aufgabenprofile müssen regelmäßig kontrolliert und gegebenenfalls verändert werden, damit sie aktuell bleiben.

Vorteile von Aufgabenprofilen sind:

- Klarheit und Transparenz für Aufgaben, Zuständigkeiten und Verantwortlichkeiten,
- klar umrissene Handlungs- und Entscheidungsräume,
- Struktur in den Kooperationsbeziehungen der Organisation,
- Vermeidung von Kompetenzkonflikten und Missverständnissen,
- eine leichtere Einarbeitung neuer Mitarbeiterinnen und Mitarbeiter,
- präzisere Stellenausschreibungen, Stellenbesetzungen und systematische Personalentwicklung.

Inhalte und Aufbau der Aufgabenprofile: Aufgabenprofile variieren natürlich je nach Organisation, Arbeitsplatz und Funktionsstelle in ihrem Aufbau, in der inhaltlichen Gestaltung beziehungsweise bei der Festlegung der einzelnen Aufgaben und Zuständigkeiten. Daher werden an dieser Stelle nur wesentliche Punkte aufgeführt, die in einem Aufgabenprofil festgelegt sein können. Die Inhalte, die einem Arbeitsplatz beziehungsweise einer Funktionsstelle zugeschrieben werden, können nur von der jeweiligen Organisation selbst gesetzt werden. Folgende Punkte können in einem Aufgabenprofil festgelegt sein:

- Stellen- oder Funktionsbezeichnung,
- Einordnung der Stelle in den Organisationsaufbau beziehungsweise in die Hierarchie,
- Zuständigkeit und Verantwortlichkeiten, gegebenenfalls Leitungsbereich,
- Entscheidungsbefugnisse,

- Zusammenarbeit mit anderen Stellen,
- Pflichten, zum Beispiel Informationspflicht,
- Stellvertretung,
- Zielsetzung, Hauptaufgabe der Stelle,
- einzelne Fachaufgaben,
- gegebenenfalls Führungsaufgaben.

Nehmen wir beispielsweise die Stelle eines Abteilungsleiters. Sie ist im Organigramm nur noch dem Geschäftsführer/Leiter der Organisation unterstellt. Diese Funktionsstelle ist zuständig und verantwortlich für den Bereich berufliche Bildung. Im Rahmen des Budgets ist der Stelleninhaber befugt, über die Programmplanung eigenständig zu entscheiden, hat aber Informations- und Rechenschaftspflicht gegenüber dem Geschäftsführer, dessen Stellvertretung bei Abwesenheit zu übernehmen ist. Die Hauptaufgaben dieser Stelle bestehen im Planen, Konzipieren, Organisieren und Evaluieren von Bildungsveranstaltungen. In dem Bereich beruflicher Bildung ist zudem ein Überschuss zu erwirtschaften. Einzelne Fachaufgaben ergeben sich aus den Hauptaufgaben der Stelle, zum Beispiel Dozentenakquisition und -betreuung, Durchführung von Konferenzen, Aufbau und Pflege von Firmenkontakten etc. Die Stelle ist mit Führungsverantwortung gegenüber den Sachbearbeitern und den Dozenten ausgestattet.

Kompetenzprofile der Beschäftigten sollten erhoben und aktualisiert werden. Kompetenzprofile erfassen individuelle Ressourcen. Es werden also die Fähigkeiten und Ressourcen der einzelnen Organisationsmitglieder festgehalten. Während das Aufgabenprofil beschreibt, was auf einer Stelle zu tun ist, und damit implizit die Anforderungen an die einzelnen Mitarbeiterinnen und Mitarbeiter, die diese Stelle ausfüllen, enthalten Kompetenzprofile nun die konkreten Qualifikationen und Fähigkeiten, über die die Menschen verfügen, die eine Stelle besetzen. Es geht um eine Beschreibung der erworbenen formalen Qualifikationen und des praktischen Könnens, das heißt, der tatsächlichen individuellen Handlungsfähigkeiten, aber auch um besondere Stärken und Potenziale der einzelnen Beschäftigten. Kompetenzen sind weiter zu fassen als formale Qualifikationen, die das Ergebnis von Aus-, Fort- und Weiterbildungen sind. Zu den Kompetenzen zählen auch die informell erworbenen Fähigkeiten.

In einem Kompetenzprofil wird erfasst, was bei Organisationsmitgliedern an Fähigkeiten real vorhanden ist. Welche praktischen individuellen Kompetenzen, die über die formalen Qualifikationen hinausgehen, in einem Profil erfasst werden, muss jede Organisation selbst festlegen. Es empfiehlt sich aber, den Bereich nicht zu eng zu fassen, weil Beschäftigte häufig über »Schätze« verfügen, von denen eine Organisation in der Regel nichts weiß, die aber für die Qualität der Arbeit von großer Bedeutung sein können. Kompetenzprofile sollten generell mit den betroffenen Mitarbeiterinnen und Mitarbeitern gemeinsam aufgestellt werden, weil diese entscheiden können müssen, welche über die offiziell für eine Stelle geforderten Qualifikationen und Kompetenzen hinausgehenden Fähigkeiten sie preisgeben möchten.

Der Nutzen von Kompetenzprofilen

- Individuelle Ausfüllung und Ergänzung des Aufgabenprofils.
- Besserer Einsatz vorhandener Personalressourcen.
- Stärkere Integration der Mitarbeitenden in die Organisation.
- Erkennung von Mitarbeiterkompetenzen für andere und/oder höherwertige Aufgaben.

Folgende Punkte können in einem Kompetenzprofil erfasst werden:

- formale Ausbildungsqualifikationen,
- Zusatzqualifikationen, Weiterbildungen,
- fachliche, methodische, ästhetische, soziale und personale Kompetenzen,
- akquisitorische Kompetenzen,
- Beratungskompetenzen,
- Innovations- und Veränderungskompetenzen,
- Fremdsprachen,
- sonstige Fähigkeiten, Stärken, Potenziale,
- herausragende berufliche Erfahrungen, Einsatzfelder, Projekte etc.,
- außerberufliches freiwilliges/ehrenamtliches Engagement,
- (Projekt-)Leitungs-, Führungs- und Managementerfahrungen.

Beispielsweise hat die pädagogische Mitarbeiterin Silke Müller ein Diplom in Erziehungswissenschaft mit dem Schwerpunkt Erwachsenenbildung. Sie hat aber zusätzlich eine weitere Qualifikation als Gesprächstherapeutin erworben. Fachlich und didaktisch-methodisch hat sie sich auf den Bereich Gesundheitsbildung spezialisiert und arbeitet gern im Team. Im Einwerben von Firmenaufträgen ist sie leider nicht so geschickt. Hingegen hat sie aufgrund ihrer Zusatzqualifikation besondere Fähigkeiten in der Individualberatung. Sie spricht fließend Englisch und auch ihr Spanisch ist passabel. Die Kollegin ist im Personalrat engagiert und hat besondere Kompetenzen im Schlichten von Konflikten. Bei dem alljährlichen Tag der offenen Tür hat sie praktisches Organisationstalent bewiesen. Ehrenamtlich ist Frau Müller im örtlichen Gemeinderat aktiv, wodurch sich gute Kontakte in die Politik ergeben, die für die Weiterbildungsorganisation von Nutzen sind. Führungs- und Managementerfahrungen, die über die Organisation ihrer unmittelbaren Arbeit hinausgehen, konnte sie noch nicht erwerben.

Neue Kompetenzanforderungen sollten systematisch ermittelt werden. Die bewusste Zukunftsplanung einer Organisation verlangt, dass *neue* Kompetenzanforderungen systematisch ermittelt werden, die sich aus den Entwicklungen und Herausforderungen der Umwelt ergeben. Diese Kompetenzanforderungen zielen auf die von der Organisation erwarteten Fähigkeiten in Bezug auf die zukünftigen Aufgabenerfüllungen und die strategischen Entwicklungsnotwendigkeiten der Organisation. Sie erfassen damit die gegebenenfalls vorhandene Lücke zwischen den gegenwärtigen

Kompetenzen der Beschäftigten und den festgestellten notwendigen neuen Anforderungen an die Organisation. Um diesem Qualitätskriterium gerecht zu werden, ist es erforderlich, die Kompetenzprofile der einzelnen Mitarbeiter mit den Aufgabenprofilen für die Arbeitsplätze und Funktionsstellen sowie den strategischen Entwicklungszielen und -aufgaben der Organisation abzugleichen. Auf diese Weise kann überprüft werden, ob die Voraussetzungen zur Erfüllung neu anstehender Aufgaben noch gegeben sind. Wenn dies nicht der Fall ist, müssen entweder neue entsprechend qualifizierte Mitarbeiterinnen und Mitarbeiter eingestellt oder geeignete Personalentwicklungsmaßnahmen geplant und durchgeführt werden, um die geänderten Kompetenzanforderungen in Zukunft erfüllen zu können. Diese Maßnahmen können dann zum Beispiel in der systematischen Fortbildungsplanung mit erfasst werden.

Der Abgleich der Kompetenzprofile mit den Aufgabenprofilen orientiert sich an den strategischen Entwicklungszielen. Neue Kompetenzanforderungen können sich ebenso aus den gewonnenen Erkenntnissen in anderen Qualitätsbereichen ergeben:

- Im Qualitätsbereich »Bedarfserschließung« wurden neue Bildungsaufgaben und Geschäftsfelder ermittelt (s. S. 41 ff.).
- Im Qualitätsbereich »Evaluation« sind Entwicklungsbedarfe offenkundig geworden (s. S. 88 ff.).
- Im Qualitätsbereich »Controlling« wurde eine Abweichung von den definierten Zielen konstatiert (s. S.194 ff.).
- Im Qualitätsbereich »Strategisches Management« werden neue Ziele für die Organisation aufgestellt (s. S.209 ff.).

Solche und ähnliche Erkenntnisse führen zu neuen Herausforderungen für die Organisation und ihre Beschäftigten.

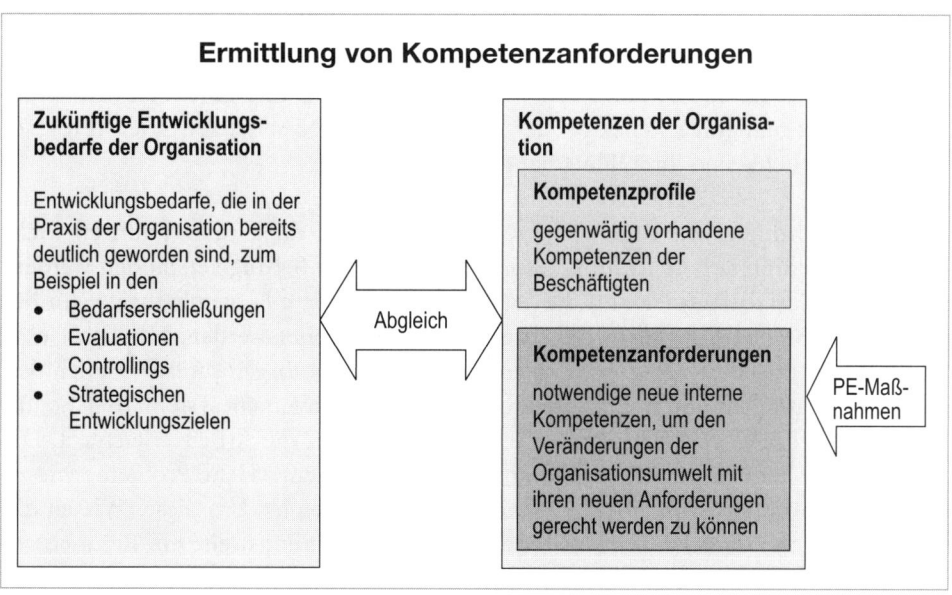

Entwicklungsgespräche mit Mitarbeiterinnen und Mitarbeitern sollten regelmäßig durchgeführt werden. Es ist wichtig, diesen Gesprächen Raum zu geben. Gespräche innerhalb einer Organisation werden zwar ständig geführt, sind aber häufig anlassbezogen und beschränken sich darauf fachliche Angelegenheiten zu erörtern. Meist finden sie nur zwischen »Tür und Angel« statt. Unter dem Druck der täglichen Arbeitsanforderungen fehlt häufig die Zeit für systematische und entwicklungsfördernde Gespräche. Hier setzt das Mitarbeiterentwicklungsgespräch an. Es soll einen Raum schaffen, in dem sich Vorgesetzte und Mitarbeitende – im Regelfall unter vier Augen – ganz bewusst zu einem Gespräch zusammensetzen, um für die Beschäftigten, unter Berücksichtigung der organisationalen Belange, Entwicklungsziele zu vereinbaren.

Dabei werden die Arbeitssituationen analysiert: Anliegen eines Entwicklungsgesprächs ist es, dass Mitarbeitende und Vorgesetzte gemeinsam im Dialog die Arbeitssituation betrachten, analysieren und bewerten. Es wird sozusagen die Vogelperspektive eingenommen, um auf die Arbeit und die Zusammenarbeit, auf Strukturen und Prozesse zu blicken. Es geht darum, wie es den Beschäftigten in ihrer Arbeit geht, welche guten oder schwierigen Erfahrungen sie machen und wie konkrete Schritte zur Verbesserung auf den Weg gebracht werden können. Das Entwicklungsgespräch soll helfen, Hindernisse in der Arbeit zu beseitigen, Prioritäten für Zukünftiges zu setzten und Maßnahmen einzuleiten, die die Mitarbeiterinnen und Mitarbeiter in ihrer Arbeit zielgerecht weiterbilden, fördern und unterstützen.

 Im konkreten Arbeitsalltag erleben die Beschäftigten ständig kleine »Unebenheiten« der Organisation, die zu unbedeutend sind, um in jedem Einzelfall zum Thema gemacht zu werden. Außerdem haben erfahrene Mitarbeiter genug Talent entwickelt, um mit kleinen Problemen improvisierend fertig zu werden. Die Menge kleiner Fehlerquellen und Improvisationsnotwendigkeiten, die jeweils einzeln nicht von Bedeutung sind, kann sich aber schnell auf 10 bis 30 Prozent der Arbeitszeit aufsummieren. Dies belegen Ergebnisse aus der Organisations- und Arbeitswissenschaft. Es kann daher Sinn machen, Orte und Zeiten zu definieren, wo eine regelmäßige Reflexion der Arbeit und ein Nachdenken über Verbesserungsmöglichkeiten ihren Platz haben.

Mitarbeiterkompetenzen sind wichtige Ressourcen für die Organisationsentwicklung. Das Mitarbeiterentwicklungsgespräch sollte als ein Setting verstanden werden, in welchem Gestaltungsideen für die Arbeitsorganisation und Lösungsansätze für bestimmte Problemstellungen in der Organisation erarbeitet werden. Hier liegt eine Stärke des Entwicklungsgesprächs, die sowohl der Gesamtorganisation als auch den Einzelnen zugute kommt. Mitarbeitende werden dazu gewonnen, systematisch Strukturen und Prozesse zu verbessern, was ihnen wiederum die Arbeit erleichtert. Die Beschäftigten kennen ihr Arbeitsfeld am besten; sie wissen, welche Probleme wie zu beseitigen sind und wo Entwicklungspotenzial vorhanden ist. Um dieses Wissen der Organisation zugänglich zu machen, muss ein Ort beziehungsweise ein Rahmen geschaffen werden, der Mitarbeitenden Zeit zur Reflexion gibt und ihnen gleichzeitig ermöglicht, ihr Wissen in die Wissensbasis der Organisation einzubringen. Das »Gold in den Köpfen der Mitarbeiterinnen und Mitarbeiter« kann durch die Implementierung eines Entwicklungsgesprächs systematisch als Ressource zur Organisationsentwicklung genutzt werden.

Das Entwicklungsgespräch sollte als Basis für eine systematische Fortbildungsplanung genutzt werden. Dadurch wird gesichert, dass die systematische Weiterbildung für alle Beschäftigungsgruppen vorbereitet wird und die entsprechende Anforderung (s. S. 154ff.) erfüllt wird. Eine Besonderheit des Entwicklungsgesprächs liegt darin, dass die Mitarbeiterinnen und Mitarbeiter auf die eigene berufliche Fortbildung Einfluss nehmen können und so zugleich aktiv ihren Beitrag zur qualitativen Entwicklung der Gesamtorganisation leisten. Idealerweise sollte daher am Ende dieses Gespräches eine Entwicklungsvereinbarung stehen.

Entwicklungsgespräche sind ein wichtiges Führungsinstrument. In der heutigen Zeit kann keine Vorgesetzte, kein Vorgesetzter mehr die Bedürfnisse und Entwicklungsnotwendigkeiten der gesamten Organisation überblicken und allein entsprechende Maßnahmen in die Wege leiten. Daher hat das Gespräch zwischen Vorgesetzten und Mitarbeitenden einen herausragenden Stellenwert innerhalb der Organisationskultur bekommen. Es gehört mittlerweile zum Alltag vieler Unternehmen und zählt zu den wesentlichen und am häufigsten angewandten Führungsinstrumenten, um Zielorientierung und Qualität der Organisation sicherzustellen.

Entscheidend für eine qualitativ hochwertige Arbeit ist die Identifikation der Mitarbeiterinnen und Mitarbeiter mit ihrer Arbeit und mit der Organisation. Für die Identifikation mit der Arbeit ist es notwendig, dass der Mensch mit seinen Besonderheiten und Fähigkeiten gesehen, respektiert und berücksichtigt wird. Die Ideen und die Bedürfnisse, aber auch die Probleme und die Kritik der einzelnen Individuen müssen innerhalb der Organisation genügend Beachtung finden. Die Mitarbeitenden müssen das Gefühl bekommen, dass ihre Belange ernst genommen werden. Das Entwicklungsgespräch mit seinem partnerschaftlichen Prinzip ist hierfür ein sehr wertvolles Setting.

Aber Achtung: Entwicklungsgespräche sind keine Beurteilungen. Es ist wichtig zu betonen, dass Entwicklungsgespräche keine Beurteilungsgespräche im Sinne einer dienstlichen Bewertung sind. Das Entwicklungsgespräch mit Mitarbeiterinnen und Mitarbeitern ist aufgrund seines dialogischen und partnerschaftlichen Grundsatzes sowie der gegenseitigen Rückmeldung und der gemeinsamen Erkenntnisgewinnung von einer Beurteilung zeitlich und inhaltlich abzugrenzen. Eine klare Trennung zur dienstlichen Beurteilung ist notwendig, um Offenheit, Vertrauen und eine entwicklungsförderliche Atmosphäre zu gewährleisten. Ein Feedback von Vorgesetzten an die Mitarbeitenden und umgekehrt kann allerdings ein sinnvoller Bestandteil des Entwicklungsgesprächs sein. Es muss möglich sein, Fehler zuzugeben und sie als Lern- und Entwicklungschance für die Einzelnen und die Organisation zu nutzen.

Wichtig ist das dialogische Prinzip. Im Zentrum des Entwicklungsgesprächs steht der Dialog. Dieser sollte geprägt sein von Aufmerksamkeit, Wertschätzung und Interesse am gegenseitigen Austausch. Im Dialog gilt es, die verschiedenen Erfahrungen und Sichtweisen sowie die dahinter liegenden Interpretationen und Annahmen zu ergründen und die daraus gewonnenen Erkenntnisse zu nutzen, um die Qualität der Arbeit zu verbessern. Mitarbeitende und Vorgesetze sollen durch das dialogische Prinzip und die daraus resultierende Selbstreflexion ihre jeweilige Arbeit in der Organisation analysieren, Stärken und Veränderungsnotwendigkeiten erkennen sowie Verbesserungsvorschläge gemeinsam erarbeiten. Der Dialog ist die Grundvoraussetzung des gemeinsamen Lernens und zur Erweiterung der jeweils eigenen Sichtweise. Das Lernen der Individuen trägt so zum Lernen der Gesamtorganisation bei.

Ziele des Entwicklungsgesprächs sind:

- Die gegenwärtige Arbeitssituation, die Strukturen und Prozesse gemeinsam betrachten, analysieren und bewerten.
- Das Aufgaben- und Rollenverständnis der Mitarbeitenden und Führungskräfte klären.
- Erfolge würdigen und Probleme lösen.
- Entwicklungsziele und Veränderungsnotwendigkeiten vereinbaren.
- Organisations- und Qualitätsentwicklung fördern.
- Durch zielgerichtete Kompetenzentwicklung der Mitarbeiterinnen und Mitarbeiter die Zukunftsfähigkeit der Organisation verbessern.

 Eine systematische Fortbildungsplanung für alle Beschäftigtengruppen sollte vorgenommen werden. Eine Systematik für die personale Fortbildung aufzustellen ist deshalb sinnvoll, weil die individuellen Fortbildungen immer der (Neu-)Ausrichtung und (Weiter-)Entwicklung der Gesamtorganisation dienen müssen. Die Fortbildung der Einzelnen geschieht mit dem Ziel, die Leistungsfähigkeit der Organisation zu verbessern.

Die Weiterbildung von Mitarbeiterinnen und Mitarbeitern dient letztlich immer der Stärkung der gesamten Organisation und ihrer strategischen Entwicklung. Vereinbarungen für die individuelle Entwicklung und Weiterbildung der Beschäftigten sollten daher immer vor dem Hintergrund des Entwicklungsbedarfs der Gesamtorganisation getroffen werden. Wichtig ist aber, dass die organisationalen Interessen und Bedarfe mit den individuellen Interessen und Bedürfnissen der Mitarbeitenden vermittelt werden.

Die Ausrichtung der individuellen Fortbildungsplanung orientiert sich an den strategischen Entwicklungszielen der Organisation (s. S. 209ff.), dem Leitbild (s. S. 31ff.) sowie an den Ergebnissen aus dem Qualitätsbereich »Bedarfsanalyse« (s. S.41ff.), dem Qualitätsbereich »Evaluation« (s. S. 88ff.) sowie dem Qualitätsbereich »Controlling« (s. S. 194ff.). Die Entwicklung der Mitarbeiterkompetenzen ist entscheidend für die Qualität und Zukunftsfähigkeit der gesamten Organisation. Durch kompetente Mitarbeitende erhöht sich die Qualität der Arbeit, und folglich wird auch eine bessere Positionierung der Organisation am Markt erreicht.

Die Stellung der Mitarbeiterfortbildung in der Organisation

Strategische Entwicklungsziele der Organisation

Leitbild

Organisations- und Qualitätsziele

Mitarbeiter-entwicklungsgespräch

Mitarbeiter-fortbildung

Persönliche Erfahrungen und Ziele der Mitarbeiter/innen

Fortbildungen sollten angeboten, dokumentiert und ausgewertet werden. Diese Anforderung ergänzt gewissermaßen die systematische Fortbildungsplanung. Neben dem systematischen Angebot von Fortbildungen sollten die durchgeführten beziehungsweise besuchten Fortbildungen dokumentiert und ausgewertet werden. Die Dokumentation erleichtert der Organisation die Koordination der Fortbildungen der einzelnen Beschäftigten und ermöglicht einen kontinuierlich systematischen Aufbau. Durch die Auswertung gewinnt die Organisation Erkenntnisse über die Qualität der Weiterbildung und/oder bestimmte Anbieter. Weiter erfährt sie, welchen konkreten Nutzen beziehungsweise Kompetenzzuwachs sie durch diese Weiterbildung für ihre qualitative und strategische Entwicklung erreicht hat.

Neu erworbenes Wissen in der Organisation verteilen. Die Organisation kann den Nutzen einer individuellen Fortbildung für sich selbst maximieren, indem Fortbildungen systematisch ausgewertet werden und nutzbares Wissen an alle relevanten Mitarbeiterinnen und Mitarbeiter verteilt wird. Das neue Wissen bleibt nicht nur eine individuelle Ressource, sondern fließt in die Organisation und führt dadurch zu einem kollektiven Kompetenzzuwachs. Eine Möglichkeit, um das Wissen weiter in die Organisation hineinzutragen, wäre, dass Mitarbeitende, die an einer Fortbildung teilgenommen haben, ihr neu angeeignetes Wissen didaktisch aufbereiten und in Form eines Workshops beziehungsweise einer Fortbildung anderen Beschäftigten der Organisation weitervermitteln. Die Person, die ihr erworbenes Wissen auf diese Weise weitervermittelt, hat den Vorteil, dass sie den Lerneffekt intensiviert, weil sie das Gelernte didaktisieren und selbst lehren muss. Das neu erworbene Wissen wird stärker verinnerlicht und sicherer in der Anwendung.

Die Erkenntnisse und Anregungen der individuellen Fortbildungen können aber auch in Form von Protokollen oder Berichten für andere verständlich niedergelegt und dokumentiert werden. Durch die Weitergabe des erworbenen Wissens an andere und dessen Nutzung durch weitere Mitarbeiterinnen und Mitarbeiter wird gleichzeitig die Kosten-Nutzen-Relation optimiert.

Um einen effektiven Fortbildungsprozess zu ermöglichen, kann er wie folgt geplant und organisiert werden:

- Anlässe und Zielsetzung für die Fortbildung festlegen.
- Zu entwickelnde Fähigkeiten oder Wissensbereiche bestimmen.
- Nach geeigneten Fortbildungsmöglichkeiten oder Referenten suchen.
- Aktionsplan ausarbeiten.
- Maßnahme im eigenen Haus durchführen oder Besuch einer Veranstaltung vorsehen.
- Ergebnisse der Fortbildung dokumentieren.
- Ergebnisse und Nutzen besprechen und bewerten.
- Nutzbares Wissen an alle relevanten Mitarbeiterinnen und Mitarbeiter verteilen.

Eine regelmäßig aktualisierte Datei der freiberuflichen Mitarbeiterinnen und Mitarbeiter sollte angelegt werden. Sofern die Weiterbildungsorganisation freiberufliche Arbeitskräfte beschäftigt, zum Beispiel als Dozenten, ist der Aufbau einer entsprechenden Datei sinnvoll, weil eine Organisation über dieses Instrument immer eine Übersicht über ihre extern zugekauften Dienstleistungen hat. Diese Datei sollte mehr sein als eine Adressverwaltung; sie sollte vor allem auch die Kompetenzen der freiberuflichen Mitarbeiterinnen und Mitarbeiter enthalten, damit die Organisation diese bei Bedarf für ihre Zwecke aktivieren und nutzen kann.

Der Aufbau und die Pflege dieser Datei als zentrale und allgemein zugängliche Dokumentation ist besonders dann sinnvoll, wenn die Organisation über mehrere Zweigstellen verfügt. Jede Zweigstelle kann auf diese Weise auf einen bewährten Pool geeigneter freiberuflicher Mitarbeiterinnen und Mitarbeiter zurückgreifen. Diese Form von Wissensmanagement schafft der Organisation eine große Kompetenzressource; so kann sie schnell und flexibel ihre (neuen) Angebote auf dem Markt platzieren. Folgende Informationen können in einer Datei der freiberuflichen Mitarbeiter/innen dokumentiert werden:

- Adress- und Kontaktdaten,
- Bankverbindung,
- formale Qualifikationen,

- besondere Fähigkeiten, Stärken und Potenziale,
- besuchte Fortbildungen,
- derzeitige Einsatzfelder,
- weitere Einsatzmöglichkeiten beziehungsweise zusätzliche Einsatzwünsche der Freiberufler,
- Referenzen,
- ausgehändigte Unterlagen der Organisation (Leitbild, Hausordnung etc.).

Die durchgeführten Qualitätsmaßnahmen sollten in Bezug auf das Leitbild und die Definition gelungenen Lernens begründet sein. Die Qualität einer Organisation hängt ganz wesentlich von den Qualifikationen und Kompetenzen ihrer Beschäftigten ab. Wichtig ist, dass die Maßnahmen der individuellen Entwicklung der Beschäftigten an den strategischen Zielen der Organisation ausgerichtet sind. Eine an den Organisationszielen, wie sie zum Beispiel im Leitbild festgeschrieben sind, und den Interessen der Kunden ausgerichtete Personalentwicklung ist eine Bedingung für die erfolgreiche Zukunft des Unternehmens. Deshalb sollten die durchgeführten Qualitätsmaßnahmen in Bezug auf das Leitbild und die Definition gelungenen Lernens begründet sein. Eine entsprechende Begründung kann jede Organisation in Hinblick auf ihre spezifischen Ziele selbst erstellen. Dabei könnten aber zum Beispiel folgende Fragen helfen:

- In welcher Weise folgt die Personalentwicklung dem Leitbild und den strategischen Organisationszielen?
- Wie bezieht die für hauptamtliche und freiberufliche Mitarbeiterinnen und Mitarbeiter angebotene Fortbildung die organisationsspezifische Definition gelungenen Lernens ein?
- Inwieweit ist die Lernerorientierung bei der Ermittlung neuer Kompetenzanforderungen leitend?
- In welcher Weise wird in den Mitarbeiterentwicklungsgesprächen die Ausrichtung des Unternehmens auf seine Kunden und Lernenden reflektiert?

Ein Verfahren der Personalentwicklung

Mitarbeiterentwicklungsgespräche

Verfahrenserklärung: Das Entwicklungsgespräch sollte entsprechend den genannten Prinzipien und Grundsätzen gestaltet sein (s. S.148ff.). Ein erfolgreiches Entwicklungsgespräch, das eine konstruktive Entwicklung für die Organisation und die Mitarbeitenden fördert, erfordert von beiden Seiten eine gute Vorbereitung sowie eine inhaltliche Strukturierung im Ablauf.

Frühzeitig planen und ausreichend Zeit zur Verfügung stellen. Damit ein konstruktives Ergebnis aus einem Mitarbeiterentwicklungsgespräch hervorgehen kann, ist es wichtig, frühzeitig einen Termin zu vereinbaren, denn beide teilnehmenden Personen müssen genügend Zeit für eine ausführliche inhaltliche Vorbereitung haben. Auch für die Durchführung des Gesprächs sollte ausreichend Zeit eingeplant werden, denn die Beteiligten sollten nicht unter den Druck des Alltags geraten, da sie sich sonst nicht ganz auf das Gespräch einlassen und konzentrieren können. Direkte Anschlusstermine und vermeidbare Störungen durch Dritte (zum Beispiel über Telefon) sollten verhindert werden, damit ein entwicklungsförderlicher Rahmen entsteht und sich das Entwicklungspotenzial, das in einem solchen Gespräch liegt, voll entfalten kann.

Inhaltliche Vorbereitung für ein erfolgreiches Entwicklungsgespräch: Für einen konstruktiven Ablauf des Entwicklungsgesprächs ist es in der Vorbereitungsphase entscheidend, den Inhalt ausführlich und detailliert zu planen. Hierzu hat es sich bewährt, dass sich die Beteiligten jeweils unabhängig voneinander mithilfe von Vorbereitungsbögen auf das Gespräch einstellen. In diesen Bögen sind verschiedene Fragen zu einzelnen Themengebieten aufgeführt. Sie dienen als Anregung, damit sich beide Gesprächspartner zu einzelnen Bereichen und bestimmten Punkten Gedanken machen können. Auf diese Weise wird die für ein erfolgreiches Gespräch erforderliche Reflexion initiiert. Die individuelle inhaltliche Vorbereitung der Beteiligten ist wichtig, da so jeder für sich selbst zu eigenen Ansichten und Interpretationen gelangen kann. Dies ist die Voraussetzung, um im Entwicklungsgespräch die jeweiligen Perspektiven zu verschränken und zu neuen Sichtweisen zu kommen.

Diese Vorbereitungsbögen sind auch im Entwicklungsgespräch präsent und dienen als Strukturierungshilfe, sozusagen als Gesprächsleitfaden, damit keine Details, die in der Vorbereitung vermerkt wurden, im Gespräch verloren gehen. Die Beteiligten können bereits in der Vorbereitung denkbare Verbesserungsmaßnahmen entwerfen und diese dann im Gespräch konkret vorschlagen und erörtern.

Aspekte, die während der Durchführung zu beachten sind: Während des Entwicklungsgesprächs können die Vorbereitungsbögen – wie bereits gesagt – als Hilfe dienen, um den Gesprächsverlauf zu strukturieren und um eine einheitliche Systematik der Gespräche zu ermöglichen. Die Ergebnisse des Entwicklungsgesprächs, sprich die getroffenen Absprachen, Entwicklungsvereinbarungen, Quali-fizierungs- und Fördermaßnahmen, müssen – für eine spätere Überprüfung – do-kumentiert werden. Diese Dokumentation kann nur durch die Beteiligten gemein-sam erfolgen und sollte nach Beendigung des Gesprächs von beiden Gesprächs-partnern im gegenseitigen Einverständnis unterschrieben werden.

Im Vordergrund eines Entwicklungsgesprächs steht immer die Weiterentwick-lung der einzelnen Beschäftigten, unter der Prämisse, dass die Organisation da-mit auf einem höheren Niveau ihre Leistungen erbringen kann.

Damit das gesamte Potenzial, das in einem Entwicklungsgespräch steckt, ge-nutzt wird, sollten die Vorschläge von den Mitarbeitenden zur Organisationsent-wicklung gesammelt, dokumentiert und später systematisch ausgewertet wer-den. Die von den Mitarbeiterinnen und Mitarbeitern gewonnenen Anregungen können zum Beispiel an zuständige Qualitätszirkel geleitet werden und so in den weiteren Qualitäts- und Organisationsentwicklungsprozess einfließen.

Die drei Phasen des Mitarbeiterentwicklungsgesprächs

Idealerweise besteht das Entwicklungsgespräch aus drei Phasen. In der *ersten Phase* sollen noch einmal im Rückblick die Aufgaben und Ergebnisse der ver-gangenen Arbeitsperiode reflektiert werden. In der *zweiten Phase* wird die Ar-beitssituation insgesamt besprochen, und in der *dritten Phase* soll, aufbauend auf den Ergebnissen der vorherigen Phasen, eine Entwicklungsvereinbarung ge-troffen werden.

Die Aufzeichnungen aus der Vorbereitung sollten in jeder Phase zur individu-ellen Orientierung genutzt werden. Es ist nicht daran gedacht, die individuellen Vorbereitungen komplett auszutauschen. Die Fragen des Vorbereitungsbogens können allerdings zur Strukturierung des Gesprächsverlaufes dienen.

- **Erste Phase: Rückblick auf die vergangene Arbeitsperiode.** In der er-sten Phase des Entwicklungsgesprächs sollen die in der letzten Arbeitsperi-ode aufgetretenen Erfolge und Probleme sowie die Stärken und Schwächen der Mitarbeiterin beziehungsweise des Mitarbeiters analysiert und Verbesse-rungs- beziehungsweise Lösungsmöglichkeiten diskutiert werden. Dabei ist auch ein Blick auf die vorherige Entwicklungsvereinbarung zu werfen, um zu bewerten, ob die seinerzeit vereinbarten Maßnahmen erfolgreich waren, be-ziehungsweise wenn nicht, woran dies gelegen hat.

- **Zweite Phase: Reflexion der gesamten Arbeitssituation.** Diese Phase dient dazu, die gesamte Situation der Mitarbeiterin beziehungsweise des Mitarbei-ters in der Organisation zu reflektieren. Die gegenwärtige Arbeitssituation so-wie die dazugehörigen Strukturen und Prozesse werden gemeinsam betrach-tet, analysiert und bewertet. Weiter sollte auch die Arbeitszufriedenheit und die Qualität der Zusammenarbeit mit Vorgesetzten und anderen Kolleginnen und Kollegen innerhalb der gesamten Organisation zum Bestandteil des Gesprächs werden. Durch den partnerschaftlichen Dialog können verschiedene Interpretationen eines Sachverhalts oder Gegenstandes zu neuen Erkenntnissen führen, und es kann auf diesen aufbauend gemeinsam eine Lösung oder Verbesserung entwickelt werden. Diese Phase dient auch dazu, das Aufgaben- und Rollenverständnis für Mitarbeitende und Führungskräfte zu klären. Folgende Themenfelder können Bestandteil des Entwicklungsgesprächs sein:

– Arbeitsaufgaben und -ergebnisse,
– Arbeitsumfeld,
– Zusammenarbeit und Führung,
– Entwicklungsperspektiven,
– Vorschläge für die Organisations- und Qualitätsentwicklung.

● **Dritte Phase: Abschließen einer Entwicklungsvereinbarung.** Als ein Resultat des Entwicklungsgesprächs steht eine Entwicklungsvereinbarung zwischen Mitarbeiter und Vorgesetzten. Dabei sollen Ziele und entsprechende Maßnahmen benannt werden, die erforderlich sind, um das angestrebte Entwicklungsziel zu erreichen. Beinhalten sollte diese Entwicklungsvereinbarung also, welche Entwicklungsmaßnahmen bezogen auf welche angestrebten Kenntnisse oder Fähigkeiten bis wann unternommen werden. Die vereinbarten Ziele und Maßnahmen sollten unmissverständlich ausformuliert, realistisch, aber herausfordernd sowie terminiert und messbar, das heißt, mit Erfolgsindikatoren unterlegt, sein.

Mitarbeiterentwicklungsgespräche sollten sehr gut vorbereitet sein, damit sie einen möglichst hohen Nutzen sowohl für die Beschäftigten als auch die Gesamtorganisation haben. Der folgende Fragebogen dient der persönlichen Vorbereitung des Mitarbeiterentwicklungsgesprächs für die jeweilige Mitarbeiterin, den jeweiligen Mitarbeiter und für die zuständige Führungskraft. Die Führungskraft beantwortet die aus der Sicht der Mitarbeitenden formulierten Fragen aus ihrer Perspektive.

Die Vorbereitungsbögen verbleiben bei den jeweiligen Personen; sie sind nicht für einen Austausch gedacht.

Vorbereitungsbogen
für ein Mitarbeiterentwicklungsgespräch

Erste Phase: Rückblick auf die vergangene Arbeitsperiode

Nehmen Sie bitte die Entwicklungsvereinbarung des letzten Gesprächs (wenn bereits ein Gespräch durchgeführt wurde) zu Hilfe, lassen Sie die vergangene Arbeitsperiode noch einmal Revue passieren und ziehen Sie Bilanz.

Welche Entwicklungsziele und -maßnahmen wurden für den zurückliegenden Zeitraum vereinbart?

....

....

....

....

Wurden alle Ziele erreicht? Was ist noch nicht erledigt? Warum nicht?

....

....

....

....

Wie zufrieden sind Sie mit den erzielten Ergebnissen?

....

....

....

....

Welche Gründe haben Sie für diese Einschätzung?

....

....

....

....

....

Was war förderlich? Was war hinderlich? Was könnte man besser/anders machen?

Welche Probleme sind aufgetreten? Wurden sie gelöst? Was trug zur Lösung bei? Wenn nicht, wie könnten sie noch gelöst werden?

Welche persönlichen Stärken sind in der vergangenen Arbeitsperiode offensichtlich geworden? In welcher Hinsicht haben Sie Schwächen an sich entdeckt?

Gibt es weitere Anmerkungen zur letzten Arbeitsperiode beziehungsweise zur letzten Entwicklungsvereinbarung?

Zweite Phase: Reflexion der gesamten Arbeitssituation

In dieser Phase soll die Arbeitssituation insgesamt innerhalb der Organisation besprochen werden. Die gegenwärtige Arbeitssituation sowie die dazugehörigen Strukturen und Prozesse sollen betrachtet, analysiert und bewertet werden. Machen Sie sich bitte zu den einzelnen Punkten Notizen, wenn Ihnen Positives oder Negatives einfällt und greifen Sie dies später im Gespräch wieder auf.

1. Arbeitsaufgaben und -ergebnisse

Welche Arbeitsabläufe sind gut organisiert oder geplant? Welche Arbeitsläufe sind nicht gut organisiert oder geplant?

Sind Sie mit Ihren Arbeitsergebnissen zufrieden? Welche Maßnahmen erscheinen sinnvoll, um die Zufriedenheit zu erhöhen?

In welchen Bereichen sehen Sie eine Über- oder Unterforderung (zum Beispiel Arbeitsmenge, bestimmte Anforderungen)?

Wie effizient waren die eingesetzten PE-Maßnahmen? Inwiefern konnten dadurch berufliche und persönliche Ziele erreicht werden?

....

....

....

....

Welche Maßnahmen erscheinen generell sinnvoll, um die gegenwärtige Arbeit oder zukünftige Arbeitsaufgaben besser erledigen zu können?

....

....

....

....

Welche Veränderungen finden statt oder sind in nächster Zeit zu erwarten (zum Beispiel strukturelle und/oder personelle Veränderungen, neue Regelungen, Projekte, Entwicklungsbedarfe)?

....

....

....

....

Gibt es weitere Vorschläge oder Anmerkungen zum Bereich Arbeitsaufgaben und -ergebnisse?

....

....

....

....

....

2. Arbeitsplatz

Was ist für einen guten Arbeitsplatz förderlich (zum Beispiel Ergonomie, Beleuchtung, Lärm, Mobiliar, Sauberkeit, Räumlichkeiten)?

Was stört bei der Arbeit?

In welchem Zustand sind die Mittel und Materialien, welche fehlen (zum Beispiel Geräte, Werkzeuge, PC, Moderationsmaterialien)?

Welche Arbeitszeitregelungen haben sich aus Ihrer Sicht bewährt, welche Änderungen könnten allen Beteiligten nützen (zum Beispiel Flexibilität, Dienstplan, Vertretungsregelung, Urlaub)?

Welche Faktoren am Arbeitsplatz stellen körperliche Belastungen und/oder gesundheitliche Beeinträchtigungen dar?

Wo bestehen Sicherheitsrisiken, was sollte verbessert werden (zum Beispiel Gefahrenquellen, Schutzvorrichtungen, Schutzkleidung)?

Gibt es weitere Vorschläge oder Anmerkungen zum Bereich Arbeitsplatz?

3. Zusammenarbeit und Führung

In welchen Bereichen funktioniert die Zusammenarbeit mit Kolleginnen und Kollegen? In welchen Bereichen funktioniert sie nicht?

In welchen Bereichen fühlen Sie sich durch Ihre Vorgesetzten gut informiert? In welchen Bereichen sehen Sie Verbesserungspotenzial?

In welchen Situationen stimmt der gegenseitige Umgang zwischen Vorgesetzten und Mitarbeitenden aus Ihrer Sicht? In welchen Situationen könnte er verbessert werden?

In welchen Gebieten ist die Zusammenarbeit zwischen Vorgesetzten und Mitarbeitenden gut? In welchen Gebieten könnte sie verbessert werden?

Wie empfinden Sie Ihren Handlungs- und Entscheidungsspielraum?

Welche Unterstützung brauchen Sie zur Erreichung Ihrer Ziele von Ihrem beziehungsweise Ihrer Vorgesetzten?

Welche Erwartungen bestehen außerdem an den Vorgesetzten beziehungsweise die Vorgesetzte?

....

....

....

....

....

Was läuft in der Zusammenarbeit zwischen Ihnen und Ihren unterstellten Mitarbeiterinnen und Mitarbeitern gut? Wie könnte die Zusammenarbeit noch verbessert werden?

....

....

....

....

....

Gibt es weitere Vorschläge oder Anmerkungen zum Bereich Zusammenarbeit und Führung?

....

....

....

....

....

4. Entwicklungsperspektiven

Welche Ihrer Kompetenzen (Kenntnisse, Fähigkeiten, Fertigkeiten) sollten erweitert werden?

....

....

....

....

....

....

Welche können besser genutzt werden? Welche neuen Kompetenzen sind erforderlich?

Welche zusätzlichen oder neuen Aufgaben sollten übernommen werden? Welche Aufgaben sollten besser abgegeben werden?

Welche Entwicklungsziele möchten Sie erreichen (maximal 3–5 Vorschläge)?

Welche Qualifizierungs- und Fördermaßnahmen möchten/sollten Sie im Hinblick auf Ihre persönliche und berufliche Weiterentwicklung besuchen?

Wie stellen Sie sich Ihre persönliche und berufliche Weiterentwicklung/Zukunft vor? Welche Möglichkeiten kommen in Betracht?

....

....

....

....

....

Gibt es weitere Vorschläge oder Anmerkungen zum Bereich Entwicklungsperspektiven?

....

....

....

....

....

5. Vorschläge für die Organisations- und Qualitätsentwicklung

Inwiefern kann an Ihrem Arbeitsplatz an der Verbesserung der Qualität der Arbeit in der Organisation mitgewirkt werden (zum Beispiel Verbesserung der Kundenorientierung, Verbesserung der Arbeitsorganisation, bessere Erreichbarkeit, bessere Arbeitsbedingungen)?

....

....

....

....

....

Gibt es Ideen, Anregungen, Verbesserungsvorschläge für Ihren Aufgabenbereich oder für die Organisation insgesamt (zum Beispiel Steigerung der Effektivität, Optimierung von Prozessen oder Strukturen, Einsparung von Kosten, Erweiterung des Angebots)?

....

....

....

....

....

Dritte Phase: Abschließen einer Entwicklungsvereinbarung

Die Vereinbarungen am Ende eines Mitarbeiterentwicklungsgespräches dienen zur Dokumentation der im Konsens erzielten Ergebnisse des Gespräches. Damit stellen Sie sicher, dass beide Seiten sich später an das Gleiche erinnern und die vereinbarten Maßnahmen auch wirklich durchgeführt und überprüft werden. Nutzen Sie am besten dafür den folgenden Bogen.

Entwicklungsvereinbarung

Name des Mitarbeiters/der Mitarbeiterin: _____

Name des/der Vorgesetzten: _____

	Welche Kenntnisse, Fähigkeiten und/oder Fertigkeiten sollen entwickelt werden?	Welche Entwicklungsmaßnahme wird vereinbart?	Bis wann ist die Maßnahme abgeschlossen?	Woran ist der Erfolg zu erkennen?
1				
2				
3				
4				

....
Datum   Unterschrift Mitarbeiter/in

                    ....
                    Unterschrift Vorgesetzte/r

Austauschprozesse gestalten: Wie gelingt ein gutes Marketing?

Definition Marketing

Marketing umfasst alle Maßnahmen, die dazu führen, dass Angebote und Produkte zu ihren Nutzern beziehungsweise Konsumenten finden. Marketing ist also das bewusste Gestalten von Austauschprozessen und hat die doppelte Zielrichtung einer Identitätsbildung der Organisation nach innen und einer Marktbildung, im Sinne einer gezielten Beeinflussung der Abnehmerumwelt, nach außen. Marketing unterteilt sich in die vier Bereiche Produktpolitik, Preispolitik, Distributionspolitik und Kommunikationspolitik. Zur Marketingkommunikation gehört eine allgemeine Imagewerbung, eine jeweils spezifische Produktpräsentation sowie allgemeine Öffentlichkeitsarbeit.

Die Wichtigkeit des Marketings für eine Organisation

Von der Produktionsperspektive zur Marketingperspektive

In einer modernen Gesellschaft, in der auf einem gesättigten Markt alles in vergleichbarer Weise und vergleichbarer Qualität in ausreichender Menge von unterschiedlichen Anbietern bereitgestellt wird, haben die Abnehmer die Möglichkeit der Wahl. Wenn auf sogenannten Käufermärkten das Angebot die Nachfrage übersteigt, dann haben die Kunden die Macht und die Kontrolle. Sie entscheiden, was sie wann bei wem und oft sogar zu welchem Preis erwerben.

Die traditionelle Dominanz der Produktion wird abgelöst von der gestiegenen Bedeutung des Verkaufs. Von allem gibt es genug oder sogar zu viel. Die Kunst besteht jetzt darin, das Angebot zu realisieren, das heißt, an den Mann beziehungsweise die Frau zu bringen. Die gesamte Ökonomie wird vom Verkaufsprozess bestimmt und die Produktion wird zu einer Funktion des Marketings, denn sie muss sich immer mehr nach den Wünschen der Kunden richten.

Die Kunden sind die Kundigen

Die Kunden werden anspruchsvoller: Sie informieren sich, vergleichen Angebote, wägen Unterschiede in Qualität und Preis ab und entscheiden sich schlussendlich auf der Basis ihrer spezifischen Bedürfnisse. Loyalitäten gegenüber bestimmten Anbietern sind heute weniger bestimmend als früher.

Moderne Kunden sind oder machen sich kundig, bevor sie etwas kaufen. Sie wollen beraten und nicht bedrängt werden; sie wollen gefragt und oft sogar beteiligt werden. Sie legen Wert auf Service und Individualität in der Behandlung. Und sie wollen möglichst Einzigartigkeit bei den Produkten und Dienstleistungen, die sie erwerben.

Marketing ist das Gestalten von Austauschprozessen

Marketing gestaltet die Austauschprozesse zwischen dem Unternehmen und seinen verschiedenen Umwelten. Es umfasst die Konzeption, die Durchführung sowie die Kontrolle von Maßnahmen, die in Hinblick auf die Bedürfnisse und Wünsche der Zielgruppen freiwillige Austauschprozesse in spezifischen Märkten ermöglichen und unterstützen sollen, um die Organisationsziele zu erreichen. Marketing meint mehr als Produkte und Dienstleistungen zu vermarkten.

Marketing bedeutet eine generelle Denkhaltung und Handlungspraxis aller Führungskräfte und Mitarbeitenden, die ihr gesamtes Tun darauf ausrichten, die Philosophie und die Angebote der Organisation an die Kunden zu kommunizieren. Marketing hat deshalb zwei Stoßrichtungen: Nach innen ist es Organisationsbildung, nach außen ist es Marktgestaltung und dazwischen liegt die Vermittlungsarbeit, die ebenfalls dazu gehört. Marketing umfasst Image- und Produktwerbung und allgemeine Öffentlichkeitsarbeit, Public Relations (PR).

Die Organisation aus der Perspektive der Konsumenten gestalten

Modernes Marketing ist kein abgegrenzter Bereich, keine gesonderte Abteilung im Unternehmen, sondern beruht auf einer Organisationsstruktur, bei der das ganze Unternehmen sich aus der Perspektive des endgültigen Ergebnisses, der Realisierung ihres Angebotes, also vom Standpunkt der Konsumenten, betrachtet und gestaltet.

Damit werden alle Beschäftigten der Organisation zu potenziellen Verkäufern. Alle müssen ihre Arbeit unter dem Gesichtspunkt planen und ausführen, dass das Endergebnis am Schluss auch seine Abnehmer findet. Niemand kann sich aus der Verantwortung entlassen, seinen Beitrag zum gelungenen Verkauf des Produktes beziehungsweise der Dienstleistung beigetragen zu haben. Kundenorientierung ist damit nicht nur eine Frage freundlichen Mitarbeiterverhaltens, sondern Strategie, Struktur und Kultur des Unternehmens sowie des gesamten Ablaufprozesses der Arbeit. Die Interessen, Bedürfnisse und Wünsche der Kunden müssen zu jedem Moment im Blick der Beschäftigten sein.

Ziel der Kundenorientierung als Unternehmensstrategie ist ein durchgängig kundenbezogenes Denken, Planen, Steuern und Handeln innerhalb des gesamten Unternehmens. Dies fängt bei der obersten Führung an, und muss sich fortsetzen bis in die untersten ausführenden Funktionen.

Basis einer kundenorientierten Unternehmensstrategie ist die systematische Analyse

- der Gründe der Kunden, warum sie mit dem Unternehmen zusammenarbeiten beziehungsweise dies eben nicht tun,
- dessen, was die Kunden von dem Unternehmen, seinen Produkten und Dienstleistungen erwarten beziehungsweise was ihnen fehlt und
- durch welche Motive sich die Kunden zum Kauf entscheiden.

Kundenorientierung als Struktur bedeutet, dass sich Unternehmen in ihrer Aufbau- und Ablauforganisation strikt am Kunden orientieren. Der Kunde mit seinen Bedürfnissen und Interessen ist virtuell im Unternehmen anwesend und alle Prozesse werden so gestaltet, dass sie im höchsten Maße diesem Interesse dienen.

So wichtig die strategische und strukturelle Vorbereitung der Kundenbeziehung auch ist; die unmittelbare Interaktion zwischen Mitarbeitenden und Kunden ist nicht zu ersetzen. Ob der Kunde als kundiger Partner oder als zu lästiger Störenfried behandelt wird, ist im Wesentlichen eine Frage der entsprechenden Unternehmenskultur beziehungsweise der diese begründenden gelebten Normen und Werte der Organisation. Die Maximierung des Kundennutzens sollte deshalb der zentrale Wert des Unternehmens sein.

Die vier Bereiche des Marketings

Traditionell beziehen sich die Marketingaktivitäten auf vier Bereiche:

- Die *Produktpolitik* fragt danach, welche Produkte und Dienstleistungen entwickelt und auf dem Markt angeboten werden sollen.
- Die *Preispolitik* legt fest, zu welchen Bedingungen und Preisen, gegebenenfalls mit welchen Rabatten, die Produkte und Dienstleistungen offeriert werden sollen.
- Die *Distributionspolitik* bestimmt, welche Kundenzielgruppen sich wo aufhalten, und auf welchen Wegen die Produkte und Dienstleistungen vertrieben werden.
- Die *Kommunikationspolitik* regelt, welche Informations- und Beeinflussungsmaßnahmen ergriffen werden sollen, um die Produkte und Dienstleistungen (besser) verkaufen zu können.

Die verschiedenen, bewusst zusammengestellten Aktivitäten in diesen vier Bereichen werden üblicherweise als Marketing-Mix bezeichnet.

In ihrer *Produktpolitik* legt eine Weiterbildungsorganisation beispielsweise fest, in welchen Marktsegmenten sie tätig sein will, ob sie sich eher für bildungsbenachteiligte oder höher qualifizierte Zielgruppen zuständig sieht. Hier werden auch die passenden Bildungsangebote für die Bedürfnislage der Zielgruppen bestimmt. Dem folgt die *Preispolitik*. Können niedrige Preise und Rabatte gewährt werden, weil man auf eine öffentliche Unterstützung zurückgreifen kann, oder wendet man sich an solventere Zielgruppen, mit denen sich Gewinne erwirtschaften lassen?

Für die *Distributionspolitik* ist es wichtig zu wissen, wo sich die Zielgruppen aufhalten und welche Medien sie benutzen. Gehen die angezielten Kunden in Buchhandlungen, sodass man Programme dort auslegen kann? Lesen sie die örtliche Tageszeitung, und kann man folglich über Inserate werben?

Für das Bestimmen der *Kommunikationspolitik* ist es wichtig herauszufinden, welche Sprache anschlussfähig an die jeweiligen Adressaten ist, welche Vorlieben diese auszeichnen, welche ästhetischen Ansprüche die Zielgruppe hat.

Unternehmensbezogene und produktbezogene Marketingkommunikation

Marketingkommunikation dient der Imagebildung und der Produktwerbung. Sie hat dabei verschiedene Aufgaben:

- Zunächst einmal stellt sie sicher, dass die bewusst gestalteten Wesensmerkmale der Organisation, das heißt, die »Persönlichkeit des Unternehmens« (*Corporate Identity*), in allen fühl- und wahrnehmbaren Objekten ihren Ausdruck finden. Dieses *Corporate Design* bezieht sich auf alles, was man anfassen und von der Organisation sehen kann, zum Beispiel Logo, Briefpapier, Broschüren, Internetauftritt, aber auch Gebäude und Räume.
- Organisationen werden von außen mit ihren Mitarbeitenden identifiziert. Bewusste Marketingkommunikation drückt sich deshalb in einem Verhalten aller Beschäftigten (*Corporate Behavior*) aus, das die Werte, die Philosophie und die Mission des Unternehmens (*Corporate Cultur*) repräsentiert.
- Die strategisch geplanten Kommunikationsmaßnahmen (*Corporate Communication*) beinhalten sämtliche Image- und Produktwerbungen, durch die Akzeptanz, Sympathie, Interesse und Kaufbereitschaft in der interessierten Öffentlichkeit aufgebaut werden sollen.

Einzigartigkeit anstreben

Bei der sogenannten USP (Unique Selling Proposition) geht es um die Einzigartigkeit einer Marke, eines Produktes, einer Dienstleistung, die in dieser Form nur von dem eigenen Unternehmen angeboten wird. Durch die USP unterscheidet man sich positiv von den Wettbewerbern. Wenn es einem Unternehmen gelingt, in seinem Marketing auf etwas hinzuweisen, das für die Kunden einen besonderen Nutzen bietet, verankert sich das Unternehmen im Bewusstsein der Kunden in besonderer Weise. Diese Einzigartigkeit kann in dem Produkt selbst liegen, das es nur bei der eigenen Weiterbildungsorganisation gibt, was natürlich äußerst selten der Fall sein wird. Sie kann aber auch in einer begleitenden Dienstleistung, zum Beispiel in einer Kinderbetreuung für Elternkurse, oder sogar in einer sehr gut erreichbaren oder besonders schönen Lage des Unternehmens bestehen, wenn die Kunden zum Erwerb beziehungsweise zur Nutzung der Angebote die Organisation aufsuchen müssen. Ein besonderer Kundennutzen ergibt sich auch daraus, wenn die Weiterbildungsorganisation Teil eines Kulturzentrums oder wenn eine Stadtbibliothek im selben Gebäudekomplex untergebracht ist.

Dienstleistungsmarketing ist doppelt schwierig

Dienstleistungen haben ihre Besonderheit. Man kann sie nicht anfassen, und in der Regel müssen sich die Kunden an der Realisierung dieser Dienstleistung beteiligen. Dies gilt im besonderen Maße für die Bildung, die ohne die lernende Aktivität der Teilnehmenden gar nicht möglich ist. Die Nutzer von Bildungsangeboten müssen die Geschäftsstätte des Anbieters aufsuchen, eigene Zeit investieren und alle wesentlichen Funktionen des Lernens selbst übernehmen. Die Bildungsanbieter stellen nur die Bedingungen bereit, die Lernen ermöglichen.

Dienstleistungs- und insbesondere Bildungsmarketing muss daher den traditionellen Marketing-Mix durch weitere Elemente ergänzen:

● Das physische Umfeld der Dienstleistungsrealisierung bedarf einer besonders aufmerksamen Gestaltung (Raum, Gegenstände, Licht, Farbe, Atmosphäre und vieles mehr), die den gewünschten Qualitätseindruck beim Kunden hinterlassen.

● Der Prozess der Dienstleistungsrealisierung muss so gestaltet sein, dass die Inanspruchnahme des Angebotes für den Kunden maximalen Komfort bietet und unnötige Warte- und Leerzeiten ausschließt.

● Jeder persönliche Kontakt zwischen den Mitarbeitenden des Unternehmens und den Kunden muss die Qualitätswahrnehmung der Kunden unterstützen, indem die Identität und die besonderen Eigenschaften der Organisation und ihrer Dienstleistungen in der Kommunikation ihren Ausdruck finden.

● Die Kundenbeziehungen müssen partnerschaftlich gestaltet und langfristig angelegt werden. Von den Kunden wird ein bestimmtes, zum Beispiel kooperatives, Verhalten der Mitarbeit erwartet. In Bildungsorganisationen ist es wesentlich, dass die Kunden untereinander kommunizieren und zusammenarbeiten. Das Image des Anbieters hängt auch davon ab, wie sich die gesamte kommunikative Kultur realisiert. Daher bedarf es eines Kundenmanagements im Sinne einer sensiblen Steuerung des Kundenverhaltens, zum Beispiel durch gute Informationen und dezente Regulierungen, vor allem aber durch vorbildliches Verhalten.

Bildungsmarketing vermarktet die Bildungsidee

Bildungsangebote sind normative Produkte, weil sie immer einen bestimmten Wertebezug haben. Umfassende Bildung zielt neben einer fachlichen Qualifizierung auch auf die Persönlichkeitsentwicklung und die soziale Integration der Lernenden. Bildungsangebote können daher nicht beliebig jeglichen Kundenwünschen angepasst werden, weil sie sonst den legitimen Selbstansprüchen der Anbieter widersprechen. Aus diesem Wertebezug der Bildung, der nicht ignoriert werden kann, kann Bildungsmarketing eine besondere Stärke machen, indem aus der Bildungsidee heraus die Marketingaktivitäten selbst als Bildungsprozess gestaltet werden:

- Die *Imagebildung* des Unternehmens kann die Werte der Organisation als Sinn- und Identifizierungsangebot an die Kunden kommunizieren.
- Die Produkt- und Dienstleistungswerbung kann als gezielte ethische *Marktbildung* angelegt werden, die Werthaltungen bei den Konsumenten unterstützt und entwickelt.
- Die allgemeine Öffentlichkeitsarbeit kann schließlich auf die gesellschaftliche und wirtschaftliche Bedeutung einer guten Bildung sowie auf die Notwendigkeit von Chancengleichheit hinweisen und damit zu einer politischen *Öffentlichkeitsbildung* beitragen.

Bildung ist ein sogenanntes meritorisches Gut, das heißt, sie bedarf der öffentlichen Förderung, weil sie sonst nur von zahlungskräftigen gesellschaftlichen Schichten in Anspruch genommen werden könnte. Dies kann eine Weiterbildungsorganisation bei ihrer *Imagewerbung* herausstellen, indem sie sich bewusst mit den unterschiedlichsten und unterschiedlich bepreisten Angeboten an alle Bevölkerungskreise wendet.

Bei der *Werbung für Bildungsangebote und Bildungsdienstleistungen* sollte zwar nicht auf »Pfiffigkeit« und Witz verzichtet werden, wohl aber auf marktschreierische Verdummungen nach dem Motto, dass Geiz geil sei.

Eine Weiterbildungsorganisation hat beispielsweise bei ihrer Werbung mit Analogien zum Essen und Trinken gearbeitet, indem sie den »Wissensdurst« und den »Bildungshunger« ihrer Kunden angesprochen hat. Diese Werbung trug zugleich zur *Öffentlichkeitsbildung* bei, weil Bildung als Grundbedürfnis deutlich wurde, auf dessen Befriedigung man nicht ohne schwerwiegende Folgen verzichten kann. In einer solchen Werbung wird kommuniziert, dass Bildung ein Bürgerrecht ist ebenso wie der berechtigte Anspruch auf gesunde Nahrungsmittel.

Der Nutzen einer systematischen Marketingkommunikation

- Sie vermittelt die Identität und das gewünschte Image des Unternehmens an die Zielgruppen und die allgemeine Öffentlichkeit.
- Sie stellt die Besonderheiten und gegebenenfalls die Einzigartigkeit der Produkte und Dienstleistungen dar und fördert damit das Kaufbedürfnis der Kunden.
- Sie entwickelt und pflegt möglichst langfristige Beziehungen zu den Kunden.
- Sie stärkt die Bindung der Kunden an das Unternehmen.
- Sie informiert nicht nur, sondern gestaltet Märkte mit.
- Sie wirkt auf Adressaten und Zielgruppen bereits bildend im Sinne des Unternehmens.
- Sie trägt zur Realisierung der Unternehmensziele und damit zum Erfolg des Unternehmens bei.

Worauf kommt es im Marketing an?

 Ein Marketingkonzept sollte entwickelt werden. Ein Marketingkonzept übersetzt – orientiert am Leitbild und den strategischen Entwicklungszielen – die Philosophie des Unternehmens für das Marketing. Das Konzept umfasst einen Rahmen- beziehungsweise einen Grobplan für die späteren Marketingmaßnahmen und formuliert die zentrale Werbebotschaft als Mission Statement. Die Grundlinien der Produkt-, Distributions-, Preis- und Kommunikationspolitik werden hier bestimmt.

Die fünf Schritte zur Entwicklung eines strategischen Marketingkonzeptes sind:

1. *Analyse der Umfeldsituation:* Im ersten Schritt wird die externe Umwelt der Organisation untersucht hinsichtlich der Kunden, der Konkurrenten, der Kooperationspartner, der Absatzmittler und sonstiger Einflussnahmen, zum Beispiel durch den Staat.
2. *Analyse der internen Unternehmenssituation:* Im zweiten Schritt wird die derzeitige Situation der Organisation bestimmt im Hinblick auf die Unternehmensziele, die finanziellen und personalen Ressourcen, die Entwicklungspotenziale sowie die sonstigen Einflussnahmen, zum Beispiel durch Share- oder Stakeholder.
3. *Strategische Entwicklungsplanung des Unternehmens:* Im dritten Schritt wird über die Vision entschieden, wo die Organisation in fünf bis zehn Jahren stehen will, welche Werte sie vertritt und an welchem Leitbild sie sich orientiert.
4. *Beschreibung der Marketingphilosophie:* Im vierten Schritt legen die Organisationen ihre Marketingphilosophie fest, indem sie zum Beispiel beschreiben, welche Werte sie in ihren Kundenbeziehungen realisieren wollen.
5. *Aufstellung der allgemeinen Marketingziele:* Im fünften Schritt geht es um allgemeine Marketingziele, die aufgestellt werden sollen. Die allgemeinen Marketingziele müssen mit den strategischen Unternehmenszielen und der Marketingphilosophie kompatibel sein.

Das operative Marketingkonzept, das heißt, die taktische Marketingplanung, die Festlegung der operativen Marketingziele, -maßnahmen und -instrumente, die Umsetzung sowie die spätere Kontrolle der Marketingerfolge, umfasst eigene Schritte.

Für die Analysen der Umfeldsituation und der internen Unternehmenssituation kann unter anderem auf die Ergebnisse der Bedarfserschließung (s. S. 41ff.) und der Umwelt- und Organisationsanalysen im Rahmen der Strategieentwicklung (s. S.209ff.) zurückgegriffen werden.

 Konkrete Marketingziele sollten aufgestellt werden. Ohne konkrete und überprüfbare Marketingziele ist der Erfolg des Marketings rein zufällig und kann nicht überprüft werden. Dazu müssen die Ziele operational in Bezug auf den genauen Inhalt, das messbare Ausmaß der Zielerreichung und den Zeitraum, in dem die Ziele erfüllt sein sollen, sowie die personale Verantwortung bestimmt werden.

Konkrete Marketingziele können zum Beispiel sein:

- Existenz eines Produktes/einer Dienstleistung bekannt machen.
- Nutzen, Eigenschaften, Qualität eines Produktes/einer Dienstleistung verdeutlichen.
- Einen Markennamen bekannt machen und im Bewusstsein der Kunden verankern.
- Verkauf verbessern, Absatz steigern.
- Image und Prestige für das Unternehmen schaffen.
- Gute PR des Unternehmens, positive Berichte Dritter initiieren oder verstärken.
- Schlechte PR des Unternehmens, negative Berichte Dritter kompensieren.
- Glaubwürdigkeit des Unternehmens betonen, Vertrauen der Kunden ins Unternehmen stärken.
- (Erfolgs-)Geschichte des Unternehmens erzählen.
- Marktanteile von der Konkurrenz gewinnen.
- Vorsprung vor dem Wettbewerb absichern.
- Neue Märkte erschließen, neue Kunden gewinnen.
- Altkunden pflegen, Marktanteil absichern.
- Den Weg für weitere Marketingaktivitäten schaffen (beispielsweise Direktmailings und Telefonaktionen).

Diese Ziele müssen allerdings noch operationalisiert und anhand von Indikatoren überprüfbar gemacht werden.

 Ein einheitliches Corporate Design sollte gestaltet werden. Das Dienstleistungsmarketing, zu dem das Bildungsmarketing gehört, hat das Problem, dass die Kunden die Angebote nicht betrachten, prüfen und testen können. Welche Qualität ein Bildungsangebot tatsächlich hat, lässt sich erst in der Rückschau, wenn man es wahrgenommen hat, bewerten. Vor allem aus diesem Grunde ist es wichtig, dass Bildungsorganisationen in ihrem Marktauftritt, der sämtliche visuellen und taktilen Objekte umfasst, ein einheitliches Design realisieren, das ein Ausdruck ihres Selbstbildes (Corporate Identity) ist und bei den Kunden einen gewünschten Qualitätseindruck hinterlässt. Dazu gehören zum Beispiel:

- Briefpapier,
- Visitenkarten,
- Websites,
- Programme, Broschüren, Schriftenreihen, Flyer,
- Beschilderungen,
- Werbematerialien,
- Give-aways,
- Gebäude- und Raumfarben.

Wie weit dieses Corporate Design geht beziehungsweise wie umfassend es ist, entscheiden die Organisationen selbst. Diese Entscheidung sollte allerdings begründet getroffen werden.

Die Organisation sollte öffentlich präsentiert werden. Diese Anforderung betrifft das allgemeine CI-Marketing. Es geht nicht um das spezifische Produkt- oder Dienstleistungsmarketing. Die Weiterbildungsorganisation muss in der Öffentlichkeit bekannt werden, sich profilieren und für ein positives Image sorgen. Dazu können auch Referenzen von zufriedenen Kunden verwendet werden. Folgende Maßnahmen können für das allgemeine CI-Marketing eingesetzt werden:

- Imageprospekte oder Imagebroschüren auslegen, verteilen und/oder verschicken.
- Annoncen schalten.
- Öffentliche Werbeflächen belegen.
- Die eigene Website passend zur Organisation gestalten.
- Tag der offenen Tür durchführen.
- Events veranstalten.
- Preisausschreiben machen.
- Jahrbücher, Geschäftsberichte anfertigen.
- Messestände organisieren.
- Vorträge halten.

Wie eine Organisation von ihrer Umwelt wahrgenommen wird, wie sie in der Öffentlichkeit dasteht, wie die Presse über sie berichtet, welches Ansehen sie genießt, welche Bedeutung wichtige regionale Repräsentanten, zum Beispiel Kommunalpolitiker, der Organisation beimessen – dieses gesamte Image ist grundlegend für die Aufmerksamkeit und das Interesse, das potenzielle Kunden der Organisation entgegenbringen. Schon hier wird der spätere Erfolg im Vertrieb von Bildungsdienstleistungen vorbereitet.

 Spezielle Produkt-/Leistungsinformationen sollten entwickelt werden. Hier geht es um das Produkt-/Dienstleistungsmarketing im engeren Sinne, indem spezifische Einzelangebote beworben werden. Die Organisation entwickelt Werbestrategien und Werbematerialien und gestaltet sie in ihrem Corporate Design. Hierzu können zum Beispiel gehören:

- Programme,
- Kataloge,
- Flyer,
- Mailings,
- Anzeigen,
- Kennenlern- beziehungsweise Schnupperangebote.

 Eine Journalisten-/Pressedatei sollte aufgebaut werden. Die beste Werbung ist die, die man nicht selber macht, sondern die durch neutrale Personen, zum Beispiel in Form redaktioneller Beiträge in den öffentlichen Medien, publiziert wird. Dafür ist die Kontaktpflege zu Journalisten wichtig. Eine ständig aktualisierte Datei mit Kontaktpersonen aus den öffentlichen Medien und freien Journalisten ist die Voraussetzung hierfür. Diese Datei sollte qualifiziert werden, das bedeutet, dass Informationen über die Schwerpunkte und Interessensgebiete der Journalisten zusätzlich aufgenommen werden. Darüber hinaus ist jeweils festzuhalten, welche Informationen an die jeweiligen Personen verschickt wurden und ob und wenn ja welche Berichte daraufhin erfolgten. So ist sichergestellt, dass die Journalisten nicht mit unpassenden oder doppelten Informationen versorgt werden.

 Die Journalisten sollten regelmäßig informiert werden. Journalisten unterliegen einem eigenen Erfolgsdruck. Sie sind deshalb auch auf Informationen durch andere angewiesen. Diese Informationen müssen jedoch spezifisch aufbereitet sein und an die Kommunikations- und Verwertungslogiken der Journalisten ankoppeln, damit sie leicht im Arbeitsprozess der Journalisten weiterverarbeitet werden können.

Informationen haben eine besondere Chance, zur Kenntnis genommen zu werden, wenn

- sie Neues, bisher Unbekanntes enthalten,
- öffentlich bekannte Persönlichkeiten involviert sind,
- über herausragende Erfolge berichtet wird,
- sie den Anforderungen an journalistische Texte gerecht werden (aufmerksamkeitsstarke Überschrift, Zusammenfassung am Beginn des Textes, danach weiterführende Erläuterungen),
- sie kurz, prägnant und anschaulich geschrieben sind,
- sie auch interessante Fotos und Bilder enthalten.

 Medien-/Presseberichte sollten gesammelt werden. Die erfolgte Berichterstattung der Medien über die Organisation und/oder ihre Aktivitäten sollte dokumentiert und gegebenenfalls auch wieder an Informationswänden im Unternehmensgebäude, auf Messen, in Geschäftsberichten und/oder den eigenen Internetseiten bekannt gemacht werden. Damit kann man den Kommunikationserfolg vervielfältigen beziehungsweise den Werbeeffekt vergrößern.

 Die durchgeführten Qualitätsmaßnahmen sollten in Bezug auf das Leitbild und die Definition gelungenen Lernens begründet sein. Von der Qualität des Marketings hängt der Erfolg des Vertriebs der Bildungsangebote maßgeblich ab. Deshalb sollten die durchgeführten Qualitätsmaßnahmen in Bezug auf die Organisationsziele und die Definition gelungenen Lernens, wie sie im Leitbild aufgestellt sind, begründet sein. Eine entsprechende Begründung erstellt jede Organisation in Hinblick auf ihre spezifischen Ziele. Dabei können zum Beispiel folgende Fragen helfen:

- Inwiefern entspricht das Marketingkonzept dem Leitbild und den Zielen der Organisation?
- Inwiefern drückt sich im Marketing eine besondere Lernerorientierung aus?
- Auf welche Weise wird im Marketing die Bildungsidee realisiert beziehungsweise wirkt das Marketing selbst bildend?
- Wodurch schafft das Marketing geeignete Voraussetzungen für die Lerner- und Kundenorientierung des Unternehmens?

Ein Verfahren zur Strukturierung der Marketingkommunikation

Bestimmung der Austauschprozesse

Marketing bezieht sich nicht nur auf den sogenannten Outputbereich, an den Leistungen abgegeben werden, sondern auch auf den Inputbereich, von dem Leistungen gewünscht werden. Schließlich kann man sogar von einem internen Marketing sprechen, wenn Mitarbeitende oder Vorstände von einer bestimmten Idee oder Innovation überzeugt werden sollen.

Marketing bedeutet Nutzenkommunikation

Marketing ist im Kern das bewusste Gestalten von Austauschprozessen, um den Kommunikationspartner zu einer gewünschten Handlung zu bewegen. Diese Handlung kann bei wirtschaftlichen Unternehmen darin bestehen, ein Produkt oder eine Dienstleistung zu erwerben. Bei Nonprofitorganisationen kann es aber auch darum gehen, ein bestimmtes Unterstützungsverhalten zu zeigen, zum Beispiel spenden, gezielt Projekte fördern oder den Gottesdienst besuchen.

Das Grundprinzip bei der Marketingkommunikation mit Personen und Organisationen als bedeutsamen Austauschpartnern erkennt man schon am Wort austauschen: Es geht um äquivalente Verhältnisse, in denen beide Seiten durch einen Tausch Nutzen haben. Im wirtschaftlichen Austauschverhältnis tauschen die Partner Ware gegen Geld. Durch ihre Gewerkschaften können Mitglieder für ihren Beitrag ökonomischen Schutz und das Einsetzen für Lohnerhöhungen erwarten. Die Kirchen versprechen Sinn im Diesseits und einen guten Platz nach dem Tode für ein gläubiges Leben und natürlich für das Entrichten der Kirchensteuer.

Die praktische Kommunikation der Marketing betreibenden Organisation im Verhältnis zu ihren Austauschpartnern sollte daher darin bestehen, diesen den Nutzen zu verdeutlichen, den sie haben, wenn sie das gewünschte Verhalten zeigen, zum Beispiel für den Inputbereich Fördermittel bereitstellen oder positive Berichte in den öffentlichen Medien publizieren beziehungsweise für den Outputbereich Weiterbildungen besuchen oder Firmenschulungen erwerben.

Dies ist leichter gesagt als getan, da Organisationen dazu neigen, aus einer Binnenlogik zu kommunizieren und dabei auf die *Merkmale* ihrer Produkte und Dienstleistungen statt auf den *Nutzen* der Kunden zu fokussieren. So hört man immer wieder, dass Verkäufer die technischen Daten ihrer Produkte referieren, die den meisten Kunden nichts sagen, anstatt den Kunden zu verdeutlichen, welche Vorteile, Erleichterungen, Verbesserungen oder Problemlösungen sie durch das Produkt erwarten können.

In der folgenden Grafik finden Sie ein fiktives Beispiel für die Austauschverhältnisse einer Weiterbildungsorganisation.

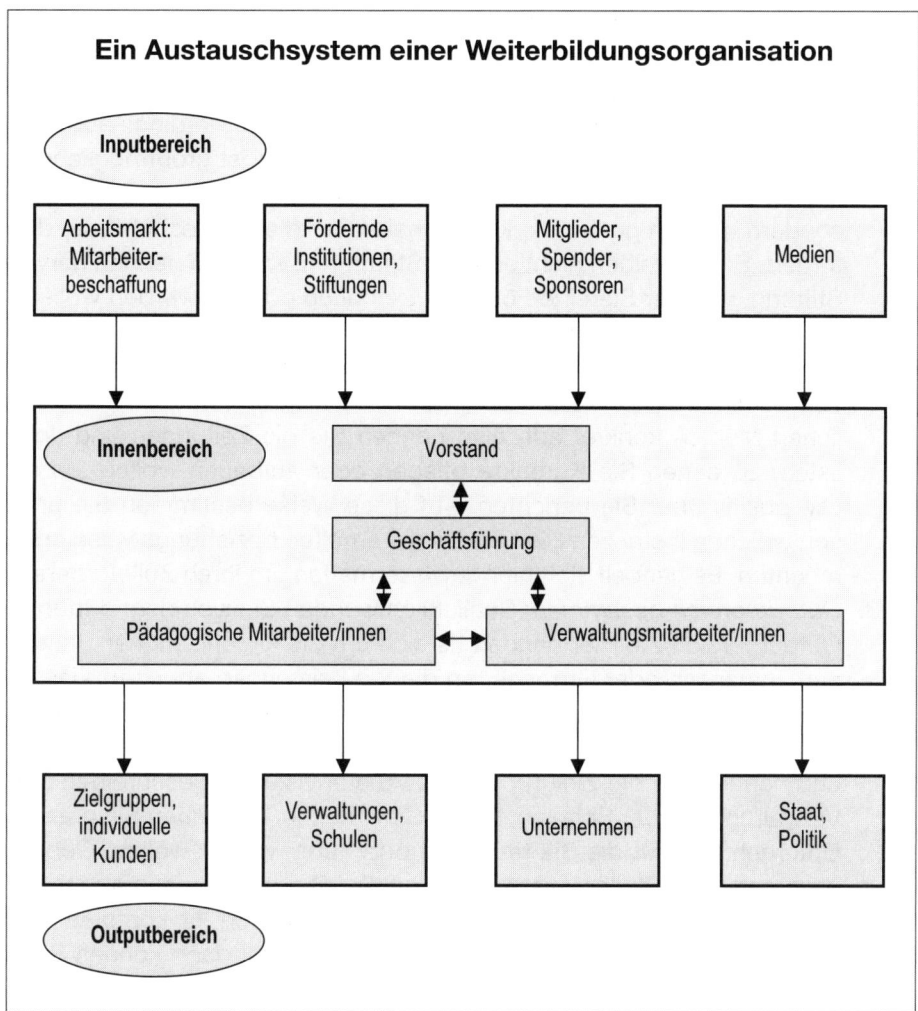

Ein Austauschsystem einer Weiterbildungsorganisation

Inputbereich

| Arbeitsmarkt: Mitarbeiter- beschaffung | Fördernde Institutionen, Stiftungen | Mitglieder, Spender, Sponsoren | Medien |

Innenbereich

Vorstand

Geschäftsführung

Pädagogische Mitarbeiter/innen ↔ Verwaltungsmitarbeiter/innen

| Zielgruppen, individuelle Kunden | Verwaltungen, Schulen | Unternehmen | Staat, Politik |

Outputbereich

Vorgehensweise, um die Austauschprozesse zu bestimmen

Am besten rekonstruiert man die Austauschprozesse einer Organisation auf einer Pinnwand mithilfe von Moderationskarten.

1. *Innenbereich bestimmen:* Sie beginnen die Bestimmung Ihrer Austauschprozesse damit, dass Sie die internen Subsysteme Ihrer Organisation auf-
   listen, zwischen denen die interne Kommunikation stattfindet (Innenbereich). In unserem Beispiel gibt es in der Weiterbildungsorganisation einen
   Vorstand, eine Geschäftsführung und die beiden Bereiche der Pädagogik
   und der Verwaltung.

2. *Inputbereich bestimmen:* Danach wenden Sie sich dem Inputbereich zu und fragen, von welchen Organisationen, Instanzen, Institutionen Sie etwas Bedeutsames für Ihre Arbeit erhalten beziehungsweise erwarten. Die in der oberen Grafik genannten vier Instanzen sind allerdings noch viel zu grob bezeichnet. An dieser Stelle des Vorgehens ist größtmögliche Konkretion erforderlich. Sie schreiben also nicht einfach staatliche Institution, sondern nennen genau die kommunale oder die Landesbehörde, die Sie fördert. Sie schreiben nicht einfach Stiftungen, sondern nennen genau die Stiftung, von der Sie eine Förderung erhalten oder einwerben wollen. Sie schreiben nicht einfach Sponsor, sondern nennen genau das Unternehmen, das Sie bei einer spezifischen Aktivität unterstützt beziehungsweise von dem Sie eine Unterstützung einwerben wollen. Listen Sie die öffentlichen Medien konkret auf, also nennen Sie die Zeitungen und Journalisten, zu denen Sie Kontakte pflegen oder aufbauen wollen, damit diese positiv über Sie berichten. Auf diese Weise bestimmen Sie präzise, von welchen Instanzen Sie Leistungen erhalten beziehungsweise erhalten möchten. Es handelt sich hier gewissermaßen um Ihren Zulieferbereich.

3. *Outputbereich bestimmen:* Schließlich wenden Sie sich dem dritten, dem Outputbereich zu. Hier handelt es sich um die Organisationen, Institutionen, Instanzen oder Gruppen, an die Sie Leistungen abgeben, das heißt, um Ihre Abnehmer. Wieder sollten Sie den Outputbereich so konkret wie möglich bestimmen. Schreiben Sie alle Ihre Kundengruppen genau auf und nennen Sie die Zielgruppen, die Sie anvisieren. Beschreiben Sie die Verwaltungen oder Schulen, für die Sie arbeiten. Benennen Sie präzise die Unternehmen, für die Sie tätig sind oder tätig werden wollen. Geben Sie die staatlichen Stellen exakt an, an die Sie Dienstleistungen abgeben.

4. *Austauschverhältnisse bewerten:* Wenn Sie danach Ihr komplettes Austauschsystem an der Pinnwand visualisiert haben, dann können Sie zum Beispiel durch Klebepunkte bewerten, welche Kommunikationen gut laufen (grüne Punkte) und welche Sie verbessern wollen (rote Punkte). Sie können die verbesserungsbedürftigen Austauschverhältnisse auch priorisieren, indem Sie bestimmen, in welchem Verhältnis Sie zuerst Verbesserungen erarbeiten wollen, welches danach an die Reihe kommt usw.

5. *Kommunikative Codierungen der Austauschpartner analysieren:* Nehmen wir an, in unserem Beispiel wäre die Bewertung so ausgegangen, dass Sie Ihre Zielgruppeninformationen verbessern wollen. Dafür ist es erforderlich herauszufinden, welche Werte die jeweiligen Zielgruppen leiten, welche Erwartungen sie an Bildung haben, welche ästhetischen Vorlieben sie auszeichnen. Die von Ihnen zu entwickelnde Marketingkommunikation muss an die zielgruppenspezifischen Wahrnehmungs- und Bewertungsfolien der Betroffenen anknüpfen, das heißt, Ihre Kommunikation muss für die kommunikativen Gewohnheiten und Bedürfnisse der Zielgruppe anschlussfähig sein, um wahrgenommen zu werden. Sie könnten jetzt zum Beispiel

herausfinden, dass traditionelle Milieus der bürgerlichen Mitte andere Erwartungen an Bildung haben als Senioren des gehobenen konservativen Milieus. Oder Sie finden heraus, dass moderne junge Milieus ein anderes Ambiente erwarten, in dem sie lernen wollen, als gewerbliche Arbeitnehmer, die eine berufliche Fortbildung besuchen (müssen). Bestimmen Sie diese Codierungen der genannten Prägungen Ihrer Zielgruppen so genau wie möglich. Dazu können Sie zum Beispiel folgende Fragen stellen:

– Welches Bildungsverständnis haben die verschiedenen Zielgruppen, zum Beispiel ein eher bildungsbürgerlich oder eher technokratisch geprägtes?

– Wo und wie informieren sich die Zielgruppen, das heißt, welche Zeitungen lesen sie, welche Radioprogramme hören sie, sind sie Internetnutzer?

– Welche Orte suchen die Zielgruppen auf, gehen sie zum Beispiel eher ins Theater oder in den Fitness-Club?

– Welche Unterscheidungen wenden die Zielgruppen selbst an, um sich von anderen abzugrenzen (Destinktionsmechanismen), zum Beispiel vornehm gegenüber billig oder cool gegenüber spießig?

6. *Marketingziel definieren:* Als nächsten Schritt bestimmen Sie, welches konkrete Ziel Sie mit der jeweiligen Marketingaktion erreichen wollen. Dies könnte in unserem Fall die Gewinnung neuer Kundengruppen oder die Absatzsteigerung bei vorhandenen Kundengruppen sein. Wichtig ist, dass Sie überprüfbare Indikatoren festlegen, wann Ihr Marketingziel als erreicht gelten kann.

7. *Marketingmaßnahmen festlegen:* Erst wenn Sie auf diese Weise Ihre verschiedenen Zielgruppen und die entsprechenden Marketingziele bestimmt haben, legen Sie Ihre Marketingmaßnahmen fest. Dabei müssen Sie die Codierungen Ihrer Zielgruppen berücksichtigen. Lassen Sie sich zum Beispiel von folgenden Fragen leiten:

– Welchen Nutzen können wir für die spezifischen Bedürfnisse der jeweiligen Zielgruppe bieten?

– Welche zentrale Marketingbotschaft wollen wir daher kommunizieren?

– Welche Sprache müssen wir sprechen, um von den Zielgruppen verstanden zu werden? Können Bilder unsere Botschaft unterstützen?

– Welches Marketingmedium wählen wir, zum Beispiel traditionelles Programmheft, bunte Flyer, Radio- oder Kinowerbung?

– An welchen Orten suchen wir unsere Zielgruppen (auf), zum Beispiel durch Hauswurfsendungen, in Buchhandlungen, Theatern, Reisebüros, Fitness-Centern, Clubs oder Diskotheken?

– Welche Preise sind bei den verschiedenen Zielgruppen durchzusetzen beziehungsweise welche Preise erwarten sie? Sind wir zu teuer oder vielleicht sogar zu billig, weil die Kunden hohe Preise als Distinktionskriterium ansehen?

8. *Erstellung der Marketingprodukte:* Bei der Erstellung der konkreten Marketingprodukte werden Sie wahrscheinlich die Hilfe von externen Dienstleistern in Anspruch nehmen, zum Beispiel Werbeagenturen, Grafiker, Druckereien. Es hier, zum Beispiel aus Kostengründen, an Professionalität fehlen zu lassen, macht die Marketingkampagne in der Regel nicht billiger, sondern nutzlos.

9. *Durchführung der Marketingkampagne:* Führen Sie nun Ihre Marketingaktionen im Rahmen der jeweiligen definierten Austauschverhältnisse durch.

10. *Evaluation der Marketingerfolge:* Nach einem festgelegten Zeitraum prüfen Sie anhand der unter Schritt 6 operationalisierten Erfolgsindikatoren, ob Ihre Marketingmaßnahmen die gewünschten Resultate erzielt haben. Haben Sie Ihren Umsatz steigern können? Konnten Sie die Förderung einwerben oder den Sponsor gewinnen? Wurden neue Kundengruppen erschlossen? Etc.

Die Schritte 8 bis 10 gehören im engeren Sinne nicht mehr dazu, die Austauschprozesse zu bestimmen, sondern sind die Schlussfolgerungen, die man aus der Bestimmung dieser Verhältnisse zieht. Sie sind hier angeführt, um die Vorgehensweise bei einer Marketingkampagne komplett abzubilden. Die Evaluation der Marketingerfolge kann auch im Rahmen der Arbeit im Qualitätsbereich Controlling stattfinden (s. S.194ff.).

Kundenkommunikation: Was bedeutet Kundenorientierung praktisch?

Definition Kundenkommunikation und Kundenorientierung

Die Beziehung zu den Kunden ist der Kern organisationaler Leistungserbringung. Kommunikation zwischen der Organisation und den Kunden umfasst sowohl die Kundengewinnung als auch die Kundenpflege. Daher sind die entsprechenden Verfahrensabläufe in Hinblick auf die Kundenbedürfnisse zu gestalten. Kundenorientiert ist ein Unternehmen dann, wenn es sich strategisch, strukturell und kulturell auf die Interessen seiner Kunden ausgerichtet hat.

Die Relevanz der Kundenkommunikation und Kundenorientierung für eine Organisation

Im Käufermarkt bestimmt der Kunde

Die Märkte sind weitgehend gesättigt; es gibt mehr Angebote als Abnehmer; die Produkte und Dienstleistungen werden immer ähnlicher. Die Kunden können sich im Regelfall aus einer größeren Anzahl vergleichbarer Leistungen das für sie Passende zusammenstellen. Ein klassischer Käufermarkt ist entstanden. Das gilt gleichermaßen für die Weiterbildungsorganisationen. Heute reicht es nicht, wenn Bildungsanbieter darauf warten, von ihren Kunden aufgesucht zu werden; vielmehr müssen sich die Bildungsangebote aktiv ihre Kunden suchen.

Kundenorientierung als Unternehmensstruktur

Kundenorientierung ist nicht nur der freundliche und zuvorkommende Umgang der Mitarbeitenden des Unternehmens mit den Kundinnen und Kunden – das ist eine Selbstverständlichkeit zivilisierten Umgangs. Kundenorientierung bedeutet heute, dass sich ein Unternehmen insgesamt – strategisch, strukturell und kulturell – auf seine Kunden ausrichtet. Das Hauptziel der Kundenorientierung ist es, Dienstleistungen und Produkte anzubieten, die den Kundenbedürfnissen optimal entsprechen, um dadurch eine hohe Kundenzufriedenheit und Kundenbindung an das Unternehmen zu erreichen.

Das Dreieck der Kundenorientierung: Kundenorientierung als *Strategie* bedeutet ein durchgängig kundenbezogenes Denken, Planen, Steuern und Handeln von der obersten Führung bis zu den untersten ausführenden Funktionen. Kundenorientierung als *Struktur* bedeutet, dass alle Abläufe und Prozesse so gestaltet werden, dass sie den Bedürfnissen und Interessen der Kunden am besten dienen. Kundenorientierung als *Kultur* bedeutet, dass sich ein hilfsbereites, freundliches Dienstleistungsverhalten als Ethos aller Beschäftigten in deren alltäglichen Umgangsformen und Handeln niederschlägt.

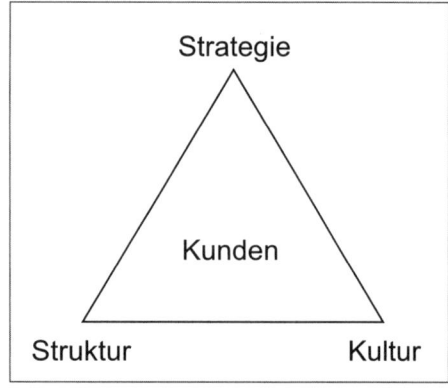

Kundenpflege als Mehr-Wert-Service

Kundenpflege dient dazu, die Kunden an das Unternehmen zu binden, denn es ist unendlich viel schwieriger, einen neuen Kunden zu werben als eine bestehende Kundenbeziehung zu halten. Kundenpflege umfasst daher all die zusätzlichen Aktivitäten der Anbieterorganisation, die über die vertraglich vereinbarten Leistungen hinausgehen und die dem Kunden einen Mehr-Wert verschaffen.

Diese Zusatzleistungen können dem Kunden auch noch nach Beendigung des Vertragsverhältnisses zugänglich gemacht werden. Es handelt sich also um einen nicht bepreisten Service der Anbieterorganisation für ihre bisherigen und aktuellen Kunden. Selbstverständlich dient die Kundenpflege dem Erhalt beziehungsweise der Wiederaufnahme einer geschäftlichen Beziehung.

Der Kunde als Partner

Der Kunde heißt Kunde, weil er kundig ist, weil er – zumindest im Grundsatz – weiß, was er braucht und will. Diese Definition ist besonders für die Erwachsenenbildung anschlussfähig, weil diese es ja mit erwachsenen, prinzipiell selbstbestimmten Menschen zu tun hat und auf einer allgemeinen pädagogischen Zielebene die Selbstbestimmung der Lernenden über ihre eigenen Lebensverhältnisse fördern will. Dabei ist es egal, ob zum Beispiel in der beruflichen Weiterbildung die bessere Integration in den Arbeitsmarkt angestrebt wird oder in der politischen Bildung die Partizipation der Bürgerinnen und Bürger im Rahmen der demokratischen Strukturen unserer Gesellschaft. Bei Bildung geht es neben einer fachlichen Qualifizierung und einer Entwicklung der Lernenden als Personen immer auch um die soziale Integration in die Gesellschaft. Auch in der Bildungsbranche ist der Kunde ein Partner und kein zu Belehrender.

Bildungsangebote verkaufen heißt: Beraten

Selbstverständlich geht es in der Kundenkommunikation auch darum, die Produkte und Dienstleistungen des Unternehmens zu verkaufen; da ist bei Bildungsangeboten kein Unterschied zu anderen Waren. Dennoch macht es einen Unterschied, ob ein Käufer ein fertiges Produkt erhält, das nach dem Kauf mit Garantieanspruch sofort in seinen Besitz übergeht, oder ob er lediglich die strukturellen Möglichkeiten erwirbt, sich selbst zu bilden. Im Bildungsprozess muss nämlich der Kunde das Produkt, das er anstrebt, das heißt, das Lernergebnis, selbst herstellen. Bildung als solche kann also gar nicht verkauft werden, nur das Angebot, die Möglichkeit und die Unterstützung, sich selbst zu bilden. Bildungsmöglichkeiten zu verkaufen ist daher eine intensive Beratungstätigkeit.

Kundenzufriedenheit als oberstes Ziel

Die Käufer eines Bildungsangebotes erwerben die prinzipielle Möglichkeit, sich selbst zu bilden und dabei professionell unterstützt zu werden. Ihre Zufriedenheit hängt in sehr hohem Maße davon ab, wie die Kommunikation rund um die Präsentation, den Erwerb und die Nutzung des Bildungsangebotes gestaltet ist. Käufer von Bildungsangeboten sind zufrieden, wenn

- sich der Anbieter genügend Zeit für sie nimmt und sie gut berät,
- der Verkäufer/Berater fachlich kompetent ist,
- das erworbene Bildungsangebot zu den eigenen Lerninteressen passt,
- der Kauf des Bildungsangebotes unbürokratisch und einfach ist,
- Zusagen eingehalten und schnell erledigt werden,
- etwaige Anregungen aufgegriffen beziehungsweise Beschwerden schnell bearbeitet werden,
- alle Kommunikationssituationen menschlich offen und wertschätzend gestaltet werden,
- sich am Ende auch ein Lernerfolg einstellt.

Die Aufgaben der Kundenkommunikation

Das sind beispielsweise:

- Kundengewinnung
- Kundenpflege
- Information
- Beratung
- Betreuung
- Anregungs- und Beschwerdemanagement

Was ist wesentlich bei der Kundenkommunikation?

 Systematische Kundenkommunikationsverfahren sollten eingeführt und begründet werden. Kundenkommunikations*verfahren* sind im Unternehmen strukturell eingeführte und systematisch angewandte Instrumente, Methoden, Mittel und Wege, mit denen sowohl die Organisation in Kontakt mit den Kunden tritt als auch die Kunden in Kontakt mit der Organisation treten können. Gemeint sind hier weder das Kommunikations*verhalten* (zum Beispiel Freundlichkeit, Hilfsbereitschaft) der Beschäftigten noch die technischen Kommunikations*medien* (zum Beispiel Telefon, E-Mail).

Kommunikationsverfahren sind beispielsweise:

- persönliche Zusendung der Programme und Angebote,
- Sprechstunden,
- Hotlines,
- Tage der offenen Tür,
- Kundeninformationen durch Newsletter,
- Kundenbeteiligungen durch fest installierte Vertretungsstrukturen oder Klubs,
- Kundenbefragungen,
- Ideen- und Beschwerdemanagementsysteme,
- Websites mit Informations- und Download-Möglichkeiten,
- virtuelle Diskussionsforen im Internet oder Mailing-Listen,
- Aufmerksamkeiten an Geburts- oder Feiertagen,
- After-Sales-Betreuungen.

Kundenkommunikationsverfahren können an den Stationen ansetzen, die ein Kunde bei der Inanspruchnahme der Organisationsleistung tatsächlich durchläuft oder zumindest durchlaufen könnte – von der Erstinformation bis zur Nachbetreuung, dem sogenannten Kundenpfad (s. auch S. 191ff.). Kundenpfade kann es sowohl für individuelle Teilnehmende geben als auch für auftraggebende Organisationen.

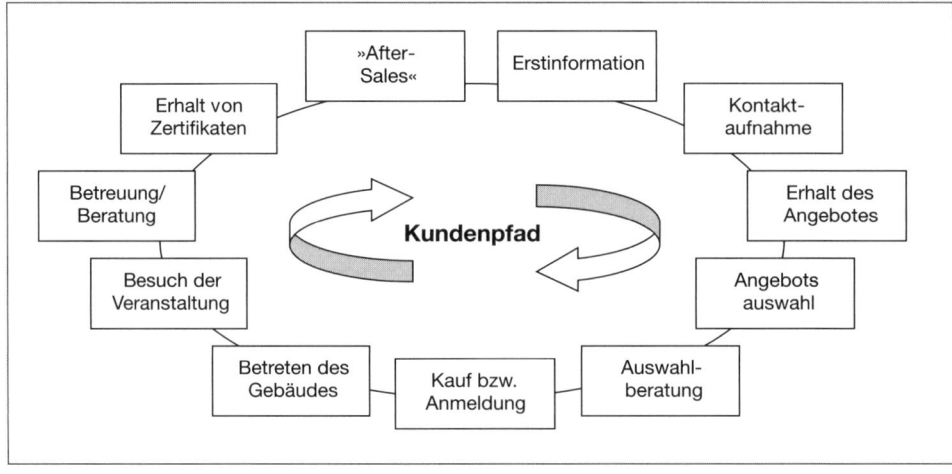

Kundenkommunikation ist Zwei-Wege-Kommunikation: Beide Seiten müssen die Möglichkeiten haben, mit der jeweils anderen schnell und einfach in Kontakt treten zu können. Fragen, die eine Beschreibung und Begründung von Kundenkommunikationsverfahren leiten können, sind zum Beispiel:

- Wie stellen wir sicher, dass unsere Informationen unsere realen und potenziellen Kunden erreichen und diese sich gut informiert, betreut, beraten fühlen?
- Wie stellen wir sicher, dass unsere Kunden uns die Informationen geben, die wir brauchen, um unsere Arbeit gut zu machen?

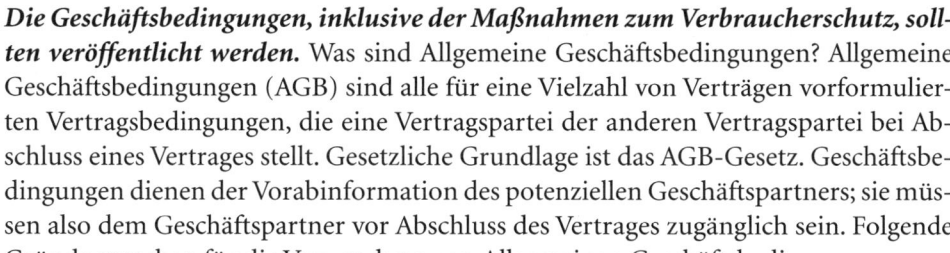

Die Geschäftsbedingungen, inklusive der Maßnahmen zum Verbraucherschutz, sollten veröffentlicht werden. Was sind Allgemeine Geschäftsbedingungen? Allgemeine Geschäftsbedingungen (AGB) sind alle für eine Vielzahl von Verträgen vorformulierten Vertragsbedingungen, die eine Vertragspartei der anderen Vertragspartei bei Abschluss eines Vertrages stellt. Gesetzliche Grundlage ist das AGB-Gesetz. Geschäftsbedingungen dienen der Vorabinformation des potenziellen Geschäftspartners; sie müssen also dem Geschäftspartner vor Abschluss des Vertrages zugänglich sein. Folgende Gründe sprechen für die Verwendung von Allgemeinen Geschäftsbedingungen:

- Vereinfachung der Vertragsverhandlungen,
- Kostenersparnis,
- Rechtssicherheit,
- Vereinheitlichung,
- Zeitersparnis,
- Risikoabsicherung.

Die Allgemeinen Geschäftsbedingungen (AGB)

Die AGB werden Vertragsbestandteil, wenn
- die Möglichkeit der Kenntnisnahme gegeben ist,
- ein ausdrücklicher Hinweis auf sie erfolgt,
- eine Anerkennung durch die zweite Vertragspartei erfolgt.

Geschäftsbedingungen in Weiterbildungseinrichtungen: Die Bandbreite, was Umfang und Inhalt der AGB betrifft, ist groß. Bei manchen Bildungsorganisationen beschränken sich die AGB auf eine DIN-A4-Seite (Anmeldung, Bezahlung, Rücktritt, Haftung), bei anderen sind die AGB eine eigene Datenbank im Internet, die umfassend über Teilnahmebedingungen, Teilnahmebegrenzung, Zahlungs- und Rücktrittsbedingungen, Absagen, Datenschutz, Haftung (§ 823 BGB), Lehrmaterial, Studienbücher, Teilnehmervertretung, Umgang mit geistigem Eigentum und sogar den Erwerb des Programmheftes informieren.

Zum Teil gibt es in den Bildungsorganisationen keine übergreifenden, sondern nur auftrags- oder kundenbezogene Allgemeine Geschäftsbedingungen (AGB). Diese sind dann im jeweiligen Vertrag enthalten. In vielen Einrichtungen existiert eine Kurzversion, veröffentlicht zum Beispiel im Programm oder auf der Website, der vollständige Text wird auf Anfrage ausgehändigt oder hängt im Gebäude aus. Bei mehrtägigen und mehrwöchigen Maßnahmen werden die AGB zum Bestandteil der Teilnehmerunterlagen gemacht.

Bereits die Geschäftsbedingungen sollen Transparenz und Verlässlichkeit im wechselseitigen Verhältnis der Weiterbildungsorganisation und ihrer Kunden gewährleisten. Das Verhältnis zwischen Anbieterorganisationen und ihren Kunden ist allerdings in der Regel nicht ganz gleichberechtigt; der Kunde ist häufig in einer schwächeren Position. Deshalb kann es über die Geschäftsbedingungen hinausgehende Maßnahmen zum Verbraucherschutz geben.

Was sind Maßnahmen des Verbraucherschutzes? Verbraucherschutz bezeichnet die Gesamtheit der Bestrebungen und Maßnahmen, die Menschen in ihrer Rolle als Verbraucher von Gütern oder Dienstleistungen schützen sollen. Die Annahme eines Schutz*bedürfnisses* beruht auf der Erfahrung, dass Verbraucher gegenüber den Herstellern und Vertreibern von Waren und gegenüber Dienstleistungsanbietern strukturell unterlegen sind, das heißt infolge mangelnder Fachkenntnis und/oder Erfahrung leicht übervorteilt werden können. Dieses Ungleichgewicht so weit als möglich auszugleichen, ist das Anliegen des Verbraucherschutzes.

Bildungseinrichtungen beschreiben hier oft ihre Anmelde- und Rücktrittsbedingungen, gegebenenfalls Rabattregelungen und ihren Umgang mit dem Datenschutz. Darüber hinaus können zum Beispiel Aussagen zu Haftungsbedingungen gemacht werden. Verbraucherschutz hängt vor allem davon ab, dass alle wichtigen Informationen über die Produkte und Dienstleistungen für Verbraucher verfügbar sind.

 Die verbindlichen Anmeldeverfahren sollten definiert und eingeführt werden. Unter dieser Anforderung legen die Organisationen fest, welche Anmeldeverfahren sie warum verwenden. Das Einführen der Verfahren bedeutet, dass den Kunden gegenüber kommuniziert wird, in welcher Art und Weise sie sich anmelden können beziehungsweise müssen, wenn ihre Anmeldung als verbindlich gelten soll. Generell ist es kundenfreundlich, so viele Anmeldewege wie möglich vorzusehen.

Folgende Anmeldeverfahren sind denkbar:

- schriftlich per Post,
- schriftlich persönlich,
- per Fax,
- per E-Mail,
- telefonisch, verbunden mit Bankeinzug,
- mündlich persönlich, verbunden mit Bankeinzug.

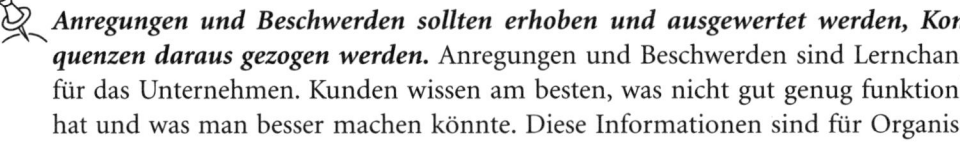 **Anregungen und Beschwerden sollten erhoben und ausgewertet werden, Konsequenzen daraus gezogen werden.** Anregungen und Beschwerden sind Lernchancen für das Unternehmen. Kunden wissen am besten, was nicht gut genug funktioniert hat und was man besser machen könnte. Diese Informationen sind für Organisationen wichtige Quellen für einen kontinuierlichen Verbesserungsprozess.

Gelegentlich kann es auch im besten Unternehmen zu Fehlern kommen. Dann ist es wichtig, dass diese schnellstmöglich behoben werden. Sehen Kunden Grund, etwas zu beanstanden, dann sollte ihnen dies so leicht wie möglich gemacht werden. Eine Reaktion darauf durch die Organisation muss zeitnah erfolgen, und die Kunden müssen dabei die Erfahrung machen, dass ihre Beschwerde Konsequenzen hatte beziehungsweise der Grund für die Beschwerde behoben wurde. Kunden, die sich beschweren, zeigen, dass ihnen an der Organisation und der Zusammenarbeit etwas liegt. Beschwerden sind also eine positive Kundenreaktion.

Kunden, die Kritik äußern, verhalten sich wie gleichberechtigte Partner. Die Erfahrung zeigt, dass Kunden, deren Beschwerde ernst genommen und bearbeitet wurde, häufig sogar eine besondere Identifikation mit dem Unternehmen entwickeln.

Anregungs- und Beschwerdemanagement ist ein Prozess

Wie andere (Schlüssel-)Prozesse ist das Anregungs- und Beschwerdemanagement ein klar definierter, verbindlich eingeführter und systematischer Prozess, der aus verschiedenen Stufen beziehungsweise Prozessschritten besteht:

1. *Anregungs- und Beschwerdestimulierung:* Hier ist wichtig, dass sich die Organisation nicht nur abwartend verhält, sondern dass sie ihre Kunden aktiv motiviert, ihre Meinungen, ihre Ideen und ihre Verbesserungsvorschläge zu äußern. Dies geschieht am besten durch sichtbar präsentierte Rückmeldekarten und weitere Rückmeldemöglichkeiten zum Beispiel auf der Internetseite oder im Programmheft.
2. *Anregungs- und Beschwerdeannahme:* Dafür sind definierte Orte einzurichten, wo Kunden ihre Rückmeldekarten ohne große Mühe abgeben oder einwerfen können. Wenn Rückmeldungen mündlich oder telefonisch entgegengenommen werden, ist ein offenes, nicht rechtfertigendes Verhalten der Beschäftigten wichtig, verbunden mit der Zusicherung, dass der Kunde über die Bearbeitung seiner Rückmeldung informiert wird.
   Mündlich, telefonisch oder per E-Mail vorgetragene Anregungen oder Beschwerden müssen von dem Mitarbeiter, den diese Nachricht erreicht, in die Rückmeldekarten eingetragen werden, damit die Information für den kontinuierlichen Verbesserungsprozess der Organisation zur Verfügung steht (s. Punkt 5).
3. *Anregungs- und Beschwerdebearbeitung:* Diese muss zeitnah erfolgen, damit der verbesserungsbedürftige Zustand so schnell wie möglich verändert wird. Es müssen zumindest überschaubare Rhythmen eingeführt sein, in denen die eingegangenen Rückmeldungen gesichtet und Konsequenzen gezogen werden, damit es nicht an gleichen oder ähnlichen Stellen zu neuen Friktionen kommt.
4. *Anregungs- und Beschwerdereaktion:* Wenn der Kunde seine Kontaktdaten hinterlassen hat, muss er in einem angemessenen Zeitraum darüber informiert werden, welche Konsequenzen aus seiner Rückmeldung gezogen wurden. Wenn eine Beschwerde dringenden Handlungsbedarf signalisiert, ist die Beschwerdeursache sofort zu beheben.
5. *Strukturelle Verbesserungsmaßnahmen:* In größeren Zeiträumen sollten alle eingegangenen Rückmeldungen noch einmal systematisch ausgewertet werden, um beurteilen zu können, ob zum Beispiel häufig auftretende Beschwerden strukturelle Konsequenzen in der Organisationen erfordern oder ob häufig auftretende, ähnliche Anregungen Potenzial für systematische Organisationsentwicklungsmaßnahmen beinhalten.
6. *Anregungs- und Beschwerdecontrolling:* Schließlich sollte – zum Beispiel im Rahmen der »Internen Prüfungen zur Funktionsweise des Unternehmens« (s. S. 202) – geprüft werden, ob regelmäßige Beschwerdeursachen behoben wurden beziehungsweise ob eingeführte Organisationsentwicklungsmaßnahmen den gewünschten Effekt zeigten.

Für Inhalte und Formen der Kundeninformation sollte eine Begründung vorliegen.
Um ihre Kunden angemessen zu informieren, sollten die Organisationen festlegen
und begründen, warum sie welche Informationen in welcher Form – gegebenenfalls
spezifiziert nach den verschiedenen Kundengruppen – wie an die Kunden kommunizieren. Informationen können zum Beispiel zu den folgenden Themen gegeben werden:

- Bildungsangebote,
- Anmeldeverfahren,
- Teilnahmeregelungen,
- Zulassungsvoraussetzungen,
- Serviceleistungen,
- Beratungsmöglichkeiten,
- Beschwerdemöglichkeiten,
- Lehrkräfte und Personal,
- Prüfungsmodalitäten,
- Lernorte,
- Haus- und Raumpläne,
- Trägerschaft und Rechtsform.

Eine Begründung der Inhalte und Formen der Kundeninformation kann beispiels-
weise in Bezug auf das Leitbild und die Definition gelungenen Lernens erfolgen. Die
Begründung kann sich auch allgemein aus der Logik der Kundenorientierung oder
aus dem spezifischen Informationsbedarf der jeweiligen Kunden und den Zielen der
Weiterbildungsorganisation ergeben.
  Folgende Fragen helfen eine Begründung zu entwickeln:

- Welche Kunden brauchen welche Informationen in welcher Form, damit sie sich
  auf den verschiedenen Stationen der Inanspruchnahme unserer Angebote und
  Dienstleistungen (s. S. 191ff. »Kundenpfad«) gut unterstützt fühlen?
- Welche Informationen müssen wir wie präsentieren, damit man unsere Angebote
  und Dienstleistungen gut versteht?
- Welche Informationen unterstützen in welcher Form am besten den Prozess des
  gelungenen Lernens?
- Wodurch schafft die Informationspolitik des Unternehmens geeignete Voraussetzungen für die Lerner- und Kundenorientierung?

Ein Verfahren zur Systematisierung der Kundenkommunikation

Kundenpfaddiagramm

Was ist ein Kundenpfaddiagramm? – Kundenpfaddiagramme sind eine Rekonstruktion der Stationen, die ein Kunde bei der Inanspruchnahme der Organisationsleistung tatsächlich durchläuft oder zumindest durchlaufen könnte – von der Erstinformation bis zur Nachbetreuung.

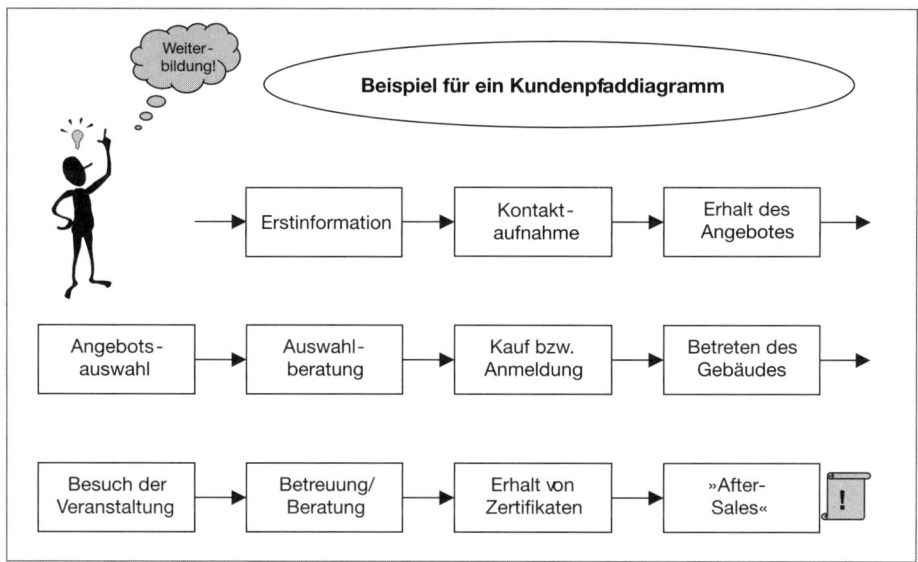

Der »Bildungs-Weg«, gemeint ist hier der Weg zur und durch die Bildungsorganisation, beginnt für den Kunden mit einem – vielleicht zunächst sogar noch unspezifischen – *Bedürfnis, sich weiterzubilden:* Dadurch wird der Bildungsinteressierte für allgemeine Werbungen, Ankündigungen, Bekanntmachungen von Bildungsanbietern sensibel, zum Beispiel für Plakatierungen, Annoncen oder Werbeflächen in U-Bahnen. Hierdurch erhält der zukünftige Kunde eine *Erstinformation* über den Anbieter.

Nun wird der Bildungsinteressierte aktiv, und es kommt zur einer ersten *Kontaktaufnahme* mit dem Bildungsanbieter, von dem er im Anschluss möglicherweise ein Programm oder ein *Angebot* zugeschickt bekommt. Aus diesem Programm oder dem Angebot trifft der Bildungsinteressierte eine *Auswahl.*

Dabei nimmt er gegebenenfalls eine erste *Auswahlberatung*, einen Einstufungstest oder Ähnliches in Anspruch. Anschließend *meldet sich* der Bildungsinteressierte zu einem spezifischen Kurs oder Seminar *an*, das heißt, er wird durch den Kauf zu einem realen Kunden der Weiterbildungsorganisation.

Am Tag des Seminarbeginns macht sich der Kunde auf den Weg zum Ort der Bildungsveranstaltung, der möglicherweise nicht identisch ist mit dem Ort der

Anmeldung. Hier *betritt* er das entsprechende *Gebäude* und muss sich erst einmal orientieren.

Der *Besuch der Veranstaltung* beginnt mit dem ersten Seminartag, an dem der Bildungsinteressierte in einer spezifischen Weise empfangen wird. Im Verlauf der Veranstaltung braucht der Lernende wahrscheinlich eine unterstützende *Betreuung oder Beratung*.

Nach dem erfolgreichen Kursbesuch wird ihm vielleicht eine Teilnahmebescheinigung, ein *Zeugnis oder Zertifikat* ausgehändigt oder zugeschickt. Möglicherweise wird der ehemalige Teilnehmende über andere oder neue Angebote der Weiterbildungsorganisation informiert, das heißt, es gibt auch nach Abschluss des erworbenen Bildungsangebotes (*After-Sales*) Kontakte seitens des Bildungsanbieters oder Maßnahmen der Kundenpflege.

Den Weg des Kunden von der Bildungsidee bis zum Abschluss der Bildungsmaßnahme so einfach wie möglich zu machen, ist der Sinn der Rekonstruktion des Kundenpfaddiagramms. Auf allen Stationen des Kundenpfads kann die Weiterbildungsorganisation ihrem Kunden Hilfe anbieten, das heißt, mit *Kundenkommunikationsverfahren* seinen »Bildungs-Weg« unterstützen und vereinfachen.

Wie arbeitet man mit dem Kundenpfaddiagramm?

- **Erstellen des Kundenpfaddiagramms.** Stellen Sie sich gedanklich auf den Standpunkt eines potenziellen Neukunden, der zwar eine Fortbildungsentscheidung im Prinzip getroffen, aber noch nie eine Dienstleistung Ihrer Organisation in Anspruch genommen hat.
  Rekonstruieren Sie alle Stationen aus der Perspektive dieses Bildungsinteressierten von der ersten Fortbildungsidee bis zur Kundenpflege nach dem Veranstaltungsbesuch. Gehen Sie durchaus kleinteilig vor, das heißt, überlegen Sie jeden einzelnen Schritt, den ein Bildungsinteressierter gehen muss. Sie können auch den Weg zum Veranstaltungsort und zurück ausweisen, weil auch der nicht immer bekannt sein dürfte. Bringen Sie alle Stationen in eine chronologische Reihenfolge.
- **Sammeln und bewerten Ihrer Kundenkommunikationsverfahren.** Nun wechseln Sie in Ihre gewohnte Perspektive als Bildungsanbieter und beschreiben für jeden einzelnen Schritt, was Sie als Unterstützung des Kunden an dieser Stelle anbieten.
  Bewerten Sie Ihre jeweiligen Kundenkommunikationsverfahren nach a) gut und ausreichend sowie b) weniger gut, verbesserungsbedürftig.

Beispiel: Ein Kunde, der das Foyer der Weiterbildungsorganisation betritt, kommt in einen hohen, durch Tageslicht durchfluteten Raum. Das Foyer hat nach vorn auf einen Platz hinausgehend eine Glasfassade. Innen schaffen eine Sandsteinwand und warme Farben eine angenehme Atmosphäre. Bilder einer Kunstausstellung geben dem Blick einen Halt. Eine Sitzgruppe um einen Kaffeeautomaten ermöglicht eine entspannte Pause oder das Überbrücken von Wartezeiten. Insoweit hat der Kunde zunächst ein positives Gefühl beim Betreten der Einrichtung.

Jetzt versucht er sich konkreter zu orientieren. Sein Blick sucht nach Hinweisschildern, die ihm den Weg zur Anmeldung weisen. Eine Beschilderung ist nicht zu entdecken, daher wendet sich der Kunde einem Ständer mit Informationsmaterial zu. Er findet alles Mögliche: Flyer zu Theateraufführungen, deren Termin schon vorbei ist, ein Informationsblatt einer studentischen Arbeitsvermittlung, Werbung eines Autohauses, leider auf den ersten Blick gar nichts über die Weiterbildungsorganisation. In der Unordnung des Informationsständers entdeckt der Kunde dann doch noch den Hinweis auf einen Kurs zur Seidenmalerei, aber immer weiß er noch nicht, wo er die gesuchte Anmeldung finden kann. Der erste positive Eindruck beim Betreten des Foyers der Weiterbildungsorganisation weicht einer Verunsicherung und einem latenten Ärger.

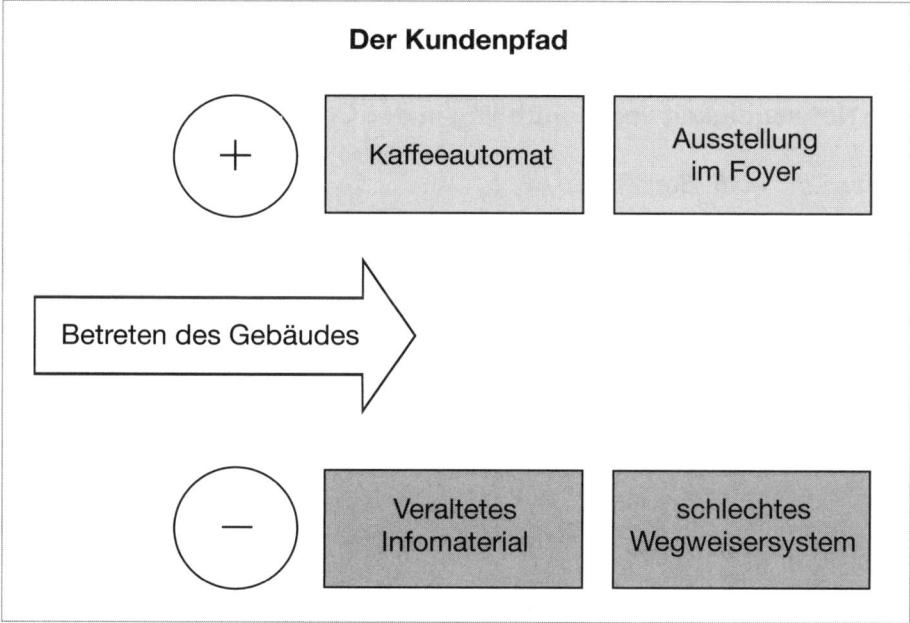

- **Optimieren der Kundenkommunikationsverfahren.** Sammeln Sie für jede einzelne Station des Kundenpfades Ideen, durch welche Maßnahmen und Verfahren man den »Bildungs-Weg« des Kunden noch besser unterstützen kann.
Entscheiden Sie schließlich, welche Kundenkommunikationsverfahren Sie bei welcher Station in welcher Weise verbessern beziehungsweise welche neuen Verfahren Sie einführen wollen.

Controlling:
Wie steuert man die Organisation?

Definition Controlling

Das Controlling umfasst sämtliche Maßnahmen, mit deren Hilfe überprüft wird, in welchem Grad die Ziele der Organisation erreicht wurden. Auf dieser Grundlage wird entschieden, ob eingegriffen werden muss und zu welchen Steuerungsmaßnahmen gegebenenfalls gegriffen wird. Es werden Kennziffern und Kennzahlen sowie qualitative Erfolgsindikatoren definiert, begründet und ermittelt, mit denen die wirksame und wirtschaftliche Leistungserbringung der Gesamtorganisation sowie einzelner Programm- und Arbeitsbereiche analysiert und bewertet wird, so dass Konsequenzen gezogen werden können.

Die Notwendigkeit von Controlling in der Organisation

Controlling heißt Steuerung

Controlling ist mehr als Kontrolle, das heißt, der kontrollierende Aspekt steht dabei nicht im Vordergrund. Das englische Wort »to control« bedeutet beherrschen, kontrollieren, überwachen, vor allem aber *steuern, regeln, regulieren*. Im Zusammenhang mit Unternehmensführung könnte man auch das Wort navigieren verwenden, um auszudrücken, dass es darum geht, die Organisation sicher durch die Risiken einer wechselhaften und prinzipiell unkalkulierbaren Umwelt zu führen.

Controlling ist eine Führungsaufgabe

Controlling gehört zu den wichtigsten Aufgaben einer Organisation. Die Aufgabe des Controllings ist es, das gesamte Entscheiden und Handeln in einem Unternehmen durch eine entsprechende Aufbereitung von Führungsinformationen ergebnisorientiert auszurichten. Dieser Prozess ist zirkulär und beinhaltet

- Planungs- beziehungsweise Entscheidungsphasen,
- Steuerungs- beziehungsweise Vorgabephasen,
- Kontroll- beziehungsweise Überwachungsphasen.

Das ergebnisorientierte Planen, Steuern und Überwachen wird durch ein entsprechend aufbereitetes Zahlen- und Erfolgsindikatorenwerk ermöglicht und sichergestellt.

Controlling steuert die Zielerreichung

Zum Controlling gehören sämtliche Maßnahmen, die dazu dienen, den Grad der Zielerreichung zu überprüfen. Diese Prüfung geschieht mithilfe von Kennziffern, Kennzahlen und qualitativen Erfolgsindikatoren. Auf dieser Grundlage werden Steuerungsentscheidungen getroffen.

Controlling ist, anders als der Jahresabschluss, ein über das gesamte Geschäftsjahr mitlaufender Prozess von Planung und Steuerung. Es geht darum, mithilfe geeigneter (organisationsspezifischer) Instrumente zeitnah zu erkennen, wann eine Entwicklung »aus dem Ruder läuft«, wann entsprechend gegengesteuert werden muss, welche Konsequenzen zu ziehen sind.

Controlling ist immer organisationsspezifisch

Welche Tiefe und welche Breite ein Controllingsystem insgesamt hat, hängt von den jeweiligen Notwendigkeiten ab und ist somit immer organisationsspezifisch. Dabei gibt es kein für alle Organisationen gleichermaßen gültiges Konzept und Verfahren. Jede Einrichtung muss sich fragen:

- Welche Ansprüche müssen gegenüber vorgesetzten Instanzen, Trägern, Kommunen und anderen relevanten Außenwelten erfüllt werden?
- Woran können wir jeweils festmachen, dass wir erfolgreich gearbeitet haben, erfolgreich arbeiten?
- Welche Daten werden in welchen Zeitintervallen intern benötigt, um jederzeit qualifiziert Auskunft geben zu können?

Im Mittelpunkt der Betrachtungen sollte deshalb auch nicht die Menge der Daten stehen, sondern die tatsächlichen notwendigen Angaben, die für die Organisation wirklich relevant sind.

Die Aufgaben von Controlling

- Controlling soll das Erreichen der allgemeinen Unternehmensziele durch geeignete Maßnahmen gewährleisten.
- Die Unternehmensziele werden in überprüfbare Planungsziele konkretisiert und gegebenenfalls bereichsspezifisch aufbereitet.
- Mithilfe des Controllings werden überprüfbare Indikatoren für die Planungsziele aufgestellt.
- Soll/Ist-Vergleiche der Zielerreichung werden in festgelegten Perioden durchgeführt.
- Abweichungen werden analysiert und gegebenenfalls Konsequenzen gezogen.
- Controlling bedeutet auch: Daten als Entscheidungsgrundlagen für die nächste Planungsperiode zur Verfügung zu stellen.

Was ist entscheidend beim Controlling?

 Ein dokumentiertes Berichtswesen zu relevanten, begründeten Spezifikationen sollte eingeführt sein. Unter dem Begriff Berichtswesen wird die systematische und strukturierte Form einer Berichterstattung verstanden. Diese Berichterstattung und damit das Berichtswesen kann sich sowohl nach innen wenden als auch Teil der Außendarstellung sein.

Die Form des Berichtswesens ist variabel. Klassische Berichtsformen sind zum Beispiel der Wirtschaftsprüfungsbericht, Jahresabschlüsse, Erläuterungen zu den Jahresabschlüssen, Arbeitsberichte, verschiedene Formen von Statistiken und Dokumentationen.

Berichte können legitimatorische Funktionen (zum Beispiel Jahresabschluss, Vorstandsberichte) oder koordinierende Funktionen (zum Beispiel interne Arbeitsberichte, Projektberichte) haben. Erstere werden im Regelfall in größeren, Letztere in kürzeren Zeitabständen verfasst.

Für die Entwicklung eines systematischen Berichtswesens ist deshalb zunächst zu fragen:

- Welche Formen von Berichtswesen gibt es beziehungsweise gab es bisher in unserer Organisation und welchen Nutzen haben beziehungsweise hatten diese?
- Welche Informationen brauchen wir intern, um wechselseitig anschlussfähig im Sinne einer gemeinsamen Zielerreichung arbeiten zu können?
- Welche Informationen verlangen unsere vorgesetzten Instanzen, unsere Auftraggeber oder andere Institutionen?
- Worüber und in welchen Formen und Rhythmen wollen wir zukünftig wem berichten?

Das Wissen einer Organisation ist das Wissen, das übrig bleibt, wenn alle Beschäftigten nach Hause gegangen sind. Wenn dieser Gedanke ernst genommen wird, dann ist es nicht abwegig zu behaupten, dass Weiterbildungsorganisationen ziemlich wenig wissen. Denn in der Regel ist es so, dass das Wissen und die Erfahrung nur in den Köpfen der Mitarbeiterinnen und Mitarbeiter gespeichert ist. Allerdings hängt die Qualität und die Effizienz der Arbeit wesentlich davon ab, dass das Wissen der Organisation im schnellen Zugriff dort zur Verfügung steht, wo es jeweils gebraucht wird. Diesem Ziel dient jegliche Verschriftlichung von Organisationswissen, und deshalb vor allem auch das Berichtswesen. Die Verschriftlichung von Wissen ist die Basis einer lernenden Organisation.

Folgende Gegenstände des Berichtswesens sind zum Beispiel denkbar:

- *Inhaltliche Zielerreichung:* Welche Ergebnisse haben die Abteilungen, Bereiche etc. erzielt? Welche Ziele wurden erreicht beziehungsweise aus welchen Gründen nicht erreicht?
- *Wirtschaftliche Zielerreichung:* Wie haben sich Einnahmen und Ausgaben entwickelt? Welches finanzielle Ergebnis wurde erzielt?

- *Wirtschaftliche Ressourcen:* Wie setzen sich die wirtschaftlichen Ressourcen zusammen? Welche Rücklagen wurden gegebenenfalls für welche Anlässe gebildet oder verbraucht?
- *Kunden:* Für welche Auftraggeber wurde gearbeitet? Welche Adressaten/Zielgruppen wurden angesprochen? Wie viele und welche Teilnehmende haben welche Veranstaltungen besucht?
- *Bildungsprogramm, Bildungsangebot:* Welche und wie viele Veranstaltungen wurden durchgeführt? Welche und wie viele sind ausgefallen? Welche und wie viele wurden erstmalig durchgeführt?
- *Serviceleistungen:* Welche Dienstleistungen rund um das eigentliche Produkt wurden angeboten? Welche davon werden kostenlos und welche kostenpflichtig angeboten? In welchem Verhältnis stehen Aufwand und Nutzen zueinander?
- *Mitarbeiterinnen und Mitarbeiter:* Welche Personalstruktur (zum Beispiel hauptamtliches und freiberufliches Personal) ist vorhanden? Mit wie vielen Mitarbeitenden wurden welche Leistungen erbracht? Welche Personalentwicklungsmaßnahmen wurden mit welchem Nutzen durchgeführt?

Aus den im Berichtswesen vorliegenden Daten können dann für die laufende oder die nächste Planungsperiode entsprechende Konsequenzen gezogen werden. Wurden die aufgestellten Ziele erreicht, und wenn nicht, warum nicht? Hat es sich bewährt, die Ressourcen so einzusetzen, wie man es getan hatte, oder sollte nicht besser in andere Geschäftsfelder investiert werden? Wie viele Veranstaltungen sind nicht zustande gekommen? Und wie viel hat dies die Organisation gekostet? Können die Serviceleistungen weiterhin kostenlos zur Verfügung gestellt werden? War die Personalzuweisung angemessen im Verhältnis zum Arbeitsaufwand der Abteilungen? Solche und ähnliche Konsequenzen können auf der Basis eines guten Berichtswesens für eine Qualitätsverbesserung der Organisation gezogen werden.

 Kennziffern, Kennzahlen und qualitative Erfolgsindikatoren sollten definiert und begründet werden. Sie sollten regelmäßig erhoben und bewertet werden. Konsequenzen sollten gezogen werden. Was sind Kennziffern, Kennzahlen und qualitative Erfolgsindikatoren? – Grundsätzlich sei hierzu Folgendes bemerkt: Jede Organisation benötigt aussagekräftige Daten, die sie dabei unterstützen, Ziele zu formulieren, zu verfolgen, richtige Entscheidungen zu fällen und Verbesserungen zu initiieren. Kennziffern, Kennzahlen und qualitative Erfolgsindikatoren haben in diesem Zusammenhang die Aufgabe, messbare und/oder relevante Daten zusammenzufassen und in einen größeren Zusammenhang zu stellen.

- *Kennziffern* sind einfache Zahlen, die isolierte Angaben machen, zum Beispiel Anzahl der Teilnehmenden.
- *Kennzahlen* sind Beziehungszahlen, bei denen zwei Größen miteinander in ein Verhältnis gesetzt werden, zum Beispiel Innovationsquote: neue durchgeführte Veranstaltungen im Verhältnis zu den insgesamt durchgeführten Veranstaltungen.

- *Qualitative Erfolgsindikatoren* sind inhaltliche, aus den Aufgaben, Zielen und dem Selbstverständnis erwachsene Indikatoren für die Leistung der Organisation, zum Beispiel explizite Anerkennung durch bedeutsame Auftraggeber, Entscheidungsträger, relevante Medien und Presseorgane.

Erst Vergleiche liefern nutzbringende Erkenntnisse: Es ist zu beachten, dass eine Kennzahl allein gesehen keine bedeutsame Aussage liefern kann. Erst im Vergleich der Zahlen untereinander ist es möglich, eine Bewertung vorzunehmen.

- Zum Beispiel können die Kennzahlen mehrerer Perioden miteinander verglichen werden (Zeitvergleich).
- Es können auch die Kennzahlen unterschiedlicher Bereiche und/oder Organisationen miteinander verglichen werden (Betriebsvergleich).
- Und es ist ein Vergleich zwischen erreichten und vorher festgelegten Zielgrößen (Soll/Ist-Vergleich) möglich.

Jeglicher Vergleich ist nur dann sinnvoll beziehungsweise aussagekräftig, wenn die Kennzahlen auf genau derselben Basis erhoben worden sind. Gerade bei Betriebsvergleichen muss man sich besonders der gemeinsamen Basis des Vergleichs vergewissern.

Kennzahlen sollten organisationsspezifisch sein: Es können generell keine bestimmten Kennzahlen vorgeschrieben werden, die für alle Organisationen geeignet sind. Ebenso kann keine festgelegte Anzahl von Kennzahlen allgemein festgelegt werden. Jede Organisation muss für sich prüfen, mit welchen Kennzahlen sie bisher gearbeitet hat, auf welche Art und Weise diese Kennzahlen die Arbeit (das Controlling) stützen beziehungsweise sie wirkungsvoll belegen und welche Schlüsse daraus gezogen werden. Ergebnis dieser Bestandsaufnahme kann sein:

- Die Kennzahlen, mit denen bisher gearbeitet wurde, reichen aus und geben die nötigen Hinweise und Hilfestellungen bei der Planung und Steuerung der Organisation.
- Es gibt zwar Kennzahlen; sie geben aber keine relevanten Informationen über die spezifische Unternehmensleistung.
- Es gibt zu viele Kennzahlen, mit denen niemand arbeitet.
- Es gibt zu wenige oder keine Kennzahlen für die spezifische Unternehmensleistung.

Kennzahlen und qualitative Erfolgsindikatoren bilden den Unternehmenserfolg entweder in Zahlengrößen oder anhand inhaltlich bewerteter Ereignisse ab. Gerade bei Bildungsorganisationen ist es nicht einfach, zu aussagekräftigen Kennzahlen und Erfolgsindikatoren zu kommen. Bei Wirtschaftsunternehmen zählt letzten Endes nur der Gewinn, und dieser ist recht einfach in Zahlengrößen zu erfassen. Bei Bildungsorganisationen, wenn sie sich sogar der Bildung benachteiligter Bevölkerungsgruppen widmen, kann der Gewinn gar keine anzustrebende betriebswirtschaftliche Größe sein. Die Qualität eines Produktes kann ein Wirtschaftsunternehmen zum Beispiel über die Inanspruchnahme von Garantieleistungen bewerten. Garantiegewährung ist für Bildungsorganisationen hingegen unmöglich, weil das letztendliche Produkt, sprich der Lernerfolg, im Wesentlichen von dem Lernenden selbst abhängt. Um auch unter diesen erschwerten Bedingungen zu aussagekräftigen Erfolgsbewertungen zu kommen, werden im Folgenden einige unterstützende Hinweise und Beispiele gegeben.

Fragen zur Entwicklung von Kennzahlen:
- Welches sind unsere allgemeinen Unternehmensziele? Welches sind unsere strategischen Entwicklungsziele? Welches sind unsere Bereichs- beziehungsweise Jahresziele?
- Welches sind die Indikatoren, an denen wir festmachen können, dass wir erfolgreich gearbeitet haben?
- In welche Messgrößen lassen sich diese Indikatoren übersetzen?

Beispiele für Finanzkennzahlen:
- Wirtschaftlichkeit: Leistungen im Verhältnis zu den Kosten.
- Liquidität: Verhältnis der Verbindlichkeiten zu den kurzfristigen Finanzmitteln.
- Verhältnis Teilnehmerentgelte zur Gesamtfinanzierung.
- Personalkosten im Verhältnis zu den Gesamtkosten.
- Werbungskosten im Verhältnis zu den durchgeführten Veranstaltungen.
- Auslastungsquote der eigenen Räumlichkeiten.

Beispiele für inhaltliche Kennzahlen:
- Durchgeführte Veranstaltungen im Verhältnis zum Vorjahr.
- Durchgeführte Veranstaltungen im Verhältnis zu geplanten Veranstaltungen.
- Innovationsquote: Anzahl neuer durchgeführter Veranstaltungen im Verhältnis zu den insgesamt durchgeführten Veranstaltungen.
- Anzahl der Neukunden im Verhältnis zu den bestehenden Kunden.
- Kundenzufriedenheit im Vergleich zum Vorjahr.
- Mitarbeiterzufriedenheit im Vergleich zum Vorjahr.

Entwicklung qualitativer Erfolgsindikatoren: Qualitative Erfolgsindikatoren werden – ergänzend zu Kennzahlen, die objektivierbare Tatbestände messen – dort gebildet, wo es um sogenannte weiche Faktoren geht. Um zu qualitativen Erfolgsindikatoren zu gelangen, sind zunächst folgende Überlegungen notwendig:

- Was definieren wir als unseren spezifischen Unternehmenserfolg?
- Auf welchen Faktoren beruht dieser Unternehmenserfolg?
- Woran können wir festmachen, dass wir gut gearbeitet haben?

Beispiele für qualitative Erfolgsindikatoren: Viele Einrichtungen machen zum Beispiel neben ihrer eigentlichen Bildungsarbeit ein ausgesprochen erfolgreiches Kulturprogramm, dessen Qualität sich nicht nur in Besucherzahlen bewerten lässt.  Der Erfolg eines Filmfestivals kann sich zum Beispiel daran festmachen lassen, dass es gelungen ist, namhafte Regisseure zu gewinnen. Eine politische Veranstaltung könnte in ihrem Erfolg bewertet werden, wenn es gelungen ist, politische Prominenz zur Teilnahme zu bewegen. Was nun gute Kultur, namhafte Regisseure und politische Prominenz sind, lässt sich nicht objektiv bestimmen. Wohl kann man aber darüber in der jeweiligen Organisation zu einem ausgehandelten Konsens kommen. Aber auch bei Bildungsveranstaltungen kann nicht immer alles in Kennzahlen gemessen werden. So ist es zum Beispiel denkbar, dass man für eine innovative Bildungsveranstaltung einen Preis bekommen hat oder dass sie so außergewöhnlich war, dass das Fernsehen darüber berichtete.

Bei qualitativen Erfolgsindikatoren ist die absolut messbare Zahl nicht unbedingt von hervorragender Bedeutung. Es gibt zum Beispiel nur einen Oberbürgermeister der Stadt. Wenn dieser allerdings den Bildungsanbieter besucht und öffentlich würdigt, dann ist dies ein ziemlich sicherer Indikator für die öffentliche und politische Anerkennung der Organisation in der Kommune.

Es gibt auch nur sehr wenige Innovationspreise für Weiterbildung in Deutschland, daher ist es schon ein herausragendes Ereignis, wenn eine Organisation damit bedacht wurde.

 Verfahren der finanziellen Unternehmensführung sollten begründet eingesetzt werden. Gesichtspunkte der Wirtschaftlichkeit sollten beachtet werden. Finanzielle Unternehmensführung auf der Basis gesetzlicher Regelungen: Jegliche Unternehmensführung unterliegt der Notwendigkeit einer finanziellen Rechenschaftslegung. Diese Rechenschaftslegung ist über Gesetze, Richtlinien und Bestimmungen geregelt. Gültige gesetzliche Verfahren sind:

- die Finanzbuchhaltung,
- der Jahresabschluss/die Bilanz,
- die Gewinn- und Verlustrechnung,
- der Haushaltsabschluss.

Auf der Basis dieser zwingenden Regelungen lassen sich weitere Instrumente der finanziellen Unternehmensführung einführen und anwenden, zum Beispiel:

- Liquiditätsplan,
- Betriebsabrechnungsbogen,
- Deckungsbeitragsrechnung.

Beispiel Deckungsbeitragsrechnung: Die Deckungsbeitragsrechnung ist eine Teilkostenrechnung. Sie ist ein Instrument, um schnell und unkompliziert feststellen zu können, ob es sich rechnet, ein Seminar oder eine Veranstaltung mit weniger als der geplanten Teilnehmerzahl durchzuführen. Die Deckungsbeitragsrechnung eignet sich ebenso zur kurzfristigen Erfolgsrechnung. Um eine einfache Deckungsbeitragsrechnung einzuführen, ist es erforderlich, die Kosten in fixe und variable Kosten aufzuteilen:

- Fixe Kosten fallen in ihrer Höhe unabhängig von der Auslastung eines Unternehmens an (beispielsweise Mieten, Personalkosten).
- Variable Kosten entstehen in ihrer Höhe abhängig von der Auslastung eines Unternehmens (Kosten für Honorare, Fremdleistungen und andere Belastungen).

Folgende Schritte sind dazu nötig:

Ermittlung des Deckungsbeitrags

Summe aus den Einnahmen, dem Teilnahmeentgelt
(aus einer Veranstaltung, einer Weiterbildungsmaßnahme, in einer Periode)

- variable Kosten (Honorare, Reisekosten und anderes)
= Deckungsbeitrag

- Die möglichen Einnahmen aus Teilnahmeentgelten und sonstigen Quellen ermitteln.
- Variable Kosten für diese Veranstaltung zusammenrechnen (variable Kosten sind die Kosten, die nur anfallen, wenn eine Veranstaltung auch tatsächlich durchgeführt wird. In der Regel sind es Honorare, Reisekosten, eventuell anzumietende Räume, Material.
- Die Differenz zwischen möglichen Einnahmen und variablen Kosten ausrechnen.

Einfache Deckungsbeitragsrechnung der Stufe 1 für ein Seminar			
Einnahmen in Euro		**Variable Kosten in Euro**	
Teilnehmergebühren	2.000	Raumanmietung	500
Zuschuss aus Landesförderung	1.000	Dozentenhonorar	1.000
Sponsoring der Sparkasse	1.000	Unterrichtsmaterial	400
Gesamt:	3.000		1.900

Dieses Seminar hat also einen Überschuss von 1.100 Euro erbracht. Dies ist kein Gewinn, sondern der sogenannte Deckungsbeitrag, der so heißt, weil er zur Deckung der fixen Kosten der Organisation gebraucht wird. Fixe Kosten sind zum Beispiel die Gehälter für das fest angestellte Personal, die Bewirtschaftungskosten des eigenen Gebäudes, Versicherungen usw. Insgesamt müssen die Überschüsse aller Seminare die gesamten Fixkosten der Organisation abdecken; andernfalls würde der Haushalt mit roten Zahlen im Minus enden, was sich keine Organisation auf Dauer erlauben kann.

Ist die Differenz positiv, trägt dieser ermittelte Betrag dazu bei, die fixen Kosten einer Organisation zu decken (das sind die Kosten, die ohnehin in der Einrichtung anfallen, ohne dass eine Veranstaltung durchgeführt wird: Personalkosten für fest angestelltes Personal, feste Mieten, Stromkosten, Verwaltungsaufwand).

Bezogen auf die gesamte Organisation kann die einfache Form der Deckungsbeitrags-rechnung (Stufe 1) als Einstieg in die *kurzfristige Erfolgsrechnung* genutzt werden, das ist die Gegenüberstellung der Summe aller Deckungsbeiträge zur Summe der fixen Kosten.

Im Sinne einer *Weiterentwicklung des Controllingsystems* können die weiteren Stu-fen der Deckungsbeitragsrechnung eingeführt werden:

- Die Stufe 2 weist die Fixkosten nicht nur insgesamt für das Unternehmen, sondern bereichs- oder produktspezifisch aus.
- Die Stufe 3 ist darüber hinaus in der Lage, auch die (über die bereichs- bezie-hungsweise produktspezifischen Fixkosten hinausgehenden) für die allgemeine Unternehmensführung anfallenden Fixkosten detailliert den Bereichen oder sogar den einzelnen Produkten zuzuordnen.

Die Deckungsbeitragsrechnung ist damit auch ein Instrument um das Betriebsergeb-nis zu ermitteln. Die Stufe 3 ist allerdings kaum praktikabel, wenn man sie nicht im Rahmen einer einzelnen Aktion, sondern regulär und dauerhaft in der ganzen Orga-nisation anwendet, weil der enorm hohe Aufwand dann in keinem Verhältnis zum Nutzen steht. Bei der Stufe 3 müssen nämlich sämtliche Kosten, also auch die fixen Kosten für die allgemeine Verwaltung etc., der sogenannte Overhead, präzise anteilig auf die einzelnen Produkte oder doch zumindest Produktgruppen zugeordnet wer-den.

 Interne Prüfungen zur Funktionsweise des Unternehmens sollten regelmäßig statt-finden. Konsequenzen aus den Prüfergebnissen sollten gezogen werden. Interne Prüfungen zur Funktionsweise des Unternehmens sind selbst organisierte Qualitäts-Checks, Selbstevaluationen der eigenen Organisation und ihrer Praxis, interne Kon-trollen des Funktionierens von definierten Abläufen und beschlossenen Regelungen. Sie können in unterschiedlicher Form durchgeführt werden, zum Beispiel:

- In Evaluations- und Entwicklungsworkshops wird gemeinsam mit allen oder re-präsentativ ausgewählten Beschäftigten eine Analyse und Bewertung vorgenom-men.
- Anhand gemeinsam definierter Prüfkriterien analysieren und bewerten sich die verschiedenen Unternehmensbereiche wechselseitig.
- Der Qualitätsbeauftragte analysiert und bewertet die verschiedenen Unterneh-mensbereiche auf der Basis der definierten Anforderungen und/oder der von der Organisation festgelegten Qualitätsziele.

Diese internen Prüfungen sollten in festgelegten Abständen, zum Beispiel jährlich, erfolgen, um das Funktionieren der Organisation kontinuierlich sicherzustellen und Problemfelder frühzeitig zu erkennen. Diese Überprüfungen können auch unter Hin-zuziehung von professionellen Beratern oder Kollegen aus befreundeten Organisati-onen (»peer review«) erfolgen. Wichtig ist in jedem Fall, dass die Ergebnisse dieser in-ternen Überprüfungen dokumentiert und dass gegebenenfalls Konsequenzen daraus gezogen werden.

Die durchgeführten Qualitätsmaßnahmen sollten in Bezug auf das Leitbild und die Definition gelungenen Lernens begründet sein. Die Qualität des Controlling bezieht sich auf die Fähigkeit, durch geeignete Indikatoren Frühwarnsysteme und Erfolgsprüfungen zu installieren, mit denen es gelingt, die Gesamtorganisation auf die Erreichung ihrer Ziele auszurichten, um den Teilnehmenden optimale Bedingungen gelingenden Lernens zu ermöglichen. Deshalb sollten die durchgeführten Qualitätsmaßnahmen in Bezug auf das Leitbild und die Definition gelungenen Lernens begründet sein. Eine entsprechende Begründung kann jede Organisation in Hinblick auf ihre spezifischen Ziele nur selbst erstellen. Dabei könnten aber zum Beispiel folgende Fragen helfen:

- Auf welche Weise spiegeln sich die Ansprüche des Leitbildes im Berichtswesen der Organisation?
- In welcher Weise fließt die Lernerorientierung in die Kennzahlen und Erfolgsindikatoren ein?
- Inwieweit berücksichtigen die internen Prüfungen zur Funktionsweise des Unternehmens die Beiträge der verschiedenen Bereiche zur Realisierung des gelungenen Lernens der Teilnehmenden?
- Wodurch schafft das Controlling geeignete Voraussetzungen für die Lerner- und Kundenorientierung des Unternehmens?

Aus allem Vorangegangenen sollte klar geworden sein, dass Controlling nicht nur eine Rechnungsprüfung, eine betriebswirtschaftliche Revision und Kontrolle der Finanzsituation ist, wie sie vielfach leider noch immer missverstanden wird. Sondern sie ist ein differenziertes Steuerungsinstrument, um die Organisationen auf ihrem Weg zur inhaltlichen und wirtschaftlichen Zielerreichung zu unterstützen. Dem dient auch das im folgenden Abschnitt vorgestellte Verfahren der sogenannten Balanced Scorecard.

Ein Verfahren zur Zielorientierung der Organisation

Die Balanced Scorecard

Was ist eine Balanced Scorecard? Dieses 1992 von Robert S. Kaplan und David Norton eingeführte Konzept dient dazu, um die Aktivitäten einer Organisation zu messen im Hinblick auf ihre Vision. Führungskräfte und Mitarbeiter sollen einen umfassenden Überblick über die Leistungsfähigkeit und Effektivität des Unternehmens erhalten. Bei der Arbeit mit der Balanced Scorecard (BSC) geht es darum, überprüfbare Indikatoren für die Zielausrichtung und den Erfolg der Organisation aufzustellen. Die Balanced Scorecard (dt. ausgewogene Punktekarte) stellt dafür ein geeignetes Instrument dar. Das bedeutet: Die Balanced Scorecard ist

- ein Instrument zur Zielvereinbarung und Zielverfolgung,
- ein Mess- und Kennzahlensystem für das Controlling,
- ein Führungsinstrument zur zielgerichteten Unternehmenssteuerung,
- ein Kommunikationsinstrument der Beschäftigten zum Abgleich ihrer jeweiligen Beiträge zum Unternehmenserfolg.

Eine Balanced Scorecard umfasst in der Regel auf der Basis von Vision und Mission des Unternehmens, des Leitbildes und der strategischen Entwicklungsziele vier Perspektiven.

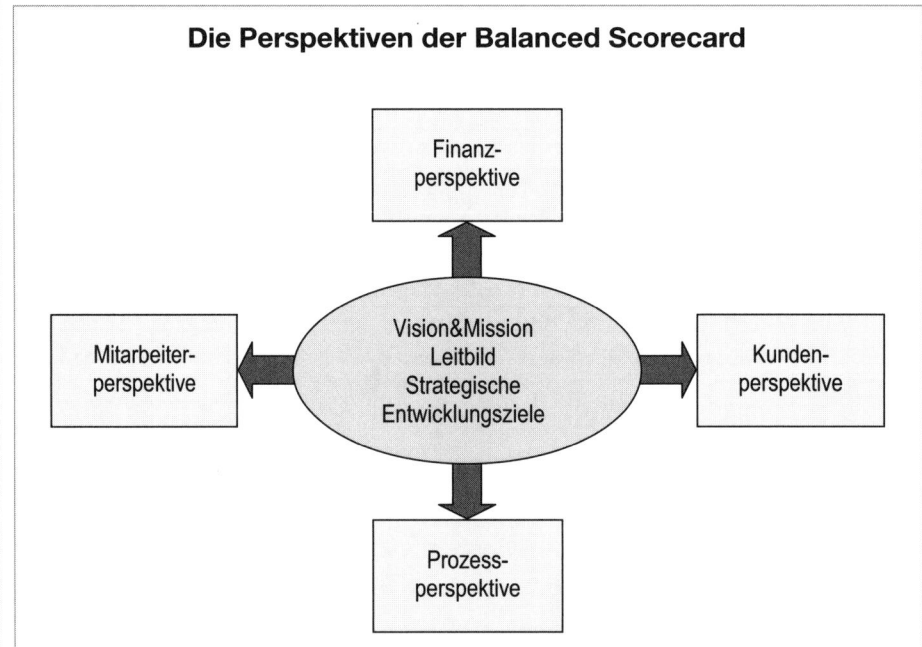

Die Perspektiven der Balanced Scorecard

Finanz-
perspektive

Vision&Mission
Leitbild
Strategische
Entwicklungsziele

Mitarbeiter-
perspektive

Kunden-
perspektive

Prozess-
perspektive

- Die *Finanzperspektive:* Welche wirtschaftlichen Ziele wollen wir erreichen?
- Die *Kundenperspektive:* Was wollen wir für und bei unseren Kunden erreichen?
- Die *Prozessperspektive:* Wie müssen unsere internen Prozesse definiert sein, um unsere Dienstleistungen und Produkte möglichst reibungslos herzustellen und zu vertreiben?
- Die *Mitarbeiterperspektive:* Welche Fähigkeiten und Arbeitsbedingungen benötigen unsere Beschäftigten, um ihre Aufgaben kompetent wahrnehmen zu können?

Diese vier Perspektiven einer BSC können durch beliebige weitere Perspektiven erweitert werden, zum Beispiel:

- interne Kooperationen zwischen Abteilungen oder Subsystemen der Organisation,
- externe Kooperationen mit Dienstleistern oder Partnern.

Alle Perspektiven, die zur Steuerung der Organisation bedeutsam sind, können in der BSC berücksichtigt werden. Man sollte aber nicht zu viele Perspektiven wählen, um das Instrument nicht zu komplex und damit vielleicht wirkungslos zu machen.

Zu beachten ist, dass die Zielindikatoren/Kennzahlen der verschiedenen Perspektiven sich nicht widersprechen, sondern sich aufeinander beziehen, im besten Fall sogar wechselseitig fördern.

Beispiel für eine BSC

Vision: Wir sind *das* Bildungsunternehmen unserer Region, bei Auftraggebern und Teilnehmenden gleichermaßen als die Nummer 1 anerkannt. Alle Mitarbeiterinnen und Mitarbeiter sind stolz, bei unserem Unternehmen zu arbeiten.

Mission: Unsere Teilnehmenden lernen unterstützt und eigenständig. Dabei werden alle rationalen, emotionalen und sinnlich-ästhetischen Aspekte des Lernens berücksichtigt. Unsere Teilnehmenden fühlen sich bei uns wohl und erreichen mit uns ihre selbst gesteckten Ziele.

Leitbild: gemäß Qualitätsbereich Leitbild, s. S. 31ff.

Strategische Entwicklungsziele: gemäß Qualitätsbereich Strategisches Management, s. S. 209ff.

Die BSC einer Bildungsorganisation auf dieser Basis könnte folgendermaßen aussehen:

Finanzperspektive	Kundenperspektive
Wir arbeiten mindestens kostendeckend. Wir steigern im kommenden Geschäftsjahr unseren Umsatz um 10 Prozent.	Unsere Kundenzufriedenheit beträgt auf einer 10er-Skala 8 und mehr Punkte. Wir gewinnen im kommenden Geschäftsjahr 10 Prozent neue Kunden.
Prozessperspektive	**Mitarbeiterperspektive**
Produktentwicklung ist als Schlüsselprozess definiert. Marketing/Vertrieb ist als Schlüsselprozess definiert.	Unsere Mitarbeiterzufriedenheit beträgt auf einer 10er-Skala 8 und mehr Punkte. Alle Beschäftigten bilden sich mindestens 2 Tage pro Jahr fort.

In den Organisationen sollte es im Regelfall mehrere Balanced Scorecards geben – mindestens eine für die Gesamtorganisation und jeweils eine spezifizierte für jeden Beschäftigten. Bei großen Organisationen kann dann noch jeweils eine BSC für die einzelnen Abteilungen aufgestellt werden.

Auf der Balanced Scorecard der Beschäftigten sind die jeweiligen Ziele der Funktionsstelle/des Arbeitsplatzes als Beitrag zur Zielerreichung der Gesamtorganisation aufgelistet. Diese Ziele korrespondieren dann mit den Zielen, die in den Zielvereinbarungen des Qualitätsbereichs Führung getroffen werden (s. S. 139ff.).

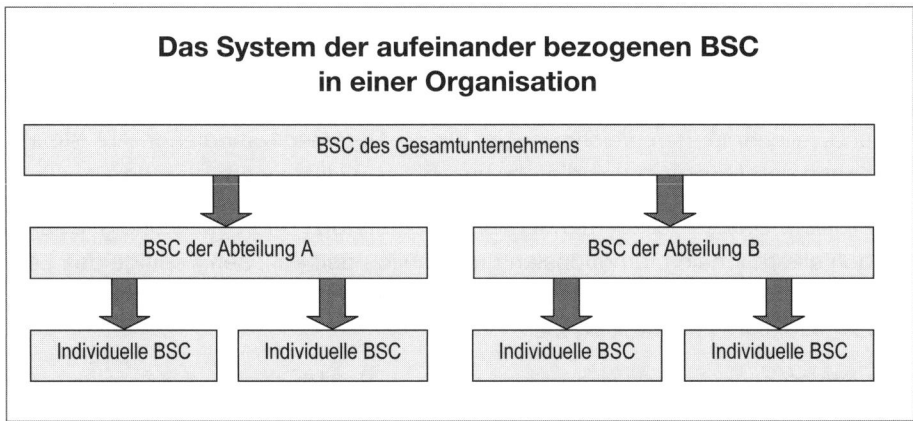

Die Perspektiven stehen in der Balanced Scorecard in einem kausalen Zusammenhang (Ursache-Wirkungskette). Die *Finanzperspektive* steht oben, weil ohne ausgeglichenen Haushalt keine Bildungsorganisation auf Dauer überleben kann. Zu den Finanzen zählen alle Einnahmen, also die erwirtschafteten Seminar-/Teilnehmerbeiträge ebenso wie die Zuschüsse und Förderungen. Die *Kundenperspektive* repräsentiert den eigentlichen Zweck der Bildungsorganisation. Hier geht es um das Bildungsangebot und alle Serviceleistungen. Die *Prozess- und die Mit-arbeiterperspektive* sind sogenannte Treiberfaktoren, die das Erfüllen der anderen beiden Perspektiven ermöglichen sollen. Die Mitarbeiterperspektive wird auch gelegentlich »Potenziale« beziehungsweise »Lernen und Entwicklung« genannt. Sie umfasst auf jeden Fall neben den Kompetenzen der Beschäftigten auch deren infrastrukturelle Arbeitsbedingungen.

Die Ursache-Wirkungskette der BSC

Finanzziele: Wirtschaftliche Ressourcen

Kundenziele: Qualität der Produkte/Dienstleistungen und Kundenzufriedenheit

Prozessziele: Qualität der Prozesse und Schnittstellen

Mitarbeiterziele: Kompetenzen und Arbeitsbedingungen der Beschäftigten

Der Nutzen einer Balanced Scorecard liegt in Folgendem:

- Die Transparenz der Unternehmensziele und des jeweils eigenen Beitrags werden erhöht.
- Doppelarbeit und Reibungsverluste werden vermieden.
- Zielorientiert motivierte Mitarbeiterinnen und Mitarbeiter sind die Folge.
- Das Handeln wird aufeinander abgestimmt und wird so wirksamer, Zielkonflikte werden vermieden.
- Das Controlling wird verbessert und dies erleichtert die Unternehmenssteuerung.
- Auf allen Organisationsebenen wird strategisches und unternehmerisches Handeln gefördert.
- Wirtschaftlichkeit und Effizienz werden gesteigert.

Bei der Einführung und Entwicklung einer Balanced Scorecard hat es sich bewährt, von oben nach unten vorzugehen. Das heißt, zuerst wird die BSC für das Gesamtunternehmen aufgestellt. Daraus werden dann im zweiten und dritten Schritt die Zielkarten für die Abteilungen und die Beschäftigten abgeleitet. Mit der Kategorie der Beschäftigten sind alle in der Organisation hauptamtlich Arbeitenden gemeint, also die Leitung und die Mitarbeitenden. Alle Ziele müssen überprüfbar formuliert sein (Zielformulierungen s. S. 128).

Wichtige Schritte bei der Einführung einer Balanced Scorecard

1. Vergewissern Sie sich der *Vision und Mission* Ihres Unternehmens; rekapitulieren Sie die Kernaussagen Ihres *Leitbildes* und vergegenwärtigen Sie sich die *strategischen Entwicklungsziele* Ihrer Organisation.
2. Beraten Sie gemeinsam, welche *Perspektiven* Ihre unternehmensspezifische BSC haben soll und legen sie diese fest.
3. Legen Sie die *Ziele des Gesamtunternehmens* in den gewählten Perspektiven der BSC fest. Die Ziele dürfen sich nicht widersprechen; sie sollten vielmehr wechselseitig aufeinander bezogen sein. Es kommt nicht auf die Menge der Ziele an, sondern darauf, zentrale Ziele zu finden. Es sollten etwa zwei bis fünf Ziele pro Perspektive sein, abhängig von der Größe und Komplexität der eigenen Organisation.
4. Analysieren Sie die Ursache-Wirkungsbeziehungen der Ziele, indem Sie prüfen, ob die Ziele miteinander kompatibel sind und sich in der Ursache-Wirkungskette von unten nach oben unterstützen.
5. Definieren Sie für alle Ziele die *Indikatoren*, an denen Sie die Zielerreichung jeweils messen werden.
6. Bestimmen Sie die *Maßnahmen*, die Sie zur Zielerreichung ergreifen werden. Manche Maßnahmen können zur Erreichung mehrerer Ziele geeignet sein.
7. Als letztes brechen Sie die *Ziele und Maßnahmen auf die verschiedenen Ebenen* Ihrer Organisation herunter: Das heißt: legen sie fest, was jede Abteilung und jede/r Beschäftigte wodurch erreichen soll. Die Ziele für die Beschäftigten tauchen dann in deren Zielvereinbarungen auf.
8. *Überprüfen* Sie den Grad der Zielerreichung in festgelegten Abständen und steuern Sie gegebenenfalls nach.

Eine BSC kann ihre Wirkung nur entfalten, wenn

- die strategische Gesamtausrichtung (inkl. Leitbild und Vision&Mission) vorhanden und geklärt ist,
- sie von allen akzeptiert und getragen wird,
- die Leitung und Führung der Organisation verbindlich mit der BSC steuern,
- alle Beschäftigten sich an die Zielvereinbarungen halten,
- die Zielerreichung regelmäßig kontrolliert und gegebenenfalls nachgesteuert wird.

Strategisches Management: Wie lassen sich zukünftige Herausforderungen bewältigen?

Definition strategisches Management

Strategische Entwicklungsziele sind längerfristige und umfassende Ziele, die bestimmen, wo die Organisation in einem definierten Zeitraum in Bezug auf ihre erwartete zukünftige Umwelt stehen will. Diese Ziele basieren auf dem Leitbild sowie der internen und externen Evaluation der Organisation. Das strategische Management stellt sicher, dass das Unternehmen den sich wandelnden Herausforderungen gewachsen ist.

Die Bedeutung von strategischem Management für eine Organisation

Die Unterscheidung von Organisation und Umwelt

Organisationen existieren immer in einer spezifischen Umwelt, für die sie besondere Leistungen zur Verfügung stellen. So produzieren zum Beispiel Unternehmen Waren für den Markt und Schulen ausgebildete Jugendliche für die Berufsausbildung oder das Studium. Diese Umwelten der Organisationen sind in einem permanenten Wandel begriffen, der sich in immer wieder veränderten und/oder neuen Anforderungen an die Organisationen niederschlägt.

Der Wandel ihrer Umwelt nötigt jeder Organisation also eigene Veränderungen auf, wenn sie sich nicht von ihren Abnehmern und Kunden entfernen und dadurch die eigene Existenz gefährden will. Eine direkte Beeinflussung der Umwelt ist nur sehr schwer möglich, weil hier zu viele komplexe Einflussfaktoren aufeinander einwirken, sodass nicht vorhersehbare Entwicklungen stattfinden und unbeabsichtigte Nebenfolgen eintreten. Deshalb liegt die Aufgabe der Organisationen in erster Linie darin, sich an die veränderten Anforderungen ihrer Umwelt anzupassen. Sie tun dies durch strategisches Veränderungsmanagement, das diejenigen internen Bereiche – die sogenannten organisationalen Gestaltungsfelder – entwickelt, auf die die in den Organisationen Handelnden einen verändernden Zugriff haben.

Strategisches Management bezieht sich auf das Ganze der Organisation

Das Wort »managen« ist dem Zirkusleben verwandt; es bedeutet wortursprünglich, ein Pferd in einer Manege zureiten, trainieren und kontrollieren, noch erkennbar im italienischen maneggiare. Management meint heute die Fähigkeit, Irritationen in Ordnungen und Verfahren umzusetzen, aus Zufällen Strukturen zu bilden, auf Umweltkontigenzen Responsefähigkeit zu entwickeln, das heißt, fähig zu sein, Antworten auf die Herausforderungen der Zukunft zu geben.

> Das Wort »Strategie« kommt aus dem Griechischen: *Strataegeo* (*Stratos* = Etwas weit Ausgebreitetes und alles andere Umfassendes; *Igo* = Handeln, Tun). Strategisches Management ist ein Handeln, das sich auf die Organisation als Ganze bezieht und diese in Bezug auf die Zukunft handlungsfähig erhält. Strategisches Management positioniert die eigene Organisation langfristig in Bezug auf eine erwartete zukünftige Systemumwelt.

Es geht um die Weiterentwicklung von internen Kompetenzen, um den veränderten Umweltanforderungen (besser) gerecht werden zu können. Unter heutigen Bedingungen ist Strategieentwicklung eine nicht delegierbare gemeinschaftliche Führungsleistung, die von der obersten Unternehmensleitung verantwortet wird und in die das gesamte Unternehmen einbezogen ist.

Strategisches Management ist die Königsdisziplin des Managements

Die Umwelt der Organisationen ist in der modernen Gesellschaft äußerst schnelllebig, wandelbar und komplex geworden. In dieser Komplexität und in diesem stetigen Wandel müssen sich die Organisationen orientieren. Viele Bedingungen wirken auf die Organisationen ein, eine Vielfalt von sich teilweise widersprechenden Zieloptionen wäre möglich. Strategisches Management hat die Aufgabe, das Unternehmen in dieser dynamischen Welt in die Zukunft zu führen. Strategisches Management ist die schwierigste Aufgabe des Managements und wird deshalb auch als Königsdisziplin bezeichnet, denn es geht darum, in überkomplexen und intransparenten Entscheidungssituationen entscheidungsfähig zu bleiben.

Deshalb schrieb schon Carl von Clausewitz (1780–1831): »Jeder, der in den Gestaltungsraum der Strategie eintreten möchte, wird gemahnt, alle Hoffnungen aufzugeben, jene Gewissheiten und Wirkungshebel zu finden, an die er sich bei anderen Tätigkeiten gewöhnt hat. Er muss den Verzicht auf diese Hoffnung als einen Initiationsritus betrachten, um in den Raum strategischen Denkens zu gelangen.«

Strategisches Management sichert die Einmaligkeitsstellung im Markt

Strategisches Management ist die konsequente Ausrichtung des Gesamtunternehmens an Umwelt, Zukunft und unternehmensindividueller Besonderheit. Während man früher glaubte, allein durch eine optimale Anpassung an die Umweltbedingungen seine Zukunft sichern zu können, so ist dies heute nicht mehr ausreichend. Dafür ändern sich die Umweltbedingungen zu rasant. Heute kommt es zusätzlich darauf an, sich eine gewisse Einmaligkeitsstellung im Markt zu sichern, durch eine systematische Trendanalyse zukünftige Entwicklungen möglichst vorwegzunehmen und Märkte damit zu gestalten.

Strategisches Management kommt damit einem permanenten Selbsterschaffungsprozess des Unternehmens gleich, einer selbst gewählten zukünftigen Identität. Das Ergebnis dieses Prozesses besteht sowohl in der Neudefinition des eigenen Existenzgrundes (Weswegen gibt es uns? Welche Kundenprobleme lösen wir?) als auch der angestrebten Ziele (Wo wollen wir in vier Jahren stehen?), letztlich auch in der Festlegung der wichtigen Schritte auf dem Weg dorthin (Was müssen wir tun, um unsere strategischen Ziele zu erreichen?). Strategieentwicklung ist das Zentrum der Lernfähigkeit von Organisationen.

Wichtige Schritte des strategischen Managements

1. Vision und Leitbildentwicklung gehen einer strategischen Zielfindung voraus; Werte fließen implizit oder explizit in sie ein. Leitbild und Vision zu entwickeln und sich seine Werte bewusst zu machen, ist also der erste grundlegende Schritt der strategischen Planung.
2. Es folgt eine systematische Umwelt- und Trendanalyse nach zuvor aufgestellten für das Unternehmen relevanten Bereichen.
3. Daran schließt sich eine Stärken-/Schwächenanalyse des eigenen Unternehmens an – bezogen auf die wichtigsten, zuvor definierten organisationalen Gestaltungsfelder.
4. Hierauf aufbauend erfolgt eine strategische Positionierung des Unternehmens. Dabei werden die strategischen Entwicklungsziele für das Unternehmen aufgestellt und Messgrößen definiert, mit denen die Zielerreichung geprüft werden kann.
5. Anschließend werden die operationalisierten Ziele für die organisationalen Gestaltungsfelder bestimmt. Ziele sind dann operationalisiert, wenn das Endergebnis, die Zeit, die Zuständigkeit, die Ressourcen und die Erfolgskriterien bestimmt sind.
6. Schließlich beginnt das kooperative Umsetzungshandeln, das kontinuierlich zu den aufgestellten Zielen rückgekoppelt und gegebenenfalls neu justiert wird.
7. Die Zielerreichung wird in den verschiedenen Gestaltungsfeldern anhand der bestimmten Erfolgskriterien evaluiert. Mit Erreichen des strategischen Entwicklungsziels beginnt der Kreislauf von vorn.

Worauf kommt es beim strategischen Management an?

Evaluations-/Entwicklungsworkshops sollten regelmäßig stattfinden. Die Beschäftigung mit Zukunftsfragen betrifft alle, und dafür bedarf es periodischer Auszeiten des gemeinsamen Nachdenkens, sprich der Reflexion. Dabei helfen die regelmäßigen Evaluations- und Entwicklungsworkshops. In diesen – zum Beispiel jährlichen – Workshops steht das Gesamtunternehmen in Bezug auf seine Umwelt auf dem Prüfstand. Hier können beispielsweise die Ergebnisse der internen Prüfungen zur Funktionsweise des Unternehmens (s. S.202) diskutiert und bewertet werden, damit gegebenenfalls Konsequenzen gezogen werden können.

Die Beschäftigung mit der eigenen Zukunft kann nur in geschützten, institutionalisierten Kommunikationsräumen jenseits des Tagesgeschäftes gelingen. Diese Workshops können daher auch als Zukunftswerkstätten stattfinden. Wichtig erscheint, dass möglichst viele Beschäftigte an diesen Workshops beteiligt werden. Ziel dieser Workshops ist es, die bisherige Entwicklung zu bewerten und die Weiterentwicklung der eigenen Organisation zu planen. Dazu gehört auch, den Grad der Zielerreichung hinsichtlich der strategischen Entwicklungsziele zu evaluieren. Die Ergebnisse dieser Selbstevaluationen müssen dokumentiert werden.

 Qualitätsentwicklungsziele und/oder -maßnahmen sollten systematisch gesammelt und dokumentiert werden. Die Sammlung und Dokumentation von Qualitätsentwicklungszielen und/oder -maßnahmen umfasst Ideen und Verbesserungsvorschläge, die für eine spätere Bearbeitung festgehalten werden sollen. Diese Auflistung entsteht während der Qualitätsentwicklungsphase und speist sich aus unterschiedlichen Quellen, zum Beispiel:

- Maßnahmen, die sich aus den Qualitätsprüfungen der Lernorte und Arbeitsbedingungen (Qualitätsbereich Infrastruktur, s. S. 112ff.) ergeben,
- Verbesserungsvorschläge von Mitarbeitenden aus den Entwicklungsgesprächen (Qualitätsbereich Personalentwicklung, s. S.142ff.),
- Ideen von Kunden aus dem Anregungs- und Beschwerdemanagement (Qualitätsbereich Kundenkommunikation, s. S. 183ff.),
- Ziele, die sich aus den Ergebnissen der Bedarfserschließung (s. S. 41ff.), der Evaluation (s. S. 88ff.) und/oder dem Controlling (s. S.194ff.) ergeben,

Die Qualitätsentwicklungsziele/-maßnahmen haben eine unterschiedliche Reichweite von größeren Verbesserungsprojekten bis hin zu kleineren Schönheitsreparaturen. Sie beziehen sich auf Teilbereiche der Organisation und sind deshalb nicht mit den strategischen Entwicklungszielen zu verwechseln. Sie können aber gegebenenfalls später unter die umfassenderen strategischen Zielen subsummiert werden.

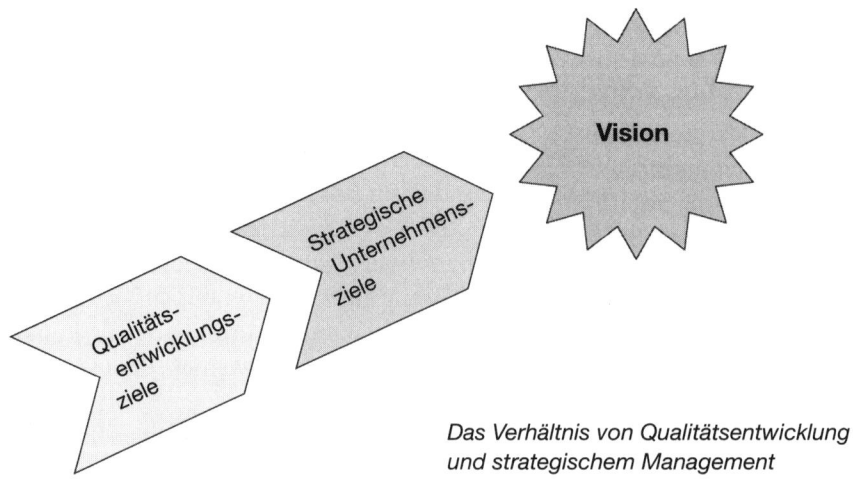

Das Verhältnis von Qualitätsentwicklung und strategischem Management

Beispiel: Liste von Qualitätsentwicklungszielen und/oder -maßnahmen

– Das Produkt- und Dienstleistungsangebot soll im Bereich Gesundheit ausgebaut werden.
– Ein Verfahren zu einer systematischen Gewinnung von Neukunden soll entwickelt und angewendet werden.
– Das Empfehlungs- und Kundenbeziehungsmarketing soll ausgebaut werden.
– Zusätzliche, neue Marktsegmente sollen erschlossen werden.
– Die Ermittlung von Kundenbedürfnissen im Bereich Bildung und Beratung soll weiter systematisiert werden.
– Trend- und Umweltanalysen sollen methodisch verbessert werden.
– Aufgaben, Entscheidungskompetenzen und Verantwortlichkeiten im Führungskreis sollen überprüft, konkretisiert und gegebenenfalls modifiziert werden.
– Beteiligungsformen innerhalb der Organisation sollen reflektiert und gegebenenfalls weiter ausdifferenziert werden.
– Allgemeine Managementaufgaben sollen gleichmäßig verteilt werden.
– Interne Organisations-, Arbeits- und Entscheidungsprozesse sollen weiterentwickelt werden.
– Der Besprechungsraum soll neu möbliert werden.
– Die Eingangstür soll neu gestrichen werden.
– Die Kompetenzen der pädagogischen Mitarbeiterinnen und Mitarbeiter im Bereich Marketing, Vertrieb und Auftragsakquisition sollen ausgebaut werden.
– Die Seminarevaluation soll auf elektronische Auswertung umgestellt werden.
– Ein weiterer Medienturm soll angeschafft werden.
– Die Beschilderung im gesamten Gebäude soll verbessert werden.

Zu einer ähnlichen Liste kommt man, wenn die über die augenblickliche Qualitätsarbeit hinausgehenden Ziele und Maßnahmen während des Qualitätsentwicklungsprozesses in einem Ideenspeicher gesammelt werden, um sie für spätere Verbesserungsmaßnahmen nicht aus dem Auge zu verlieren.

 Strategische Entwicklungsziele der Gesamtorganisation sollten aufgestellt werden.
Die strategischen Ziele dienen der Zukunftssicherung indem die internen Kompetenzen der Organisation verbessert werden, um den Herausforderungen der Umwelt/ des Marktes besser gewachsen zu sein. Das heißt, sie haben einen Außenaspekt/Umweltbezug und einen Innenaspekt/Organisationsbezug. Strategische Entwicklungsziele basieren auf einer systematischen Umwelt- und Organisationsanalyse.

Beim Formulieren strategischer Ziele ist es wichtig, die Zielerreichung über Erfolgsindikatoren messbar zu machen, um später auch beurteilen zu können, ob man dort angekommen ist, wo man hin wollte. Die konkrete Ausformulierung der strategischen Entwicklungsziele als überprüfbare Anforderungen ist eine anspruchsvolle Aufgabe, der man genügend Zeit widmen sollte.

Beispiel strategische Entwicklungsziele

Ziel 1: Die internen Steuerungsprozesse der Organisation sind optimiert.
Die Indikatoren zur Überprüfung der Zielerreichung sind:

– Die Aufgaben/Verantwortlichkeiten im Führungskreis sind festgelegt und dokumentiert. Sie sind in der Organisation kommuniziert.
– Die allgemeinen Managementaufgaben sind definiert, dokumentiert und gleichmäßig auf die Mitarbeiter/innen verteilt.
– Die Entscheidungskompetenzen und -verfahren sind beschrieben und in der Organisation kommuniziert.
– Die Beteiligungsrechte und -pflichten der Organisationsmitglieder sind definiert, dokumentiert und in der Organisation kommuniziert.

Ziel 2: Neue Produkte oder Dienstleistungen werden systematisch entwickelt.
Die Indikatoren zur Überprüfung der Zielerreichung sind:

– Ein Verfahren zur systematischen Entwicklung neuer Produkte und Dienstleistungen ist entstanden und eingeführt.
– Trend- und Umweltanalysen werden einmal jährlich durchgeführt, ausgewertet und dokumentiert.
– Ein Verfahren zur Ermittlung von Kundenbedürfnissen in den Bereichen Bildung und Beratung ist entwickelt und wird einmal jährlich angewandt. Die Ergebnisse werden ausgewertet und dokumentiert.
– Die neuen Produkte oder Dienstleistungen begründen sich aus den Trend- und Umweltanalysen und den erhobenen Kundenbedürfnissen.

Ziel 3: Die Vermarktung der Bildungs- und Beratungsprodukte ist verbessert.
Die Indikatoren zur Überprüfung der Zielerreichung sind:

– Ein Verfahren des Empfehlungsmarketings zufriedener Kunden ist entwickelt und eingeführt. Die Anzahl der hierdurch gewonnenen Neukunden wird dokumentiert und bewertet.
– Ein Prozess »Vertrieb« ist definiert und eingeführt.
– Die neuen Produkte/Dienstleistungen werden vierteljährlich gegenüber den Kunden kommuniziert.
– Die Kommunikationswege und der Kommunikationsrhythmus sind beschrieben und begründet.
– Die pädagogischen Mitarbeiterinnen und Mitarbeiter sind im Bereich Marketing, Vertrieb und Auftragsakquisition fortgebildet.

Ein Verfahren der aktiven Zukunftsgestaltung von Organisationen

Strategieentwicklung

In Bezug auf die Zukunft ist notwendigerweise eine gewisse Unkalkulierbarkeit impliziert, denn Zukunft ist per definitionem das, was wir heute noch nicht kennen können. Trotzdem gibt es methodische Vorgehensweisen, sich dieser unsicheren Zukunft zu nähern und strategische Entwicklungsziele zu entwickeln. Denn für das Neue gibt es im Gegenwärtigen durchaus Trends und Anzeichen.

Wenn Sie sich dem Neuen, dem Zukünftigen zuwenden, dann werden Sie die Erfahrung machen, dass Sie Entscheidungen zur Vorbereitung auf mögliche Situationen treffen müssen, die so eintreten könnten, wie Sie vermuten, aber eben auch ganz anders, als Sie heute denken. Strategische Entscheidungen werden also grundsätzlich auf der Basis einer unvollständigen Informationslage getroffen; sie sind deshalb besonders riskant. Um das Risiko falscher Entscheidungen, die für Organisationen erhebliche Konsequenzen haben können, zu verringern, gibt es ein geordnetes Verfahren der Strategieentwicklung. So gelingt es, wenigstens etwas Sicherheit im unsicheren Gelände zu gewinnen.

1. Reflexion der Vorannahmen und Voraussetzungen

Bevor die eigentliche Strategiearbeit beginnt, ist es wichtig, sich mit den eigenen *mentalen Modellen* auseinanderzusetzen, das heißt, mit den impliziten Grundannahmen, die das Alltagshandeln leiten. Das Denken und Handeln in nicht hinterfragten Routinen steht der Entwicklung von Zukunftsfähigkeit im Wege. Neues beruht wesentlich auch auf neuen Denk- und Praxisformen, auf neuen Spielregeln, mit denen man seinen Beitrag für die Branche unterlegt.

Der zweite Schritt besteht darin, dass man sich in der Organisation gemeinsam seiner *Werte* und *Zukunftsvisionen* vergewissert, diese prüft, ob sie für die weitere Zukunftsplanung noch tragfähig sind, und gegebenenfalls modifiziert und veränderten Bedingungen anpasst.

2. Umweltanalyse

Da Organisationen Leistungen für ihre Abnehmerumwelt erbringen, beginnt man diesen Prozess zunächst mit einer *Umweltanalyse* – üblicherweise unter folgenden Gesichtspunkten:

- politische Veränderungen,
- wirtschaftliche Veränderungen,
- technologische Veränderungen,
- soziokulturelle Veränderungen,
- ökologische Veränderungen,
- Veränderungen der Kundenbedürfnisse sowie
- Veränderungen der Wettbewerbsbedingungen.

Trends und Anzeichen für diese Veränderungen können auf Zukunfts- beziehungsweise Entwicklungsworkshops im Mitarbeiterkreis der Einrichtung gesammelt und bewertet werden. Die Bewertung kann sich an der Unterscheidung orientieren, ob es sich bei den gesichteten Veränderungen eher um Chancen oder um Risiken handelt. Zu bedenken ist bei dieser Unterscheidung, dass Risiken sich häufig aus nicht wahrgenommenen Chancen ergeben.

Im Vorfeld des Zukunftsworkshops kann auch relevante Literatur gesichtet und für die Teilnehmenden des Workshops aufbereitet werden.

Eine *Umweltanalyse* der Weiterbildungslandschaft könnte zum Beispiel zu folgenden zentralen Tendenzen führen:

Beispiel: Wichtige *politische Veränderungen* sind in einer zunehmenden Europäisierung der Bildungspolitik festzustellen. In Bezug auf die Weiterbildung in Deutschland kann man davon ausgehen, dass die Privatisierung fortschreitet. Der Staat zieht sich aus der Regelfinanzierung der Weiterbildung immer mehr zurück und steuert gezielt über wechselnde Programme und Projektausschreibungen. Wettbewerb und Kooperation wirken in der Weiterbildung einerseits verunsichernd, andererseits aber auch leistungssteigernd. Die Erwachsenenbildungsgesetze sind entsprechend novelliert. Anforderungen nach Qualitätsentwicklung und externer Evaluation werden immer wichtiger und erhalten Eingang in alle Weiterbildungsgesetze der Länder. Die Weiterbildung trifft auf öffentliche Partner, die durch neue Steuerungsmodelle reformiert sind, ihre Ressourcen dezentral verwalten und über public private partnership auf leistungsfähige Anbieter setzen.

Relevante *wirtschaftliche Veränderungen* sind vor allem darin zu entdecken, dass der Rohstoff Wissen weiter an Bedeutung gewinnen wird. Die gesamte Ökonomie wird wissensabhängig. In den modernen Unternehmen nehmen der Zwang und die Notwendigkeit zu Flexibilität, Veränderungsbereitschaft und Kommunikation zu. In der Vielfalt und Komplexität der Märkte werden Marken immer wichtiger; die Kunden orientieren sich stärker am Image eines Unternehmens beziehungsweise eines Produktes als an konkreter Erfahrung, die bei der wachsenden Anzahl und Differenzierung der Produkte kaum noch systematisch selbst gemacht werden kann. Das gilt besonders für Bildungsdienstleistung, deren Qualität erst nach dem Kauf und nach der Nutzung beurteilt werden kann.

Technologische Veränderungen verwissenschaftlichen unaufhaltsam alle Arbeit und den gesamten Alltag. Nur noch niederwertige Tätigkeiten können ohne Computer ausgeübt werden. Die kommunikationsmedialen Geräte sind multifunktional, immer kleiner und immer leistungsfähiger; die Generationsfolge der Geräte wird noch kürzer. Der Mensch ist immer online. Dabei wächst der Informationsmüll ins Unermessliche. Die menschliche Fähigkeit, bedeutsame Informationen zu selektieren und zu verarbeiten, wird deshalb immer wichtiger. Die Schnelligkeit, mit der sich die technologischen und wirtschaftlichen Bedingungen verändern, gerät immer stärker in Gegensatz zu den zeitlichen Bedingungen substanzieller Bildungsarbeit, da Lernen langsamer vonstattengeht und Lernsubjekte Entwicklungszeit brauchen.

Soziokulturelle Veränderungen machen Deutschland zum multiethnischen Einwanderungsland. Schnelligkeit, Mobilität und Flexibilität werden zu Bedingungsfaktoren der Realisierung eines einigermaßen erfolgreichen Lebens. Gesellschaft zersplittert in immer mehr sich ständig wandelnde Milieus. Die Kluft zwischen Modernisierungsgewinnern und -verlierern wird größer. Die gesellschaftliche Konkurrenz wird härter; Gewalt und Kriminalität nehmen zu. Die Grenzen zwischen Arbeit und Freizeit sind fließend geworden; Normalarbeitsverhältnisse haben sich aufgelöst. Das Bedürfnis, Berufs- und Familienleben vereinbaren zu können, nimmt zu. Die Erlebnisorientierung steigt ebenso wie der Sinnbedarf der Menschen. Orientierungsschwierigkeiten wachsen ebenso wie die damit zusammenhängenden Bildungs- und Beratungsbedürfnisse.

Die *ökologischen Veränderungen* sind vor allem im Klimawandel zu sehen, der sich zu einer Klimakatastrophe auswächst. Fossile Rohstoffe werden knapp, die Umweltverschmutzung wächst und sauberes Trinkwasser wird vielerorts zum Problem. Die Ernährung großer Teile der Bevölkerung wird schlechter. Auf der anderen Seite legen besser situierte Schichten immer mehr Wert auf ökologisch einwandfreie Produkte. Hieraus entstehen Informations- und Bildungsbedürfnisse hinsichtlich Gesundheit und Ernährung. Die zunehmende Technologisierung des Lebens zieht auch neue ökologische Probleme in Form von Elektrosmog nach sich.

Veränderungen in den Kundenbedürfnissen folgen der fortschreitenden Individualisierung. Die Anspruchshaltung der Teilnehmenden wächst generell. Jeder besteht auf seinem persönlichen Nutzen und seinem spezifischen Zugang zum Wissen. Vor allem die Bildungsmotive werden individualistischer. Die Bedürfnisse nach Weiterbildung werden kurzfristiger und unstetiger. Weiterbildung hat ihre traditionellen Orte verlassen; sie findet überall statt – on the job, into the job, just in time, computer based online und computer on demand, selbst organisiert und erzwungen.

Veränderungen in den Wettbewerbsbedingungen sind vor allem in der zunehmenden Privatisierung der Weiterbildung zu sehen. Eine unüberschaubare Zahl von Anbietern konkurriert auf den unterschiedlichsten Teilmärkten. Der Überblick wird immer komplizierter. Es gibt zunehmend mehr freiberufliche Weiterbildner, Trainer, Coaches, Mediatoren und Berater. Gefragt sind Spezialisten für Spezialgebiete. Wirtschaftsunternehmen suchen aus Kostensenkungsgründen allerdings den Kontakt zu großen Anbietern, um Vermittlungskosten zu sparen. Die Schnelligkeit und Flexibilität der Anbieter wird wichtiger. Es gibt einen deutlichen Verdrängungswettbewerb. Das erkennbar Besondere, die Unique Selling Proposition wird zum entscheidenden Wettbewerbsvorteil. Trotz des zunehmenden Wettbewerbs werden die Kooperationsformen immer wichtiger – »Coopetition« löst den Gegensatz von Kooperation und Konkurrenz tendenziell auf. Alle Weiterbildungsorganisationen müssen marktförmig und unternehmerisch handeln.

3. Organisationsanalyse

Im nächsten Schritt folgt eine *Analyse der organisationalen Gestaltungsfelder*. Sie wird meistens von den folgenden Stichpunkten geleitet:

- Strukturen und Prozesse,
- Leitung und Führung,
- Personal,
- Finanzen,
- Geschäftsfelder,
- Produkte und Leistungen,
- Marketing und Vertrieb,
- Organisationskultur.

Die Organisationsanalyse sollte jeweils als Stärken-/Schwächenbewertung erfolgen, um vor allem von den bereits vorliegenden Erfolgsfaktoren und strategischen Kernkompetenzen profitieren sowie Entwicklungsbedarfe diagnostizieren zu können. Eine *Organisationsanalyse* hängt natürlich stark von dem Zustand der Weiterbildungseinrichtung ab, die sich analysiert. Folgende Beobachtungen wären aber unter vielen anderen denkbar:

Beispiel: Die *Strukturen und Prozesse* der Organisation müssen kunden- und ablauforientiert modernisiert werden. Zu viel Hierarchie und starre Abteilungsorganisation verhindert schnelles, flexibles Reagieren in turbulenten Märkten.

Die Bedeutung von *Leitung und Führung* nimmt in dem Maße zu, wie Organisationen zunehmend kommunikativ gesteuert werden müssen. Allerdings gilt es, Managementkompetenzen erst zu erwerben, weil diese in der Erwachsenenbildung keine Tradition haben.

Die Kompetenzen des *Personals* müssen beständig an die veränderten und neuen Anforderungen angepasst werden. Die Weiterbildung der Weiterbildner wird immer wichtiger. Vor allem die Fähigkeiten in den Bereichen Marketing, Vertrieb und Auftragsakquisition müssen systematisch auf- und ausgebaut werden.

An das Management der *Finanzen* der Organisation werden höhere Anforderungen gestellt. Es geht nicht mehr nur darum, vorhandenes Geld gut zur verwalten. Mit unternehmerischem Denken und Handeln müssen Überschüsse erwirtschaftet werden.

Die *Geschäftsfelder* diversifizieren sich. Vor allem neue Geschäftsfelder müssen frühzeitig erkannt und besetzt werden.

Auch bei den *Produkten und Leistungen* kommt es zu Diversifizierungsprozessen. Die Organisationen müssen sich entscheiden, ob sie sich spezialisieren oder eine breite Palette von Bildungsdienstleistungen anbieten wollen. Vor allem die Qualität muss weiterentwickelt werden.

Im *Marketing und Vertrieb* haben viele Weiterbildungsorganisationen immer noch Nachholbedarf. Es wäre denkbar, eigene Vertriebsabteilungen einzuführen

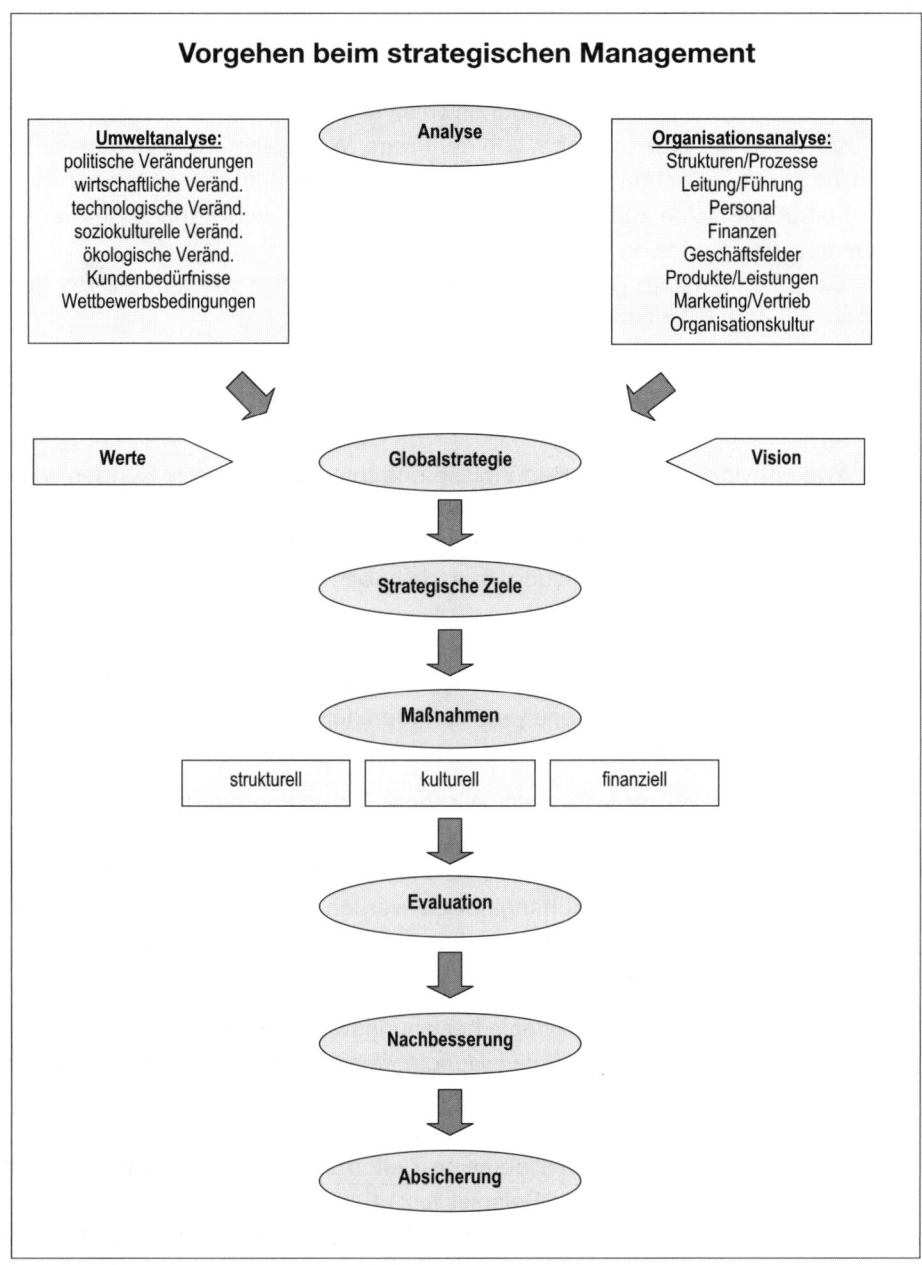

Vorgehen beim strategischen Management

Analyse

Umweltanalyse:
politische Veränderungen
wirtschaftliche Veränd.
technologische Veränd.
soziokulturelle Veränd.
ökologische Veränd.
Kundenbedürfnisse
Wettbewerbsbedingungen

Organisationsanalyse:
Strukturen/Prozesse
Leitung/Führung
Personal
Finanzen
Geschäftsfelder
Produkte/Leistungen
Marketing/Vertrieb
Organisationskultur

Werte — **Globalstrategie** — Vision

Strategische Ziele

Maßnahmen

| strukturell | kulturell | finanziell |

Evaluation

Nachbesserung

Absicherung

und die Auftragsakquisition durch sogenannte Key-Account-Manager zu verbessern.

Die *Organisationskultur* hätte sich vom traditionellen »Familien«-Betrieb zur professionellen Wissensorganisation zu wandeln. Der Kundennutzen (Customer Value) sollte der tragende Wert der Weiterbildungsorganisationen sein.

4. Formulierung einer Globalstrategie

Auf der Basis der beiden Analysen zu Umwelt und Organisation wird anschließend eine *Globalstrategie* beziehungsweise eine *strategische Positionierung* formuliert, zum Beispiel angeleitet von der Frage: Wie wollen wir als Organisation in
Bezug auf die gesichteten Veränderungen in etwa vier Jahren dastehen? Die Ge-
samtstrategie sollte zum Leitbild, zu den Unternehmenswerten und sofern vorhanden auch zur Vision in Beziehung gesetzt werden.

Dazu können zum Beispiel folgende Fragen gestellt werden, die die beiden
eben erläuterten Analysen resümieren:

- An welchen Werten und Visionen orientieren wir unser Handeln?
- Welche Entwicklungstrends konnten wir in unserer Umweltanalyse feststel-
len?
- Wie entwickeln sich die Bedürfnisse und Interessen unserer Kunden, welche
neuen oder veränderten Bedürfnisse konnten wir ausmachen?
- In welche Richtungen entwickeln sich unsere Wettbewerber?
- Welche zentralen Entwicklungsbedarfe haben wir für unsere Organisation und
deren Beschäftigte erkannt?

Zum Beispiel könnte eine Weiterbildungsorganisation, auf die die exemplarischen
Umwelt- und Organisationsanalysen zutreffen, für sich folgende *strategische Positionierung* formulieren:

> Wir wollen eine professionelle Wissensorganisation werden, die sich durch
> die interne Ausrichtung auf strategische Geschäftsfelder flexibel in wandeln-
> den Märkten bewegen kann. Es ist unser strategisches Globalziel von staat-
> lichen Förderungen unabhängiger zu werden und zunehmend unternehme-
> risch Überschüsse zu erwirtschaften. In den von uns besetzten Geschäfts-
> feldern wollen wir in unserer Region die Besten sein.

Schließlich wird die Globalstrategie beziehungsweise strategische Positionierung
zu konkreten *strategischen Entwicklungszielen* »heruntergebrochen«. Jetzt gibt
es zwei Möglichkeiten: Entweder die Entwicklungsziele werden selbst »smart«
formuliert, will heißen: spezifisch, messbar, aktivitätsorientiert, realistisch und terminiert. Man kann aber auch allgemeine Zielformulierungen mit selbst gewählten
Indikatoren unterlegen (s. das Beispiel S. 214).

Später werden aus den formulierten strategischen Zielen *Maßnahmen* abgeleitet, die umgesetzt, evaluiert, gegebenenfalls nachgebessert und in der Organisation abgesichert werden. Die Umsetzung der strategischen Ziele respektive der
abgeleiteten Maßnahmen erstreckt sich in der Regel über einen Zeitraum, der drei
bis fünf Jahre umfassen kann.

Den Prozess der Strategieentwicklung können Sie auch anhand der Grafik auf
Seite 219 nachvollziehen.

Der Prozess
der Qualitätsentwicklung

Management von Qualitätsprozessen: Welche Aufgaben hat ein Qualitätsmanager?

Die Arbeit gut zu machen und die Arbeit zu verbessern sind zwei Seiten der selben Medaille. Qualitätsentwicklung ist heute eine Daueraufgabe für Weiterbildungsorganisationen, die ein kontinuierliches Engagement aller erfordert. Es geht darum, sowohl die gegenwärtigen Aufgaben gut zu bewältigen als auch die Aufgabenbewältigung und deren Organisationsformen kontinuierlich neu im Verhältnis zu den sich verändernden Anforderungen zu justieren und zu verbessern.

Die Ergebnisse der Qualitätsentwicklung finden ihren Ausdruck in einer veränderten Praxis der Organisation, aber sie sollten auch in einem Qualitätshandbuch für den alltäglichen Gebrauch dokumentiert werden, damit sie nicht verloren gehen. Unter einem *Qualitätshandbuch* versteht man eine Sammlung und die Dokumentation der in der Organisation durchzuführenden Prozesse, Verfahren und Regelungen nach einem gewählten Ordnungsprinzip.

Qualitätshandbücher nach einem allgemeingültigen Schema zu verfassen, ist meistens wenig nutzbringend für eine Organisation. Vielmehr muss jede Einrichtung selbst entscheiden können, was sie in welcher Form für regelungsbedürftig hält. Nur dann enthält das Qualitätshandbuch die für die Organisation relevanten Aspekte und wird als Leitfaden für die Praxis genutzt werden können.

Die Auswahl der Dokumente kann sich zum Beispiel an der Frage orientieren: Was muss ein neuer Mitarbeiter wissen, um seine Arbeit richtig machen zu können? Ein Qualitätshandbuch kann in Papierform in einem Ordner oder elektronisch im Intranet geführt werden. Wichtig ist, dass alle Beschäftigten jederzeit darauf Zugriff haben, um das Handbuch als Arbeitsinstrument nutzen zu können. Hilfreich ist, wenn die Dokumente eine Art Dokumentenkennung haben, um den jeweils letzten Stand der Überarbeitung erkennen zu können.

Für den *Prozess des Qualitätsmanagements* empfehlen sich folgende Vorgehensweisen:

- Zwingend ist, dass die Leitung der Organisation den Prozess der Qualitätsentwicklung uneingeschränkt befürwortet und letztinstanzlich verantwortet.
- Ein Qualitätsmanager aus dem Kreis der Beschäftigten, welcher in der Einrichtung anerkannt ist, kann mit der operativen Steuerung des Prozesses betraut werden.
- Regelmäßige Sitzungen (alle vier bis sechs Wochen) aller Beschäftigten (in kleineren Einrichtungen) oder einer repräsentativen Steuerungsgruppe (in größeren Einrichtungen) sichern die Kontinuität. Hier werden die Qualitätsanstrengungen diskutiert und zusammengeführt; notwendige Entscheidungen werden vorbereitet und anschließend von den zuständigen Stellen getroffen.

- In Qualitätszirkeln können Teilaufgaben abgearbeitet werden. Diese Qualitätszirkel legen ihre Ergebnisse der Steuerungsgruppe vor. Die Qualitätszirkel können parallel daran arbeiten, dass die Anforderungen der Qualitätsbereiche erfüllt werden und gegebenenfalls vorschlagen, wo und wie eingegriffen werden sollte.
- Es ist empfehlenswert, das Qualitätshandbuch parallel zum Prozess der Qualitätsentwicklung anzulegen, um es im Verlauf der Qualitätsentwicklung vom Rohentwurf bis zur Endfassung sukzessive mit den Vorschlägen und Maßnahmen aus den Qualitätszirkeln anzureichern. So verfügt die Organisation über ein sich permanent entfaltendes Gemeinschaftsprodukt, dessen Entwicklung von allen verfolgt und kommentiert werden kann.
- Das Anlegen des Qualitätshandbuches kann arbeitsteilig geschehen, aber der Qualitätsmanager sollte die Gesamtverantwortung für das Handbuch haben. Wichtig ist es, die verschiedenen Entwicklungsstufen des Handbuches in der Organisation immer wieder gemeinsam zu diskutieren. So wachsen das Handbuch und das Qualitätsbewusstsein der Beschäftigten gleichermaßen.
- Absolut arbeitserleichternd und erfolgversprechend ist es, den Qualitätsentwicklungsprozess als Projektmanagement zu organisieren, sich klare Ziele und Meilensteine zu setzen, Zeiten und Ressourcen gut zu planen und vor allem Zwischencontrollings vorzusehen und gegebenenfalls nachzusteuern.

Ein *Projekt* ist ein komplexes, zeitlich, sachlich und räumlich begrenztes Vorhaben mit einer spezifischen personellen Organisation sowie mit klar definierter Verantwortung und Aufgabenstellung, besonderen Ressourcen und einer realistischen Ziel- und Ergebnisdefinition. Im Regelfall ist es bereichsübergreifend. Es werden viele Personen zu Zeitpunkten in thematisch unterschiedlichen Qualitätszirkeln (QZ) mitarbeiten, die koordiniert werden müssen. Dies ist eine Aufgabe des Qualitätsmanagers (QM). Das Qualitätsprojekt könnte zum Beispiel die rechts abgebildete Struktur haben.

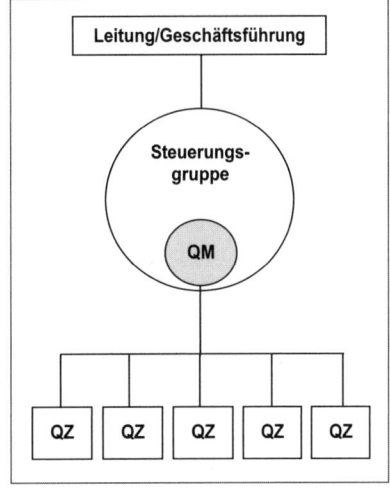

Ein Projekt untergliedert sich in eine Startphase, eine Planungsphase, eine Umsetzungsphase und eine Evaluationsphase. Diese vier Phasen gelten für das Gesamtprojekt wie auch für jedes Teilprojekt:

- In der *Startphase* wird das Projekt aufgesetzt. Es wird geklärt, was der Gegenstand des Projektes ist und welches allgemeine Ergebnis erwartet wird. Es wird festgelegt, wer die Gesamtverantwortung übernimmt und wer im Projektteam mitarbeitet. Es wird der Zeitrahmen bestimmt, und es werden die finanziellen, sachlichen und personellen Ressourcen bereitgestellt.

- Die *Planungsphase* beginnt mit einer Analyse der Ausgangslage und endet mit der Definition klarer Projektziele sowie einem Projektablaufplan, der Teilaufgaben gliedert und zeitlich ordnet. Die Projektziele werden mit überprüfbaren Erfolgsindikatoren unterlegt.
- An der Schnittstelle von der Planungsphase zur Umsetzungsphase steht der *Startworkshop* – gelegentlich auch Kick-off genannt. Hier sollten alle Mitarbeiterinnen und Mitarbeiter über das Projekt informiert und die Motivation zur Mitarbeit geschaffen werden.
- In der *Umsetzungsphase* wird das Projekt, gegebenenfalls gegliedert in Unterprojekte, durchgeführt, nicht ohne dass zwischendurch immer wieder Überprüfungen und Nachsteuerungen durchgeführt werden. Hier kann die auf Seite 226 erläuterte Teleskoptechnik angewendet werden.
- In der *Evaluationsphase* werden die Projektergebnisse mit den Projektzielen verglichen und anhand der Erfolgsindikatoren bewertet. Es wird festgestellt, ob Teilziele nicht erreicht werden konnten, woran das gelegen hat und wann die notwendigen Nacharbeiten stattfinden.
- Projektbegleitend findet das *Projektmarketing* statt, wodurch organisationsintern und gegebenenfalls organisationsextern für das Projekt geworben wird beziehungsweise wichtige Zwischenergebnisse kommuniziert werden.

In der Planungsphase findet eine *Selbstevaluation* im Unternehmen statt, zum Beispiel indem eine Stärken-Schwächen-Analyse nach vorher verabredeten Gesichtspunkten durchgeführt wird. Eine *Projektumfeldanalyse* sollte darüber hinaus fördernde und hemmende Faktoren für das Projekt zusammentragen, gegebenenfalls vorhandene Risiken einschätzen und mögliche Unterstützungs- beziehungsweise Gegenmaßnahmen planen.

Zur Aufstellung des Projektablaufplanes kann auf die Methode der Prozessdefinition (s. S. 66ff.) zurückgegriffen werden. Man kann also an einer Zeitleiste ein Flussdiagramm mit den zu erledigenden Aufgaben anfertigen. Es ist aber auch denkbar, hier mit einer Exceltabelle zu arbeiten.

Projektablaufplan						
Aufgabe	1. Woche	2. Woche	3. Woche	4. Woche	5. Woche	n-te Woche
1. Aufgabe	Meyer					
2. Aufgabe		Müller				
3. Aufgabe		Schulze				
4. Aufgabe			Schubert			
5. Aufgabe		Meyer/Rossner/Ahlert				
5. Aufgabe				Müller		
6. Aufgabe					Lange	
n-te Aufgabe						Meyer

Am Ende der Planungsphase, noch vor dem Startworkshop, ist der erste Meilenstein – so werden die Zwischenziele eines Projektes genannt – erreicht. Immer dann, wenn einer der gesetzten Meilensteine erreicht wird, findet eine Zwischenprüfung des Projektstandes statt. Diese kann zum Beispiel anhand folgender Fragen durchgeführt werden.

Prüffragen zum geplanten Projekt			
Wie steht es um das geplante Projekt?	①	②	③
Die Ausgangssituation ist gründlich analysiert.			
Die Ziele sind klar und überprüfbar formuliert.			
Die Verantwortlichkeiten und Zuständigkeiten sind geklärt.			
Das Personal für die Mitarbeit reicht aus.			
Die Motivation, im Projekt mitzuarbeiten, ist hoch.			
Die Risiken und Hürden sind realistisch eingeschätzt.			
Der Projektplan ist vollständig aufgestellt.			
Die Zeitplanung lässt 40 Prozent Pufferzeit für Unvorhergesehenes.			
Die Meilensteine der Zwischencontrollings sind festgelegt.			
① stimmt ② stimmt teilweise ③ stimmt nicht			

Wenn nach der Planungsphase die Prüffragen zum geplanten Projekt nicht alle mit »stimmt« beantwortet werden können, kommt es bereits an dieser Stelle zu einer ersten Rückkoppelungsschleife. Jetzt muss an die entsprechende Stelle der Planungsphase zurückgekehrt und so nachgearbeitet werden, dass der als nicht ausreichend bewertete Bereich verbessert wird. Wenn also beispielsweise die Ziele noch unklar und nicht eindeutig mit Erfolgsindikatoren unterlegt waren, sind sie erst noch zu präzisieren und zu operationalisieren, bevor die nächste Phase des Projektes begonnen wird.

Eine wichtige Aufgabe des Projektmanagements ist das sogenannte »Magische Dreieck« (s. die nebenstehende Grafik) des Projektmanagements im Blick zu behalten und gegebenenfalls immer wieder in seinen drei Komponenten auszugleichen.

Wenn die Qualität gesteigert werden soll, dann braucht man mehr Zeit und das erhöht die Kosten. Soll das Ergebnis in kürzerer Zeit zustande kommen, dann ist der Personalaufwand höher. Sollen die Kosten/der Aufwand gesenkt werden, dann sinkt auch die Qualität.

Um die Qualitätsziele zu erreichen, empfiehlt sich für das Projektmanagement in der Umsetzungsphase eine Vorgehensweise, die Teleskoptechnik genannt wird. Hierbei werden die Aufgaben und die Verantwortlichkeiten systematisch und struktur-identisch aufgebaut, das heißt, der Gesamtprozess wird in Teilprozesse und diese wieder in weitere kleinere Teilprozesse untergliedert. Alle Prozesse sind aber in ihrer Struktur gleich. Sie stecken quasi ineinander wie die Puppen in einer russischen Matrioschka. In jedem Prozess wird ein Ziel definiert, die Ausgangssituation analysiert und der Weg zur Zielerreichung in Teile zerlegt.

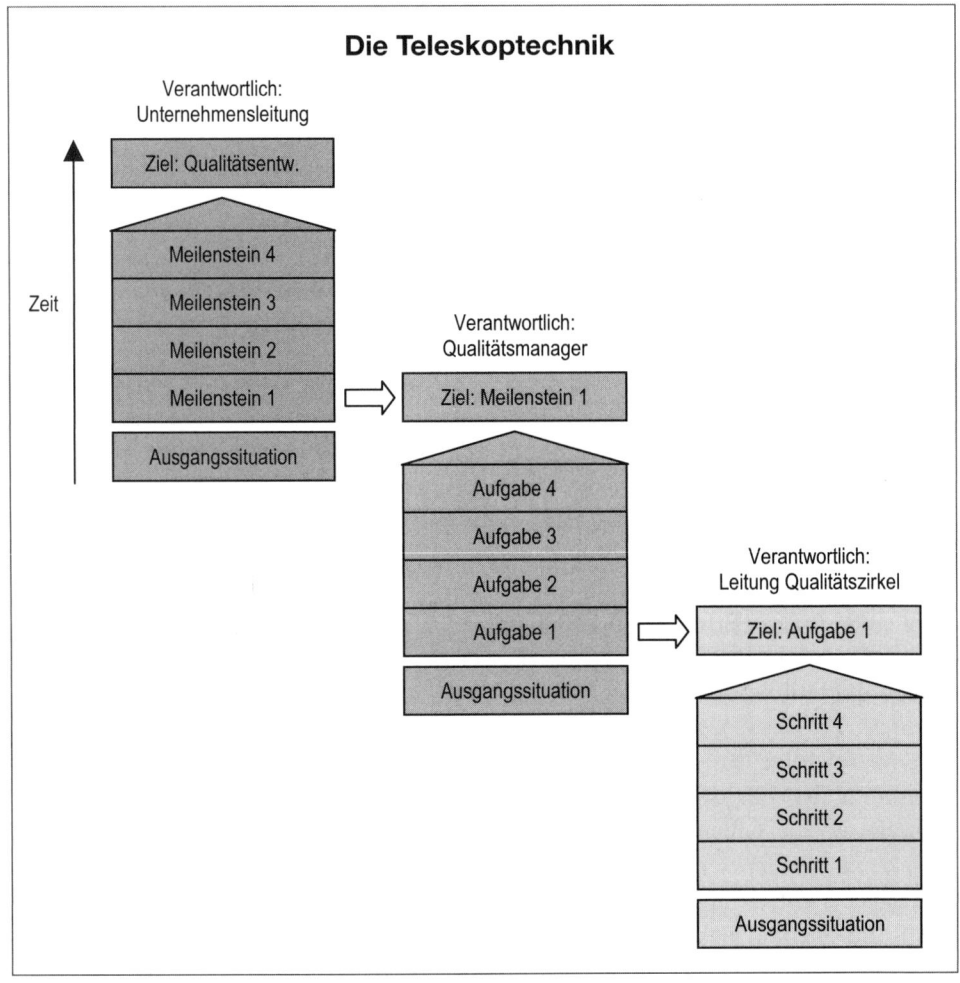

Stellen wir uns vor, dass das Gesamtprojekt eine vollständige Qualitätsentwicklung in allen in diesem Buch genannten Qualitätsbereichen umfasst. Ein Projekt dieser Größe muss zwingend von der Leitung der Organisation verantwortet werden. Das Gesamtprojekt könnte in die Meilensteine des Erreichens der Qualitätsziele pro Qualitätsbereich aufgegliedert werden, hätte also in Analogie zu den 13 Qualitätsbereichen auch 13 Meilensteine.

Die einzelnen Qualitätsbereiche/Meilensteine werden zeitlich geordnet und unter der Organisation, Moderation und Supervision des Qualitätsmanagers abgearbeitet, der die 13 Qualitätsbereiche in einzelne zu erledigende Aufgaben gliedert und zur Bearbeitung an entsprechende Qualitätszirkel weiterleitet. Eine Aufgabe könnte zum Beispiel im Qualitätsbereich Evaluation die Entwicklung eines Fragebogens sein, mit dem dann ausgewählte Bildungsbereiche evaluiert werden.

Die Qualitätszirkel zerlegen unter der Moderation ihrer Gruppenleitung die Aufgaben in abzuarbeitende Arbeitsschritte, fügen die jeweiligen Arbeitsergebnisse wieder zu einem Ganzen zusammen und legen der Steuerungsgruppe ihre Ergebnisse vor. Nach der Erstellung eines Evaluationsfragebogens könnte der Qualitätszirkel beispielsweise arbeitsteilig Seminare evaluieren, die Evaluationsergebnisse in der Gruppe aufbereiten und zusammenfassen, bevor er sie an die Steuerungsgruppe weiterleitet.

Qualitätsentwicklung ist zwar eine Daueraufgabe, dennoch sollten im Sinne des Projektmanagements Entwicklungsperioden definiert werden, in denen zum Beispiel die in diesem Buch vorgeschlagenen Qualitätsbereiche einmal durchgegangen und entsprechend festgelegte Verbesserungen eingeführt worden sind. Die Praxis zeigt, dass für ein solches Qualitätsprojekt je nach Ausgangslage der Organisation 8 bis 18 Monate erforderlich sind. Es wird also für das Projekt eine maximale Zeit festgelegt. 60 Prozent dieser Zeit wird in Teilschritte zerlegt, deren Zielerreichung jeweils als Meilensteine festgelegt werden. 40 Prozent der zur Verfügung stehenden Zeit darf nicht verplant werden, weil sie erfahrungsgemäß für Unvorhergesehenes gebraucht wird. Die Verantwortung für den Gesamtprozess und das Controlling der Meilensteine obliegt der obersten Unternehmensleitung.

Aus den Meilensteinen werden nun Subprojekte, die vom Qualitätsmanager in Rückkopplung mit der Unternehmensleitung verantwortet werden. Die Subprojekte unterliegen den gleichen Organisationsprinzipien wie das Gesamtprojekt. Das Erreichen der jeweiligen Meilensteine wird in die hierzu erforderlichen Aufgaben untergliedert. Das Zeitmanagement folgt wiederum der Logik: 60 Prozent verplante Zeit, 40 Prozent Pufferzeit.

Je nach Größe des Gesamtprojektes beziehungsweise je nach Größe der Organisation können die in den Subprojekten zu erledigenden Aufgaben noch einmal als Mini-Projekte an Qualitätszirkel abgegeben werden, für die nun eine entsprechende Person aus dem Mitarbeiterkreis verantwortlich zeichnet.

Folgt man dieser Struktur des Projektmanagements, dann ist sichergestellt, dass alle zu erledigenden Teilarbeiten kompatibel sind, keine unnötige Doppelarbeit geschieht und der Gesamtprozess insgesamt ressourcenschonend organisiert wird. Klare Zielbestimmungen, realistische Analysen der jeweiligen Ausgangssituationen und gute Gliederungen der Teilschritte sind die Voraussetzungen für den Erfolg des Qualitätsprojektes. Gut funktionierende Organisationen erkennt man an ihrer gut funktionierenden Zusammenarbeit.

Der kontinuierliche Veränderungsprozess von organisationsinternen Prozessen, Verfahren, Methoden und Vorgehensweisen im Rahmen eines Qualitätsmanagements kann schematisch in vier Phasen unterteilt werden:

- **Erste Phase:** Das Vorhandene wird optimiert und besser genutzt.
- **Zweite Phase:** Neue Prozesse, Verfahrensweisen und Methoden werden entwickelt und implementiert.
- **Dritte Phase:** Die neuen Prozesse und Verfahrensweisen werden erprobt und evaluiert.
- **Vierte Phase:** Das überprüfte Neue wird in der Struktur des Unternehmens abgesichert und zu neuer Routine.

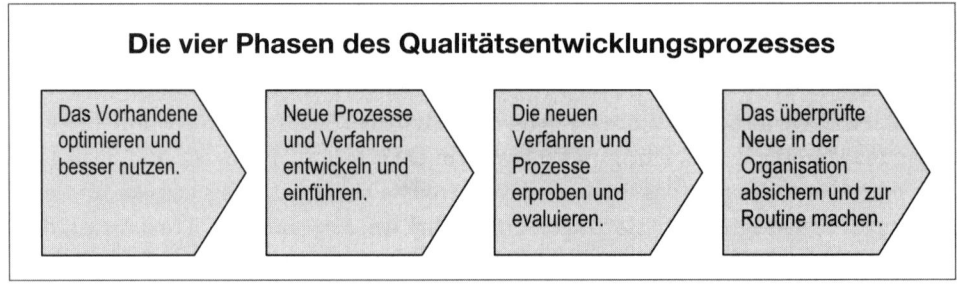

Im *Verhältnis von Organisationsleitung und Qualitätsmanager* liegt ein Erfolgsfaktor gelingender Qualitätsentwicklung. Es hat sich bewährt, diese Rollen zu trennen, aber gleichzeitig kooperativ eng zu vernetzen. Wenn auch die Gesamtverantwortung für die Qualitätsentwicklung bei der Unternehmensleitung liegt, so lässt sich das operative Geschäft doch an eine andere geeignete Person delegieren. Dabei ist der Qualitätsmanager mit den entsprechenden zeitlichen, sächlichen, personellen und finanziellen Ressourcen sowie mit der nötigen Entscheidungskompetenz auszustatten. Das Verhältnis von Leitung und Qualitätsmanager bleibt hier allerdings der zu beachtende Punkt. Während die Leitung den Gesamtprozess initiiert und an den definierten Meilensteinen auch kontrolliert, Qualitätsbewusstsein vorlebt, jederzeit Promotor ist, Ressourcen zur Verfügung stellt, die strategische Gesamtrichtung im Auge behält, steuert der Qualitätsmanager den Prozess in der alltäglichen Praxis. Er verantwortet das Projektmanagement, verteilt Einzelaufgaben und führt sie wieder zusammen, motiviert die Mitarbeiterinnen und Mitarbeiter, schlichtet Konflikte, steuert den Prozess und moderiert – sofern vorhanden – die Steuerungsgruppe. Schlussendlich liegt es in seiner Verantwortung, dass die verschiedenen Qualitätsentwicklungsmaßnahmen im Qualitätshandbuch zusammengeführt werden.

Gefahren lauern, wenn die Leitung schwach ist und der Qualitätsmanager versucht, dieses Machtvakuum auszufüllen, aber auch, wenn der Qualitätsmanager keine Unterstützung aus dem Kollegenkreis erhält und im Stich gelassen wird. Deshalb braucht ein Qualitätsmanager Rückhalt bei seiner Leitung und Akzeptanz bei seinen Kolleginnen und Kollegen. Ein Qualitätsmanager sollte einen Gesamtüberblick über das Unternehmen haben, Verfahren und Methoden des Qualitätsmanagements kennen und umsetzen können sowie über die nötigen praktischen Kompetenzen für technische und elektronische Werkzeuge verfügen. Es hilft einem Qualitätsmanager darüber hinaus sehr, wenn er Lust auf Neues hat und ein kommunikativer Mensch mit Vernetzungsfähigkeiten ist.

Leitungs- und Managementaufgaben im Qualitätsentwicklungsprozess

Aufgaben der Leitung	Aufgaben des Qualitätsmanagers
Qualitätsprozess initiieren und in letzter Instanz dafür Verantwortung tragen.	Qualitätsprozess managen, steuern und moderieren.
Rahmenentscheidungen treffen.	Einzelentscheidungen treffen.
Visionen und übergeordnete Ziele formulieren.	Visionen vermitteln und Ziele verfolgen.
Zeit-, Personal- und Finanzressourcen bereitstellen.	Zeit-, Personal- und Finanzressourcen planen.
Freiräume und gegebenenfalls neue Strukturen schaffen.	Verfahren implementieren und Ergebnisse dokumentieren.
Kommunikation und Information strukturell ermöglichen.	Kommunikation und Information organisieren und koordinieren.
Qualität vorleben und entsprechende Anreize schaffen.	Kolleginnen und Kollegen motivieren und begeistern.
Meilensteine definieren und »controllen«.	Aufgaben definieren, delegieren und die Erledigung kontrollieren.
Kommunikation mit Umweltbereichen organisieren.	Externe Unterstützung und Beratung organisieren.
In Konflikten gegebenenfalls entscheiden.	Konflikte mediieren.
Über (Selbst-)Reflexionsfähigkeit verfügen und anregen, zum Beispiel dadurch, dass auch vermeintlich bewährte Routinen der Organisation immer wieder einmal auf ihre Sinnhaftigkeit überprüft werden.	Über (Selbst-)Reflexionsfähigkeit verfügen und anregen.

Am Ende des festgelegten Zeitraumes des Qualitätsprojektes steht eine Abschlussevaluation. Sinnigerweise sollte sie anhand der gleichen Gesichtspunkte wie die Selbstevaluation zu Beginn des Projektes und anhand der Erfolgsindikatoren der Projektziele stattfinden. Möglicherweise hat sich die Weiterbildungsorganisation auch entschlossen, ihr Qualitätsmanagement extern evaluieren und durch ein Testat beziehungsweise Zertifikat bestätigen zu lassen, dann würde der fremde Blick die eigenen Erfolge noch einmal neutral bestätigen (s. S. 232ff.). Auf jeden Fall haben alle Beteiligten einen würdigen Projektabschluss verdient, um das Erreichte gebührend zu feiern.

Qualitätsentwicklung zum Erfolg bringen

Erfolgreiche Qualitätsentwicklung ist von vielerlei Bedingungen abhängig. Zu den wichtigsten Erfolgsfaktoren gehören:

- Eine gute Vorbereitung und realistische Planung.
- Eindeutige, überprüfbare Zielsetzungen.
- Übernahme einer aktiven Gesamtverantwortung durch die Organisationsleitung.
- Qualitätsorientierte Führung auf allen Organisationsebenen.
- Gutes Projektmanagement durch die Qualitätsbeauftragte beziehungsweise den Qualitätsbeauftragten.
- Vollständige Information aller Mitarbeiterinnen und Mitarbeiter.
- Beteiligungsorientierte Qualitätsentwicklungspraxis.
- Regelmäßige Zwischenevaluationen/Controllings und Nachsteuerungen bei Zielabweichungen.
- Kontinuierliche Dokumentationen der Projektfortschritte im Qualitätshandbuch.
- Motivation und Kompetenz aller Beteiligten.

Anhang:
Externe Bestätigung der Qualität

Qualitätstestierung:
Wie können Sie Ihre Qualitätserfolge
extern bestätigen lassen?

Wenn Sie sich mithilfe dieses Handbuchs auf den Weg der Qualitätsentwicklung Ihrer Bildungsorganisation gemacht haben und stolz darauf sind, Ihre Qualitätsziele erreicht zu haben, dann möchten Sie diese internen Erfolge vielleicht auch gegenüber Ihrer Umwelt kommunizieren – sprich: Marketing mit Ihrer Qualität machen. Dafür kann eine unabhängige Evaluation Ihrer Organisation und eine Bestätigung Ihrer Qualitätserfolge durch eine neutrale Instanz nützlich sein.

Im Rahmen mehrerer von der Bund-Länder-Kommission für Bildungsplanung und Forschungsförderung und dem Bundesministerium für Bildung und Forschung geförderter Projekte hat die ArtSet® Forschung, Bildung, Beratung GmbH in den Jahren 2000–2005 eine »Lernerorientierte Qualitätstestierung in der Weiterbildung (LQW®)« entwickelt und in der Weiterbildungsbranche eingeführt. Dieses anerkannte Qualitätsmanagementsystem, das die Möglichkeit einer externen Zertifizierung beinhaltet, ist in Deutschland und Österreich mittlerweile zum Marktführer geworden.

Mit dem Lernerorientierten Qualitätsmodell liegt das einzige direkt aus der Weiterbildung und für die Weiterbildung entwickelte Qualitätsentwicklungs- und -testierungsverfahren vor, das den Lerner in den Mittelpunkt stellt. LQW® basiert auf den in diesem Handbuch dargestellten Qualitätsbereichen und setzt die in diesem Buch empfohlenen Qualitätsmaßnahmen in überprüfbare Anforderungen um.

Die wissenschaftlichen und praktischen Anforderungen an eine Qualitätsentwicklung in der Weiterbildung schlagen sich bei der Lernerorientierten Qualitätstestierung vor allem in folgenden Punkten nieder:

- Der Lerner als kundiger Produzent von Bildung steht im Mittelpunkt aller Qualitätsbemühungen. Auf ihn ist die Qualitätsentwicklung der Einrichtungen und mithin das Testierungsverfahren ausgerichtet.

- Es geht dabei sowohl um die Qualitätssicherung als auch darum, die Qualität der Einrichtungen in einem ständigen Prozess weiterzuentwickeln – ausgehend von den sich verändernden Umweltanforderungen. Das Lernen der Organisation ist dabei die Basis, um das Lernen der Teilnehmer zu verbessern.
- Bildung ist ein reflexives Erfahrungsgut; die Verbesserung der organisationalen Bildungsbedingungen muss daher ebenfalls ein reflexiver Prozess sein. Qualitätsverbesserung in der Bildungsbranche kann nicht durch technokratische Formalisierungen gefördert werden.
- Es handelt sich bei LQW daher nicht nur um ein externes Begutachtungsverfahren, sondern die Entwicklungspotenziale der Einrichtungen werden ebenfalls berücksichtigt und gefördert. LQW unterstützt die Lernprozesse der Weiterbildungseinrichtungen und prüft nicht fremdgesetzte Standards ab.
- Das Modell ist einrichtungstypübergreifend sowie für große und kleine Organisationen gleichermaßen anwendbar, das heißt, jede Einrichtung kann LQW an ihre besonderen Bedingungen anpassen. Das Modell ist also selbst lernfähig und anwendungsflexibel einsetzbar.
- Im LQW-Netzwerk aller Anwenderorganisationen dient das Qualitätsmodell der Vergleichbarkeit der Weiterbildungseinrichtungen untereinander; hierdurch wird Organisationslernen über Benchmarking und wechselseitige Entwicklungsberatung gefördert.

Das Verfahren der Qualitätsentwicklung und -testierung nach LQW® benennt konkrete Anforderungen in elf Qualitätsbereichen.

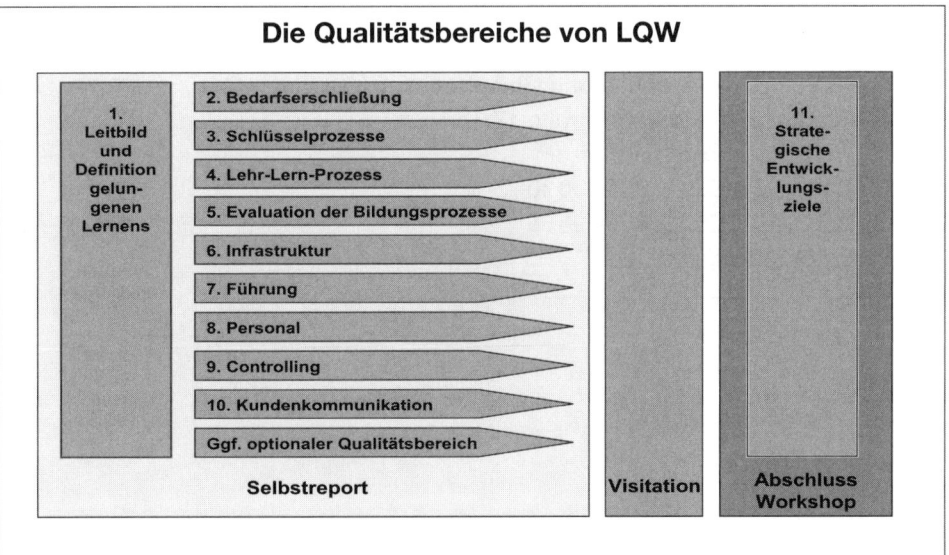

Die Qualitätsbereiche von LQW

1. Leitbild und Definition gelungenen Lernens

2. Bedarfserschließung
3. Schlüsselprozesse
4. Lehr-Lern-Prozess
5. Evaluation der Bildungsprozesse
6. Infrastruktur
7. Führung
8. Personal
9. Controlling
10. Kundenkommunikation
Ggf. optionaler Qualitätsbereich

Selbstreport

Visitation

11. Strategische Entwicklungsziele

Abschluss Workshop

LQW® kombiniert Selbst- und Fremdevaluation. Die Organisationen haben nach ihrer Anmeldung zur Testierung 13 Monate Zeit, die Anforderungen zu erfüllen und in einem Selbstreport nachzuweisen. Ein einführender Workshop unterstützt die Organisationen bei der Erarbeitung des Selbstreports. Nach Abgabe des Selbstreports erhalten die Weiterbildungsorganisationen ein Gutachten, welches sowohl prüfende als auch vor allem beratende Anteile hat. In einer Visitation spiegeln die Gutachterinnen und die Gutachter ihre Eindrücke in die Organisationen zurück. Auf dem Abschlussworkshop werden strategische Entwicklungsziele für die nächste Qualitätsentwicklungsperiode vereinbart. Die externe Testierung kann nach vier Jahren wiederholt werden, wenn man die Gültigkeit des Testates und eine Verbindlichkeit kontinuierlicher Qualitätsentwicklung bestätigen möchte.

Nach Abschluss des Verfahrens erhalten die beteiligten Organisationen ein Testat und ein Logo, die sie als erfolgreiche Teilnehmer des Lernerorientierten Qualitätsverfahrens ausweisen. Zusätzlich bekommen alle Organisationen eine individuelle Keramikfliese aus dem von dem Künstler Guido Kratz gestalteten LQW®-Netzwerkbild und einen vom Künstler handsignierten Kunstdruck des jeweiligen Standes des ständig weiter wachsenden Netzwerkbildes. Das bisher bereits über 40 m² große Bild symbolisiert die Qualitätsgemeinschaft aller LQW®-Anwenderorganisationen. Einmal im Jahr treffen sich diese Organisationen und alle Interessierten zu einer zentralen LQW®-Netzwerkkonferenz.

Wenn Sie mehr über LQW® erfahren wollen, dann können Sie sich auf der Website

    www.artset-lqw.de

informieren oder Sie wenden sich an:

    ArtSet® Qualitätstestierung GmbH
    Ferdinand-Wallbrecht-Straße 17
    30163 Hannover
    Tel.:   +49 (05 11) 90 96 98 30
    Fax: +49 (05 11) 90 96 98 55
    E-Mail: lqw@artset.de

Literaturverzeichnis

Angermüller, Jörg/Ehses, Christiane (1997): Marketing als Bildungsprozess. In: Zech, Rainer (Hrsg.): Pädagogische Antworten auf gesellschaftliche Modernisierungsprozesse. Bad Heilbrunn: Klinkhardt, S. 63–89.

Arnold, Rolf (1999): Qualität ist viereckig – Reflexionen zum Umgang mit Qualität in der Weiterbildung. In: PÄD Forum, Februar 1999, S. 35–38.

zur Bonsen, Matthias/Maleh, Carole (2001): Appreciative Inquiry (AI): Der Weg zu Spitzenleistungen. Eine Einführung für Anwender, Entscheider und Berater. Weinheim und Basel: Beltz.

Bullinger, Hans-Jörg/Bauer, Wilhelm/Kern, Peter/Zinser, Stephan (2000): Zukunftsoffensive OFFICE 21. Büroarbeit in der dotcom-Gesellschaft gestalten. Köln: vgs.

Buzan, Tony (1993): Kopftraining. München: Goldmann.

Ehses, Christiane/Zech, Rainer (2000): Organisationale Entwicklungsbedarfe in der Erwachsenenbildung. In: Zech, Rainer/Ehses, Christiane: Organisation und Innovation. Hannover: Expressum, S. 13-80.

Fritz, Robert (2000): Den Weg des geringsten Widerstands managen. Energie, Spannung und Kreativität in Unternehmen. Stuttgart: Klett-Cotta.

Gieseke, Wiltrud (1997): Die Qualitätsdiskussion aus erwachsenenpädagogischer Sicht. Was bedeutet Qualität in der Erwachsenenpädagogik? In: Arnold, Rolf (Hrsg.): Qualitätssicherung in der Erwachsenenbildung. Opladen: Leske + Budrich, S. 29-47.

Kaplan, Robert S./Norton, David P. (1997): Balanced Scorecard. Strategien erfolgreich umsetzen. Stuttgart: Schäffer-Poeschel.

Kemper, Marita/Klein, Rosemarie (1998): Lernberatung. Gestaltung von Lernprozessen in der beruflichen Weiterbildung. Baltmannsweiler: Schneider-Verl. Hohengehren.

Königswieser, Roswita/Cichy, Uwe/Jochum, Gerhard (Hrsg.) (2001): SIMsalabim. Veränderung ist keine Zauberei. Systemisches IntegrationsManagement. Stuttgart: Klett-Cotta.

Nagel, Reinhart/Wimmer, Rudolf (2002): Systemische Strategieentwicklung. Modelle und Instrumente für Berater und Entscheider. Stuttgart: Klett-Cotta.

Nötzold, Wolfgang (2002): Werkbuch Qualitätsentwicklung. Für Leiter/innen in der Erwachsenenbildung. Bielefeld: W. Bertelsmann.

Reischmann, Jost (^{2}2006): Weiterbildungs-Evaluation. Lernerfolge messbar machen. Kriftel, Neuwied: Luchterhand.

Rätzel, Daniela (2006): Erwachsenenbildung und Architektur im Dialog. Ein Beitrag zur dialogorientierten Konzeption von Räumen in der Erwachsenenbildung. Hamburg: Verlag Dr. Kova.

Schöll, Ingrid ([3]2005): Marketing in der öffentlichen Weiterbildung. Studientexte für Erwachsenenbildung. Bielefeld: W. Bertelsmann.

Simon, Walter (2002): Moderne Managementkonzepte von A-Z. Strategiemodelle, Führungsinstrumente, Managementtools. Offenbach: Gabal.

Strauss, Bernd (2003): Dienstleistungsmarketing – eine Herausforderung für alle Unternehmen. In: Küting, Karlheinz/Noack, Hans-Christoph (Hrsg.): Der große BWL-Führer. Die 50 wichtigsten Strategien und Instrumente zur Unternehmensführung. Frankfurt am Main: Frankfurter Allgemeine Buch.

Vanderheiden, Elisabeth/Fritz, Dorothee/Sartingen, Thomas (2002): Lernfreundliche Bildungsräume für die Erwachsenenbildung. Mainz: Syntact.

Zech, Rainer (2005): Der Kunde ist der Kundige! Die umfassende Bedeutung von Kundenorientierung für die Unternehmensführung. In: Brink, Alexander/Tiberius, Victor A. (Hrsg.): Ethisches Management. Grundlagen eines wert(e)orientierten Führungskräfte-Kodex. Bern, Stuttgart, Wien: Haupt, S. 131–152.

Zech, Rainer (2006): Handbuch Lernerorientierte Qualitätstestierung in der Weiterbildung. Grundlegung – Anwendung – Wirkung. Bielefeld: W. Bertelsmann.

Zech, Rainer (2006): Lernerorientierte Qualitätstestierung in der Weiterbildung. Leitfaden für die Praxis. Modellversion 3. Hannover: Expressum.

Wichtige Internetadressen

ArtSet® Forschung, Bildung, Beratung GmbH
www.artset.de

ArtSet® Qualitätstestierung GmbH
www.artset-lqw.de

Bundesagentur für Arbeit
www.arbeitsagentur.de

Bundesinstitut für Berufsbildung
www.bibb.de

Deutscher Bildungsserver
www.bildungsserver.de

Deutsches EFQM Center
www.deutsche-efqm.de

Deutsches Institut für Erwachsenenbildung e.V.
www.die-bonn.de

Deutsches Institut für Normung e.V.
www.din.de

Deutscher Volkshochschul-Verband
www.dvv.vhs-bildungsnetz.de

Europäischer Sozialfonds
www.ec.europa.eu/employment_social/esf/index_de.htm

Netzwerk Weiterbildung
www.netzwerk-weiterbildung.info

Netzwerk Zukunft
www.netzwerkzukunft.de

Zukunftsinstitut GmbH
www.zukunftsinstitut.de

Zukunftswissenschaftler Prof. Dr. Horst W. Opaschowski
www.opaschowski.de